AULIS SCHATZTRUHE
für die Grundschule

Marianne Franke

Auch das ist Mathe!

Vorschläge für projektorientiertes Unterrichten
Teil 2

Mit Kopiervorlagen

avd AULIS VERLAG DEUBNER

Die Deutsche Bibliothek – CIP-Einheitsaufnahme

Franke, Marianne:
Auch das ist Mathe! : Vorschläge für projektorientiertes
Unterrichten / Marianne Franke. - Köln : Aulis-Verl. Deubner.

Teil 2. Mit Kopiervorlagen. - 1996
(Aulis Schatztruhe für die Grundschule ; Bd. 2)
ISBN 3-7614-1741-1
NE: GT

Best.-Nr. 4702
Alle Rechte AULIS VERLAG DEUBNER & CO KG, Köln 1996
Umschlaggestaltung: Ursula Wentzlaff, Kressbronn
Satz und Reproduktion: DTP-design, 36304 Alsfeld
Printed in Hungary
ISBN 3-7614-1741-1

Inhalt

Vorwort

Öffnung des Unterrichts - ein Modewort unserer Zeit. Dies geschieht durch Freie Arbeit, Projektunterricht, in Tagesplan- und Wochenplanarbeit. Viele Erfolge können die Grundschullehrer verzeichnen. Nur beim Mathematiklernen scheinen Anspruch und Wirklichkeit auseinander zu liegen.

Mit dem vorliegenden Buch sollen Grundschullehrer angeregt werden, auch Mathematik projektorientiert zu unterrichten. Dazu werden zunächst fachdidaktische Fragen aufgegriffen. Es wird erläutert, was man unter projektorientiertem Mathematikunterricht versteht und wie sich dieser gestalten läßt. Es werden Formen des Lernens in diesem Unterricht vorgestellt und der Verlauf beschrieben. In den anschließend folgenden zahlreichen Beispielen, die unabhängig von speziell geplanten Projektwochen in den Unterricht einbezogen werden können, findet man diese didaktischen Positionen wieder. Durch die praxisnahe, aber wissenschaftlich begründete Darstellung wird den Grundschullehrern eine Hilfe bei der aufwendigen Vorbereitung, die projektorientierter Unterricht erfordert, gegeben.

Dieses Buch wird kein Lehrer in einem Zuge durchlesen. Dem soll durch die Art, wie jedes Projekt vorgestellt wird, entsprochen werden: Zwecks guter Übersichtlichkeit wird jedem Projektvorschlag eine Kurzbeschreibung vorangestellt, in der die mathematischen Ziele, Problemfelder, ein Vorschlag für die Zeitplanung, die jeweilige Klassenstufe und die Spezifik hinsichtlich der Gestaltung enthalten sind. Die Beschreibung jedes Projektes kann nur ein Vorschlag für den Unterricht an Grundschulen sein. Territoriale Bedingungen, Zahlen und Fakten können dabei nicht berücksichtigt werden. Um die Konkretisierung zu erleichtern, wird teilweise auf Variationen verwiesen. Auch durch zahlreiche Übersichten, Tabellen, Erfassungsbögen, Beobachtungsprotokolle oder Arbeitsanleitungen, die als Kopiervorlagen angefügt sind, wird die Vorbereitung erleichtert. Zu den einzelnen Projekten wird spezielle Literatur angeführt, die zur weiteren Vorbereitung genutzt werden kann.

Beim Bearbeiten jedes Themas werden neben sprachlichen und sachkundlichen Zielen auch mathematische Ziele verfolgt. Die benötigten mathematischen Mittel können vor der Bearbeitung des jeweiligen Projektthemas gesichert sein, so daß das Projekt als Anwendung und Festigung dient. Es ist auch möglich, daß die Schüler die mathematischen Zusammenhänge bei der konkreten Arbeit entdecken.

Die Projektthemen sind so ausgewählt, daß wesentliche Inhalte des Mathematikunterrichts der Grundschule erfaßt werden. Allerdings erhebt das Buch nicht den Anspruch, alle Inhalte abzudecken. Insbesondere zur Behandlung der Größen der Länge, der Zeit, des Gewichts, des Volumens sowie zum Umgang mit Geld und zur Entwicklung geometrischer Fähigkeiten bieten die Beschreibungen zur Durchführung der Projekte Anregungen. Eine breite Palette von Möglichkeiten wird auch hinsichtlich der Organisationsformen zur Projektarbeit und bei der Präsentation der Ergebnisse aufgezeigt. So können die Ergebnisse zur Information der Eltern, in einer Ausstellung, einem Beitrag in der Schülerzeitschrift präsentiert werden, es werden Geschenke angefertigt für alte Menschen, für Kindergartenkinder oder für Verwandte und Bekannte, es werden Erkundungen durchgeführt, die der eigenen Information dienen oder an örtliche Behörden weitergegeben werden, es werden Produkte hergestellt für den Ort, für die Schule, für den Klassenraum, für sich selbst.

Bei mehreren Projekten wird empfohlen, die Erkundungen und Befragungen außerhalb des Unterrichts durchzuführen. Dies kann notwendig sein, weil die Bedingungen nur zu dieser Zeit gegeben sind. So wird der Spielplatz nur am Nachmittag von Schulkindern besucht oder die Verkehrsdichte ist nur interessant, wenn die Kinder auf dem Weg zur Schule sind. Bei einigen Themen kann die Durchführung auch in der Unterrichtzeit erfolgen, wenn fachübergreifend gearbeitet wird. Auf die Verbindungen zu anderen Fächern wird mit einer Übersicht verwiesen, allerdings werden entsprechende Ziele und Möglichkeiten nicht detailliert ausgeleuchtet.

Die Auswahl und Reihenfolge der Projekte in diesem Buch sind nicht wissenschaftlich begründet, sondern mehr zufällig. Es sind Themen, die für die Kinder interessant sein können und Potenzen für Mathematiklernen beinhalten. Sicher wird nicht jeder Projektvorschlag unter den spezifischen Bedingungen zu verwirklichen sein. Es wurde versucht, die Vorschläge so offen zu halten, daß jeder seine eigenen Vorstellungen einbringen kann, die Lehrer ebenso wie die Schüler. Nur wenige Beispiele sind für den Anfangsunterricht geeignet, weil die Kinder in dieser Phase erst lernen, selbständig und eigenverantwortlich zu arbeiten. Die Projektbeispiele sind auf zwei Bände verteilt. Die Streuung erfolgt dabei so, daß jeder Lehrer, der mehr oder weniger zufällig einen Band in die Hände nimmt, etwas für seine konkrete Arbeit findet.

Die Projektvorschläge in Band I sind in sich geschlossen zu bearbeiten, im Band II wird anhand einiger Beispiele gezeigt, wie ein Projektthema in unterschiedlichen Klassenstufen aufgegriffen werden kann und die Kinder dabei neue mathematische und umwelterschließende Einsichten gewinnen können.

Zur besseren Orientierung gibt das Inhaltsverzeichnis in jedem Band einen Überblick über alle Projekte beider Bücher.

Die Beispiele sind zum Teil nach Anregungen von Studenten der Pädagogischen Hochschule Erfurt und der Universität Gießen sowie aus Lehrerweiterbildungen erarbeitet worden. Einige Projekte sind von mir selbst, andere von Studenten unter Anleitung im Fachpraktikum oder im Rahmen der Wissenschaftlichen Hausarbeit sowie von Grundschullehrern erprobt worden. Dies wird mit eingefügten Schülerarbeiten und Fotos dokumentiert. All denen, die durch fruchtbare Diskussionen in Seminaren und Weiterbildungen oder durch die konkrete Umsetzung der Vorschläge zum Gelingen dieses Buches beigetragen haben, danke ich damit für ihre Unterstützung.

Für die Durchsicht des Manuskripts und eine Reihe wertvoller Hinweise bin ich insbesondere meiner Mitarbeiterin *Silke Ruwisch* zu Dank verpflichtet.

Anregungen, die zur Überarbeitung und Verbesserung dieses Bandes dienen, nehme ich gern entgegen.

Erfurt, Frühjahr 1996   *Marianne Franke*

Projektorientierter Mathematikunterricht[1]

Wenn das Schuljahr zu Ende geht und die Lehrer aufatmen, weil sie den Stoff geschafft haben, wenn die Tage wärmer werden und sich vor der Schultür manches bewegt, zwitschert, blüht und es die Kinder kaum noch auf den Stühlen hält, dann beginnt in unseren Grundschulen die Zeit der Projektwochen. Sie sind ein Höhepunkt im Schulalltag. Mit Begeisterung sind alle Kinder dabei, sogar Mike, der bei meinem ersten Besuch in der Klasse 2c zu mir kam und sich vorstellte: „Ich bin der, der immer mal keinen Bock hat."

Die Lehrer sind sich einig, daß eine Faszination von diesen Projekten ausgeht. Trotzdem bleibt Projektunterricht oft den letzten Schulwochen vorbehalten. Vielleicht kann diese Begeisterung der Kinder nur erhalten bleiben, wenn Projekte selten bearbeitet werden.

Dennoch versuchen immer mehr Grundschullehrer, die Vorteile des Projektunterrichts nicht nur in speziell dafür vorgesehenen Wochen, sondern während des gesamten Schuljahres zu nutzen.

In jedem Projekt wird mehr oder weniger ein Fach betont. In der Grundschule findet man Projekte besonders häufig von Sachkundelehrern initiiert. Dabei wird deutlich auf Verbindungen zum Deutschunterricht beim Lesen und Schreiben, beim Berichten und Protokollieren verwiesen.

Beim Durchsehen der vielfältigen Literatur zum Projektunterricht wurde ich als Didaktiker für Mathematik ziemlich enttäuscht. Ich gewann den Eindruck: Projektunterricht findet ohne Mathematik statt. Da wird Kartoffelsalat zubereitet (*Andresen, U.* 1993, S. 46 f.), ohne die Kartoffelmenge anzugeben und die Zutaten zu wiegen; da wird eine Fahrt ins Landschulheim vorbereitet (*Irmler, A./Kasper, H.* 1990, S. 111 ff), ohne daß Fahrtzeiten, Kosten, Wanderzeiten, Öffnungszeiten, Eintrittspreise interessieren; und auch Projekte wie „ Kinder in anderen Ländern" und „Klassenfahrt auf einen Bauernhof" (Das Projektbuch Grundschule, 1991) kommen ohne Mathematik aus. Ist das das Leben? Spielen nicht überall das Geld, die Zeit und die Häufigkeit eine große Rolle?

Mit diesem Buch möchte ich eine Lücke ausfüllen, die mir beim Lesen der vielen Bücher zum Projektunterricht und zum offenen Unterricht in der Grundschule auffiel. Dabei kann ich nicht den Anspruch erheben, das jeweils gewählte Sachgebiet integrativ, aus der Sicht aller Fächer umfassend zu bearbeiten, wie es für Projektunterricht typisch ist. (*Struck P.* 1980; *Frey K.* 1982; *Dewey/Kilpatrick W. H.* 1935 u. a.) Da also in den vorgestellten Projekten die Mathematik im Vordergrund steht, erscheint es sinnvoll, vom „projektorientierten Mathematikunterricht" zu sprechen. Es wird zunächst erläutert, welche Beziehung zwischen dieser Form und dem traditionellen Mathematikunterricht besteht. Dabei soll keine Wiederholung, Interpretation oder Zusammenfassung zum Begriff Projektunterricht erfolgen, sondern die Spezifik aus der Sicht des Mathematikunterrichts der Grundschule im Mittelpunkt der Erörterung stehen.

1. Projektorientierter Mathematikunterricht - was ist das?

Projektunterricht wird von *Gudjons* (1984, S. 262 ff.) mit Hilfe folgender Merkmale charakterisiert:

- Situationsbezug
- Orientierung an den Interessen der Beteiligten
- Selbstorganisation und Selbstverantwortung
- Gesellschaftliche Praxisrelevanz
- Zielgerichtete Projektplanung
- Produktorientierung
- Einbeziehen vieler Sinne
- Soziales Lernen
- Interdisziplinarität.

Damit schließt er die Möglichkeit eines systematischen Lehrganges im Projektunterricht aus. *Hänsel* faßt in Auseinandersetzung mit weiteren Definitionsversuchen Projektunterricht zusammen als

„Unterricht, in dem Lehrer und Schüler ein echtes Problem gemeinsam und in handelnder Auseinandersetzung mit der Wirklichkeit zu lösen suchen." (*Hänsel, D.,* 1991, S. 33).

Diese Charakterisierung trifft auch für projektorientierten Mathematikunterricht zu, der sich durch die Auseinandersetzung mit der Wirklichkeit, die Betonung des Handlungsaspektes und die Kooperation zwischen Lehrer und Schüler vom traditionellen Unterricht unterscheidet. Im folgenden werden diese drei Leitideen für Mathematiklernen im projektorientierten Unterricht erläutert.

Ausgehend von den Bemühungen zur Reform des Sachrechnens gibt es auch Vorschläge, Mathematikunterricht und Umwelterschließung zu verbinden. Wie bereits in den 20er Jahren gefordert, betont *Winter* heute als eine wichtige Funktion des Sachrechnens:

„Entscheidend ist das Primat der Sache: Sachsituationen sind hier nicht nur Mittel zur Anregung, Verkörperung oder Übung, sondern selbst Stoff, den es zu bearbeiten gilt. Sachrechnen ist damit ein Stück Sachkunde. Die Schüler sollen befähigt sein, umweltliche Situationen durch mathematisches Modellieren klarer, bewußter und auch kritischer zu sehen." (*Winter H.,* 1992, S. 31)

Durch geeignete Vorschläge soll zum umwelterschließenden Sachrechnen angeregt werden.

Der lehrgangsorientierte Mathematikunterricht findet gewöhnlich im Klassenraum mit Stift und Papier statt. Durch didaktisches Material, bunte Bilder und andere Anschauungen wird die Verbindung nach außen gesucht. Dabei haben aber die Kinder kaum Gelegenheit, selbst Erfahrungen zu sammeln. Das Material und die Bilder dienen insbesondere dazu, sie an frühere Erfahrungen zu erinnern. Liegen solche nicht vor, werden die Erfahrungen anderer, meist die des Lehrers mitgeteilt.

---

[1] Band 2 enthält eine gekürzte Fassung zur theoretischen Auseinandersetzung mit einem projektorientierten Mathematikunterricht. Die vollständige Fassung kann in Band 1 nachgelesen werden.

Die Redewendung: „Wer sich verbrannt hat, scheut das Feuer" läßt sich übertragen. Wer mit dem Bandmaß gemessen, eine Befragung durchgeführt, bei der Verkehrsbeobachtung Bremswege ermittelt hat, weiß, wie gefährlich es ist, wie man sich verhalten muß, welche Probleme auftreten. Mathematik ist dabei nur ein Mittel. Psychologische Erkenntnisse über das Lernen durch praktisches Handeln sind hinreichend bekannt. Gute Ansätze zum handelnden Lernen findet man auch im lehrgangsorientierten Grundschulunterricht durch den Einsatz von Material: Da bauen die Kinder eine Waage und erkennen, daß beim Wiegen zwei Objekte hinsichtlich des Merkmals Gewicht miteinander verglichen werden. Da ordnen die Kinder Plättchen in Dreiergruppen und erfassen die Multiplikation als Addition gleicher Summanden.

Beim projektorientierten Unterricht haben die Handlungen ihren Ursprung im Leben, sind auf die Herstellung eines Produktes gerichtet. Da wird nicht gewogen, um die Handlung zu üben, sondern weil die Backzutaten mit einem bestimmten Gewicht gebraucht werden. Da werden die Spielplatzbesucher gezählt, um Schlußfolgerungen für die Gestaltung ziehen zu können. Bei diesen Aktivitäten werden die Kinder auf Hindernisse stoßen, in Sackgassen geraten und aus unserer Sicht Umwege machen. Doch diese Erfahrungen sind wichtig für das Lernen. Die Kinder stehen beispielsweise beim Kochen und Backen vor Problemen, die im Klassenraum nicht auftreten:

- „Um einen größeren Kuchen zu backen, verdopple ich die Backzutaten. Muß ich auch die Backzeit verdoppeln?"

- „Kann ich dieselbe Kuchenform benutzen, obwohl ich die doppelte Menge Teig habe?"

- „Wenn im Rezept nur ein Ei verwendet wird, wie kann ich die Zutaten halbieren?"

Erfahrungen zum Kosten, Abschmecken und Würzen sind nur beim praktischen Handeln zu sammeln.

Als dritte Leitidee wird die soziale Komponente betont. Das Produkt wird in gemeinsamer Anstrengung von Lehrern und Schülern erzeugt. Das soziale Lernen gewinnt gerade in der heutigen Zeit an Bedeutung, weil die Kinder im Freizeitbereich nur eingeschränkte soziale Erfahrungen machen können. Meist Einzelkinder, wohnen sie weit verstreut, so daß nach Unterrichtsschluß nur wenig Kontakt besteht. Der große Bruder ist der Fernseher. Freizeit ist organisiert durch musische und sportliche Veranstaltungen. Dort treffen aber nur Kinder mit gleichen Interessen aufeinander. Meist gibt es feste Normen und Spielregeln, denen man sich unterordnen muß.

Das Zusammenarbeiten von Lehrer und Schüler beim projektorientierten Unterricht bedeutet für den einzelnen Schüler, Verantwortung zu übernehmen. Er muß lernen, die Zeit zu planen, Material zu organisieren und Kosten zu kalkulieren. Auch für den Lehrer stellt diese Unterrichtsform eine neue Situation dar. Er muß sich zurücknehmen, die Ideen und Vorschläge der Kinder akzeptieren und dem Schüler als Partner und Helfer zur Seite stehen. Auch wenn ihm die Vorgehensweisen und Strategien der Kinder nicht vorteilhaft erscheinen, wenn er Fehler sieht, sollte er nicht sofort einschreiten. Die Kinder müssen ihre eigenen Erfahrungen sammeln. Hinweise und Anregungen des Lehrers können jedoch dazu dienen, daß die Schüler kritisch werden. So muß der Kuchen nicht verbrennen, weil auch die Backzeit verdoppelt wurde. Der Lehrer kann darauf aufmerksam machen, daß zunächst der Kurzzeitwecker für die angegebene Backzeit gestellt werden könnte, er kann an den Kuchen erinnern, wenn die Kinder nicht daran denken, oder auf den Geruch aufmerksam machen. Kleine Tips, wie Anstechen mit einem Hölzchen, um zu prüfen, ob der Kuchen durchgebacken ist, nehmen die Kinder sicher gern an. Bei zahlreichen Projekten ist der Lehrer selbst Lernender, er kann nicht alles wissen. Häufig genügt es zu wissen, wo man nachschlagen kann. Einzelne Schüler entwickeln sich zu Spezialisten auf einem Gebiet. Der Lehrer kann nicht Spezialist auf allen Gebieten sein.

Es scheint fast so, als ob sich insbesondere Mathematiklernen und Projektunterricht nicht vereinbaren lassen. In diesem Fach sind insbesondere im Anfangsunterricht Übungen erforderlich. Es wäre illusionär anzunehmen, daß dies durch eine Verbindung mit dem Leben ersetzt werden könnte oder daß die Schüler mit mehr Begeisterung formale Übungen durchführen, nur weil sie wissen, daß sie die entsprechenden Fertigkeiten für ihr Projekt brauchen. In Auseinandersetzung mit historischen Veröffentlichungen und realen Projekten komme ich dennoch zu dem Schluß, daß auch Mathematik projektorientiert unterrichtet werden kann. Dabei erfolgt jedoch nicht der gesamte Unterricht in Projekten. Diese Methode ist nur eine neben dem unverzichtbaren systematischen Vorgehen, bei dem auch formale Übungen zum Einprägen, Automatisieren und Festigen erforderlich sind, nicht zu verwechseln mit sturem Abarbeiten von Rechenpäckchen mit kleinschrittiger Isolierung aller Schwierigkeiten. Dabei gibt es Möglichkeiten, diese Übungen abwechslungsreich und für alle Kinder ansprechend zu gestalten, indem diese in spielerische Formen oder operative Zusammenhänge integriert werden. Die Kunst des Lehrers zeigt sich darin, wie er beides in einem sinnvollen Verhältnis verwirklicht. Der Unterricht ist erfolgreich, wenn es gelingt, daß projektorientierter und lehrgangsorientierter Unterricht nicht nebeneinander bestehen, sondern ineinander verzahnt werden.

2. Lernen im projektorientierten Mathematikunterricht

Projektartiges Unterrichten von Mathematik ist mehr als das Lösen von Sach- und Anwendungsaufgaben. Echte Anwendung der Mathematik ist bei Einzelaufgaben kaum möglich. Der Lehrer hat diese bereits dem Unterricht angepaßt, er hat Material aus einer Situation ausgewählt und modifiziert. Häufig werden nur die Zahlen und Größenangaben vorgegeben, die gerade ins Konzept passen. Enthält die Aufgabe bereits eine Frage, bleibt dem Schüler wenig Raum, sein mathematisches Instrumentarium auszuwählen, er wendet lediglich die gerade behandelten Verfahren und Regeln an. Auch vom Lehrer mitgebrachtes Material muß nicht die Basis für projektartiges Unterrichten liefern. Spielen die Kinder in der Grundschule beispielsweise Einkaufssituationen mit Spielgeld und Preislisten nach, ist dies noch kein Projektunterricht. Der Einsatz dieser Methoden schafft aber häufig eine Voraussetzung, um überhaupt projektartig unterrichten zu können. Der Schüler muß lernen, seine mathematischen Kenntnisse und Fertigkeiten als Mittel zur Umwelterschließung zu nutzen. Nach *Lichtenberg* könnte man überspitzt formulieren: „Wer nur Mathematik versteht, versteht auch die nicht!"

Bei der konkreten Arbeit kann beobachtet werden, daß Kinder selbst entscheiden, welche Mittel sie einsetzen. Aus der Sicht des Lehrers sind dies nicht immer die vorteilhaftesten. Mehrfach sahen wir Kinder in multiplikativen Situationen zählen oder addieren, Aufgaben durch umfangreiche Zerlegungen halbschriftlich rechnen, obwohl sie bereits das schriftliche Verfahren gelernt hatten, Würfel abrollen, obwohl die Netze bereits behandelt waren. Auch die Suche nach originellen Wegen beobachteten wir mit Freude. So berichtete eine Schülerin, wie ihre Gruppe die Höhe eines Gebäudes ermittelt hat: „Wir haben erst einen Raum gemessen, dann haben wir gezählt, wieviel Stockwerke es sind, und für die Decken, eh Fußboden, haben wir noch ein paar Zentimeter dazu gerechnet."

Andererseits erlaubt die Projektarbeit eine umfassendere Sicht auf das Objekt. Dabei erkennen die Schüler neue Beziehungen und Zusammenhänge. So können sie bei Verkehrsbeobachtungen erkennen, daß die Zeit, die ein Fahrzeug von A bis zu ihnen braucht (also bei konstantem Weg), von der Geschwindigkeit abhängig ist oder bei der Erkundung von Wanderwegen mit Hilfe von Karten, daß die Karten den gleichen Maßstab haben müssen, wenn man Entfernungen als Streckenlängen vergleichen will.

Insbesondere auch das Erkennen von Querverbindungen zwischen verschiedenen Gebieten des Mathematikunterrichts kann durch Projekte gefördert werden. In der Grundschule betrifft dies insbesondere die Verknüpfung von arithmetischem und geometrischem Wissen. Haben die Kinder erkannt, daß beim Quader die gegenüberliegenden Seitenflächen gleich sind, brauchen sie beim Vermessen des Schulgebäudes nicht alle Seiten zu messen, ggf. entdecken sie beim Messen diese Eigenschaft des Quaders. Beim Projekt „Die Zukunft unserer Schule" entdeckten die Kinder beim Zeichnen des Grundrisses den Maßstab. Sie zeichneten einfach für 1 m des Klassenraumes im Original 1 cm auf dem Papier. Dieses zunächst unbewußte Vorgehen wollten sie auf das Anfertigen des Grundrisses für das Schulgebäude übertragen, doch das Blatt war zu klein. So kamen sie auf die Idee, noch durch 5 zu teilen, damit alles auf das Zeichenblatt paßt. In der Auseinandersetzung mit konkreten Themen erleben die Kinder auch Grenzen ihrer zur Verfügung stehenden mathematischen Mittel.

Im Bemühen, weiter an ihrem Projekt zu arbeiten, sind die Kinder motiviert, sich neue mathematische Mittel anzueignen, Strategien zu finden und Verfahren einzuüben. Bei einigen vorgeschlagenen Projekten wird an diesen Stellen ein Lehrteil eingeschoben. Weil die Erstkläßler beispielsweise einen Trödelmarkt durchführen wollen, müssen sie sicher im Umgang mit Geld sein. Dazu üben sie intensiv

Beim Projekt „Unser Koch- und Backbuch" können beispielsweise folgende mathematische Bereiche zur Anwendung kommen:

Gewichte
– Schätzen
– Messen/Wiegen
– Umrechnen
– Rechnen (Verpackungsgrößen)

Formen
– Verpackungen
– Gefäße
– Ausstechförmchen

Rauminhalte
– Fassungsvermögen von Gefäßen
– Messen von Flüssigkeiten in l oder ml
– Arbeiten mit Vergleichsgrößen wie Tasse, Löffel

Unser Koch- und Backbuch

Zeiten
– Zubereitungszeiten
– Zeitdauer schätzen
– Zeitpunkt berechnen
– Umgang mit verschiedenen Meßgeräten (Sanduhr, Kurzzeitwecker, ...)

Geld
– Einzelpreise/Packungspreise
– Preisvergleich
– Wert-Preis-Verhältnis
– Multiplikation und Division

Brüche
– ½ l; ¼ l messen und schätzen
– ½ h, ¼ h messen und schätzen

Zusammenfassend lassen sich folgende Funktionen des Lernens beim projektorientierten Mathematikunterricht herausstellen:

- Anwenden des mathematischen Wissens und Könnens in außermathematischen Situationen und anderen Fächern
- Übertragen von mathematischen Erkenntnissen auf verschiedene Situationen und Anwenden unter neuen Bedingungen
- Entdecken mathematischer Beziehungen, Gesetzmäßigkeiten und Zusammenhänge beim Experimentieren und praktischen Handeln
- Überprüfen mathematischer Verfahren und Strategien auf Brauchbarkeit
- Motivieren für Lern- und Übungsprozesse.

Im projektorientierten Unterricht lassen sich ebenso wie im lehrgangsorientierten Mathematikunterricht weitere didaktische Prinzipien verwirklichen. Auch Projektthemen können im Sinne des Spiralprinzips über längere Zeit hinweg immer wieder auf höherem Niveau aufgegriffen werden. Dabei wird bereits erworbenes Wissen gefestigt und durch die Einordnung in einen größeren Rahmen übertragen und erweitert. Als Beispiele sind in diesem Band die Projekte „Sicherheit im Straßenverkehr", Klassenausflug, „Unser Koch- und Backbuch" so beschrieben, daß sie in verschiedenen Klassenstufen bearbeitet und erweitert werden können.

3. Verlaufsstruktur des projektorientierten Mathematikunterrichts

Für die in Teil II unterbreiteten Vorschläge wird der Verlauf des projektorientierten Unterrichts in folgenden Etappen beschrieben:

1. Einstimmung; Auswahl einer problemhaltigen Sachlage
2. Eingrenzen von Problemfeldern
3. Projektplanung
4. Realisierung des Projektplanes
5. Auswertung und Präsentation der Ergebnisse.

Im folgenden wird auf diese Etappen aus der Sicht des Mathematikunterrichts in der Grundschule näher eingegangen.

Einstimmung; Auswahl einer problemhaltigen Sachlage

Ein Vorschlag, eine Idee, eine Anregung zu einem Projekt kann grundsätzlich von jedem kommen: von der Lehrerin, von Schülern, von Eltern oder Außenstehenden. Teilweise sind es Gespräche der Kinder untereinander, eine Zeitungsmeldung oder eine Fernsehsendung, die als Anlaß für ein Projekt genutzt werden können. Manchmal steht am Anfang nur eine unklare Idee:

- Wir könnten etwas für alte Menschen tun.
- Die Tiere im Tierheim tun mir leid.
- Bald ist Weihnachten. Bei uns im Klassenzimmer merkt man davon noch nichts.
- Im Notaufnahmelager am Rande der Stadt ist gestern ein Bus mit Menschen aus Jugoslawien angekommen.

Erst im Gespräch darüber wird ein Inhalt gefunden, der für die Klasse eine echte Herausforderung darstellt.

Die Themen müssen für die Kinder interessant sein, das ist die Voraussetzung dafür, daß sie sich für das Projekt engagieren. Am günstigsten ist es, wenn die Vorschläge von den Kindern selbst kommen. Sind sie bereits an diese Unterrichtsform gewöhnt, suchen sie evtl. nach Anlässen, die projektartig bearbeitet werden könnten, weil ihnen dieser Unterricht mehr Freude bereitet als der lehrgangsorientierte Unterricht. Im Laufe der Zeit wird der Lehrer eine Sammlung von Sachverhalten haben, die als Projekte geeignet sind.

Die Themen sollten möglichst ergebnisorientiert sein, d. h., es wird etwas hergestellt, etwas gemessen, gezeichnet, was für andere interessant ist. Es wird der Öffentlichkeit oder einer Gruppe von Menschen präsentiert. Damit werten andere das Produkt: die Eltern, die Leser der Schülerzeitschrift, der Bürgermeister, die Kinder der 1. Klasse, die alten Menschen im Heim.

Die Themen sollten aber nur dann aufgegriffen werden, wenn sie auch „echte" Probleme für die Kinder sind. Die Planung für einen Spielplatz hat nur dann eine motivierende Wirkung, wenn in der Nähe der Schule oder des Wohnortes ein Spielplatz umgestaltet werden soll oder wenn sich dort ein Spielplatz befindet, dessen Zustand die Kinder für unmöglich halten. Sie sammeln dann in ihrem Projekt Fakten, um die Öffentlichkeit darauf aufmerksam zu machen.

Der Anstoß zum Nachdenken kann auch vom Lehrer kommen. So liest er beispielsweise eine Anzeige aus der Tageszeitung vor:

Süßen kleinen Hund, erst 12 Wochen alt, abzugeben!

Teilweise kann eine Projektidee auch durch einen Unterrichtsgang, durch ein Spiel oder eine Gesprächssituation vom Lehrer initiiert werden.

Neben den inhaltlichen Überlegungen sind Vereinbarungen zur Projektarbeit zu treffen:

- Verhalten in den Gruppen: Umgang miteinander, Gesprächsregeln, Verhalten bei Meinungsverschiedenheiten, Reaktionen auf Drückeberger
- Rechtliche Fragen: Wohin dürfen die Kinder allein, wo muß ein Erwachsener dabei sein? Was darf bei einer Befragung aufgeschrieben werden, was darf nicht gefragt werden? Darf man alles mit der Videokamera filmen oder gibt es Einschränkungen? Wer muß wofür seine Zustimmung geben?
- Finanzielle Fragen: Wer bezahlt die Straßenbahn/ den Bus, wenn wir im Auftrag der Schule fahren?

Eingrenzen von Problemfeldern

Um Problemfelder eingrenzen zu können, ist es erforderlich, einen Überblick über das Thema zu haben. Durch Sammeln von Ideen, Schlagwörtern u. ä. verschafft sich die Klasse diesen Überblick über interessante Gebiete. Diese erste Ideensammlung kann durch Nachschlagen, Befragen anderer oder eine Information vor Ort unterstützt werden. Auf diese Weise fließen bereits territoriale Besonderheiten ein. Um die Kinder für die Problemfelder begeistern zu können, sollten unbedingt konkrete Bedingungen beachtet werden. Damit stoßen wir gleichzeitig an Grenzen dieses Buches. Es kann die konkreten Gegebenheiten nicht berücksichtigen, Zahlen und Fakten veralten schnell. Es kann nur Denkanstöße geben und beschreiben, wie in A-Dorf und B-Stadt projektartig unterrichtet wurde.

In die Ideensammlung der Kinder ist eine gewisse Ordnung zu bringen. Dazu können die Kinder zunächst überlegen, was zusammengehört und wie man diese Gruppe bezeichnen könnte. Es könnte auch von Teilthemen ausgegangen werden, die die Kinder dann untersetzen und mit Vorstellungen ausfüllen. Beim Projekt „Die Zukunft unserer Schule" wurden beispielsweise Stichwörter wie Klassenräume, Schülerzahlen, Spielgelegenheit, Bäume und Grünes, Pausenhof und Sitzecke genannt. Eine Gruppierung dieser Stichwörter führte zu den Problemfeldern

- Schulhof
- Klassenräume für Grundschulunterricht
- Schulgebäude (äußere Gestaltung)
- Schülerzahlen in unserer Schule.

Die Problemfelder sollten hinsichtlich der Realisierbarkeit überprüft werden. Dabei dienen die mathematischen Mittel ebenso als Kriterium wie die benötigten Materialien, die Kosten und die Zeit. Insbesondere bei Themen wie Spielplatzgestaltung oder auch Umgestaltung des Schulhofen wird es finanzielle Grenzen geben, auf die von Anfang an verwiesen werden muß, um die Kinder nicht zu enttäuschen.

Projektplanung

In die Planung sind einzubeziehen:

- die Arbeitsschritte   (Was wollen wir tun?)
- das Material   (Was brauchen wir dazu?)
- die Zeit   (Wie lange haben wir Zeit?)
- die Verantwortlichkeiten (Wer ist wofür zuständig?).

In Abhängigkeit von dem konkreten Thema sind weitere Planungsinhalte und Überlegungen zu den Methoden sinnvoll. Woher bekomme ich die Informationen? Wen kann ich um Rat fragen? Wer hilft mir bei ... ? Wie fertigt man ein Modell, eine Skizze ... an? Wie hält man die Erkundungen am günstigsten fest?

In den vorgeschlagenen Projekten kommen als Verfahren insbesondere zum Einsatz:

- Befragung von Personen unterschiedlichen Alters
- Ermitteln und Darstellen von Häufigkeiten
- Messen und Wiegen
  (Längen, Zeiten, Volumen, Gewichte)
- Beobachten.

Durch entsprechende Materialien wie Erfassungsbögen, Planungsprotokolle, Arbeitsanleitungen wird den Kindern eine Hilfe bei der Planung gegeben. Allerdings sollten die vorbereiteten Materialien die Aktivitäten der Kinder nicht zu sehr einengen. Die Kinder müssen sich bei der Auseinandersetzung mit ihrem Problemfeld selbst einbringen können. Es wäre möglich, unterschiedliche Materialien vorzugeben, von denen sie auswählen können. Fragebogen, Erfassungsbogen u. ä. können auch mit den Kindern gemeinsam erarbeitet werden. Freiheit sollte auch hinsichtlich der mathematischen Mittel bestehen, die die Kinder benutzen wollen. Ob sie im Kopf rechnen oder schriftlich, ob sie bei schweren Aufgaben nach einem Taschenrechner fragen, ob sie mit Bandmaß oder Tafellineal messen, ob sie die genauen Zahlen benutzen oder mit Näherungswerten arbeiten, sollte ihre eigene Entscheidung sein, solang die Qualität des Produkts nicht darunter leidet.

Grundschüler neigen dazu, die Arbeit nach äußeren Merkmalen zu bewerten. Sie sind enttäuscht, wenn durchgestrichen werden muß, weil ein Ergebnis falsch ist. Dann sieht es nicht mehr schön aus. Beim projektorientierten Unterricht können sie lernen, zwischen Arbeitspapier, in dem sie ihre Ideen festhalten und Notizen machen, und dem Produkt, das am Ende vorgezeigt wird, zu unterscheiden.

Die Planungsphase beinhaltet auch Vereinbarungen zur Organisation der Arbeit. Projektarbeit ist meist Gruppenarbeit. In den Vorschlägen treten jedoch auch Beispiele auf, bei denen jeder Schüler sein eigenes Produkt herstellt. Fertigt er beispielsweise einen Familienstammbaum an oder erkundet er den Wasserverbrauch im Haushalt, die Menge des anfallenden Altpapiers in seiner Familie oder plant er sein persönliches Taschengeld, so kann er zwar die Ideen und Vorgehensweise mit anderen abstimmen, aber die Daten sind individuell verschieden, und auch die Möglichkeiten zum Erkunden können unterschiedlich sein.

Bei der Gruppenarbeit können folgende Formen unterschieden werden:

- Jede Gruppe bearbeitet das vollständige Projekt. Die Kinder können aber ggf. auswählen, welches Produkt sie herstellen wollen. Entscheidungsfreiheit haben sie auch hinsichtlich der Vorgehensweise.

  Beispiele: Überraschungen für Ostern
  Plätzchen für alte Menschen
  Geschenke für Schulanfänger

- Jede Gruppe arbeitet zum selben Problemfeld, aber zu unterschiedlichen Inhalten. Alle können dieselbe Strategie nutzen. Ein Gespräch über die beabsichtigten Vorgehensweisen ist für alle hilfreich, für die einen als Bestätigung, für die anderen als Anregung.

  Beispiele: Tiere im Zoo
  Jede Gruppe stellt ein Tier vor, es wird aufgeteilt, welche Tiere von welcher Gruppe vorgestellt werden sollen. Es gibt Absprachen über die Form der Präsentation.

Ich wünsche mir ein Haustier
Jede Gruppe beschäftigt sich mit den Kosten für ein Haustier, die Gruppen werden nach Interesse für das jeweilige Tier festgelegt. Gemeinsam wird beraten, was bei den Kosten alles zu berücksichtigen ist.

- Jede Gruppe bearbeitet ein (oder mehrere) Problemfeld(er). Dabei müssen die Kinder selbst beraten, wie sie vorgehen wollen. Die Strategien können meist nicht abgestimmt werden. Allerdings sollten die Produkte und die Form der Präsentation besprochen sein, damit am Ende die Teile zusammengefügt werden können. Diese Form stellt hohe Anforderungen an die Schüler und Lehrer, weil das Lernen und Erfahrungsammeln zunächst nur innerhalb der Gruppe möglich ist.

Beispiele: Die Zukunft unserer Schule
Jede Gruppe beschäftigt sich mit einem anderen Problemfeld. Dabei kommen unterschiedliche Methoden zum Einsatz. Während eine Gruppe den Direktor bezüglich der Schülerzahlen befragt, messen die anderen den Schulhof, und die dritte Gruppe versucht, ein Modell des Schulgebäudes anzufertigen. Der Lehrer kann nur kurze Anregungen geben, da die vier Gruppen gleichzeitig arbeiten.

Drachen
Jede Gruppe fertigt einen Teil des Drachens an, Absprachen hinsichtlich Größe und Material sind erforderlich.

Spielplatz
Jede Gruppe bereitet einen Vorschlag für einen Teil des Spielplatzes vor. Die Teile werden auf einen Grundriß aufgebracht.

Die Zusammensetzung der Gruppen kann nach Interesse, nach Freundschaften oder auch aus der Sicht der Heterogenität vom Lehrer gelenkt erfolgen.

Als Mittel zur Planung wird im Projekt „Die Zukunft unserer Schule" die Arbeit mit einem Vertrag vorgestellt. Die Schüler planen in diesem Vertrag ihr Vorgehen und die dazu benötigten Materialien. Der Lehrer unterstützt sie dabei, gibt weitere Anregungen und unterschreibt den Vertrag als Partner. Dies ist für die Schüler eine Bestätigung ihres Planes und eine Sicherheit, daß sie Hilfe bekommen, wenn Probleme auftreten, die sie nicht allein bewältigen können. Als Vertragspartner könnten auch andere Personen einbezogen werden, Eltern, der Hausmeister, die Kindergärtnerin. Insbesondere bei Projekten, bei denen jede Gruppe ein eigenes Problemfeld zu bearbeiten hat, ist dieses Vorgehen sinnvoll.

Die Schüler können ihre Vorhaben oft nicht vollständig planen. Auch wenn aus theoretischer Sicht hier von einer solchen Planungsetappe gesprochen wird, durchzieht die konkrete Arbeit eine ständige Korrektur und Erweiterung des Planes.

Teilweise finden in der Planungsphase Ideen ihren Niederschlag, die sich nicht verwirklichen lassen. Durch regelmäßige Sitzungen oder Treffen in den Gruppen kann das Gespräch in Gang gehalten werden. So werden bereits im Vorfeld Entscheidungen diskutiert, korrigiert und andere Möglichkeiten zur konkreten Arbeit besprochen. Gleichzeitig lernen die Kinder dabei, zuzuhören, sich auf andere einzustellen und über die Meinung ihrer Mitschüler nachzudenken.

Bereits in dieser Phase können die Kinder das mathematische Instrumentarium auswählen, auf Verwendbarkeit prüfen bzw. überlegen, wie sie es der konkreten Situation anpassen können.

Realisierung des Projektplanes

Die Ausführung des Projektplanes erfolgt mittels praktischer Handlungen. Es wird modelliert, gezeichnet und geschnitten. Die Kinder sind mit Zettel und Stift unterwegs. Dabei arbeiten sie meist relativ selbständig. Lehrer, Eltern oder Experten stehen aber zur Konsultation zur Verfügung. Bestimmte Absprachen kann der Lehrer im Vorfeld bereits getroffen haben. So wurde der Direktor informiert, daß Kinder zur Befragung kommen, sollte der Hausmeister wissen, was in seiner Schule geschieht. Zum Verwirklichen ihrer Ideen sollten die Kinder Zeit haben. Meist findet diese Phase nachmittags statt, weil die Bedingungen während des laufenden Unterrichts die Schüler stark einschränken und viele Vorhaben nicht zulassen würden.

Sind die Kinder noch unsicher, so könnte im Vorfeld als Rollenspiel im Klassenraum eine Probe zum Vorhaben stattfinden. Beim Projekt „Trödelmarkt" wird empfohlen, daß die Kinder mit Hilfe der angefertigten Kataloge und von Spielgeld Einkaufsituationen spielen, um dabei den Umgang mit Geld zu erlernen. Dabei gewinnen sie auch Sicherheit in kommunikativen Situationen, zum Beispiel im höflichen Umgang mit Kunden.

Bei mehreren Projekten empfiehlt es sich, nach der Planung eine Lern- und Übungsphase einzuschieben. So muß beispielsweise Klarheit über Volumen bestehen, bevor für das Klassenfest mit viertel Liter, halber Liter und der Einheit Milliliter gerechnet werden kann.

Da beim projektorientierten Unterrichten der mathematische Inhalt von der Sachsituation bestimmt und auch strukturiert wird, können die Kinder immer wieder an Grenzen ihres mathematischen Instrumentariums stoßen. Dies sind jedoch echte Chancen für Entdeckungen. Unabhängig davon, ob diese immer vom Lehrer vorhergesehen wurden oder nicht, sollte im Unterricht darüber gesprochen werden. Häufig erleben Kinder dabei, daß sie mehr Mathematik beherrschen, als ihre Leistungen im Unterricht vermuten lassen. Sie benutzen die Mathematik in einer Form, die sie verstanden haben, und sind so erfolgreich. Wird ihnen das bewußt, bekommen sie meist eine andere Einstellung zur Mathematik.

Auswertung und Präsentation der Ergebnisse

Bei der Projektarbeit sind die Kinder sehr beschäftigt. Dabei besteht die Gefahr, daß die ausgeführten Handlungen Selbstzweck werden. In der Auswertung des Projektes muß ihnen bewußtgemacht werden, daß sie nicht nur basteln, sondern dabei aus Netzen Würfel und Quader herstellen, parallel und senkrecht falten und symmetrische Figuren ausschneiden. Teilweise erleben die Kinder diese Handlungen nicht als Mathematik. Dies wirkt sich zwar positiv auf die Kinder aus, die bereits in der Grundschule eine Abneigung zum Fach haben,

aber gleichzeitig können sie auch mathematische Beziehungen und Zusammenhänge nicht erkennen, wenn sie die Mathematik in der Handlung nicht sehen.

Im Unterricht muß auch bei der Projektarbeit über das Vorgehen reflektiert werden. Den Kindern ist zu verdeutlichen, daß sie die Anforderungen nur bewältigen konnten, weil sie rechnen können, weil sie die Einheiten des Gewichts kennen und damit umgehen können und weil sie zum Bauen der Lampions wissen müssen, daß die Seitenfläche eines Zylinders durch ein Rechteck gebildet wird u.ä.

Auch dann, wenn bei der Durchführung des Projektes nur zu rechnen, messen oder wiegen war, also wenn es um Üben als wiederholten Vollzug gleichartiger Handlungen geht, kann den Kindern hinterher verdeutlicht werden, wieviel Mathematik zur Bewältigung des Alltags erforderlich ist.

Die Möglichkeiten zur Präsentation des Ergebnisses sind sehr vielfältig. Die gewählte Form ist vom Zweck abhängig, mit dem das Projekt durchgeführt wird. Bestand das Ziel des Projekts in der eigenen Nutzung, wie beispielsweise beim Projekt „Taschengeld", so werden die Ergebnisse nicht veröffentlicht. War das Ergebnis für die ganze Klasse bestimmt, so sind alle Mitschüler auch Nutzer und Kritiker. Wurde beispielsweise gekocht und gebacken, ein Klassenfest vorbereitet, der Klassenraum aus- und umgestaltet, so werden sich die Kinder über die Ergebnisse des Projektes austauschen. Gelang es besonders gut, kann man evtl. andere einladen, z. B. den neu gestalteten Klassenraum anzusehen, Kuchen oder Plätzchen zu kosten oder mitzufeiern. Beispielsweise wird bei der Spomath (Sport-Mathe-Olympiade) angeregt, einzelne Wettkämpfe mit den Eltern durchzuführen. Will man das Produkt einem größeren Publikum zugänglich machen, so wird man andere Formen wählen. Eine Ausstellung, Modelle und Poster, ein Artikel für die Schülerzeitschrift, eine Aufführung, ein Quiz, ein Kochbuch oder ein Videofilm sind Ergebnisse, die die Kinder stolz zeigen. Teilweise sind zur Präsentation keine zusätzlichen „Werbemethoden" erforderlich: ein sauberes Beet, eine gepflegte Anlage mit einer Sonnenuhr, ein bunter Drachen sprechen für sich, und jeder, der das Produkt sieht, hat Freude daran.

Projektbeispiele

Überblick über die vorgestellten Projekte

Projektthema	Klasse	Problemfelder	mathematische Inhalte	Spezifik des Projektes - Gestaltung -
Wie viele Tage sind es noch?	2	- Grundformen des Kalenders - wichtige Daten im Kalender - Einsatz des Kalenders im Unterricht	Sicherheit im Umgang mit dem Kalender; Berechnen von Zeitspannen in Tagen; Zeichnen von Kreisen mit gegebenem Radius	Enge Verbindung zum Sachunterricht; Gruppenarbeit zu einem Problemfeld; Produkt wird nur von den Kindern selbst genutzt
Post für Jonas	3/4	- Briefsendungen: Gewichte, Maße, Porto - Postleitzahlen; Poststempel - Pakete und Päckchen: Gewichte, Maße, Form, Porto - Telegramme: Arten und Kosten	Schätzen, Messen und Wiegen von Postsendungen; Preisberechnungen; geometrische Formen von Briefen und Paketen	Das Projekt besteht aus mehreren Projektetappen, die über das ganze Jahr zu verteilen sind. Diese werden durch den Kontakt zu Jonas immer wieder motiviert. Enge Koordinierung mit anderen Fächern ist durch Inhalt in Lehrplänen und Richtlinien notwendig.
Alle Jahre wieder - Weihnachtsvorbereitungen	2 bis 4	- Herstellen von Weihnachtsschmuck: Baumschmuck aus geometrischen Grundformen; - Symmetrische Figuren als Baumdekoration; Papiersterne; Silberbehang - Adventskalender: mit Überraschungspäckchen, als Weihnachtshaus mit 24 Fenstern oder als	Geometrische Fähigkeiten werden weiterentwickelt, insbesondere im Zeichnen paralleler Geraden, beim Ausschneiden geometrischer Formen und symmetrischer Figuren und beim Bauen von Häusern aus Netzen; Orientierung am Kalender	Das Material und die Anleitung können vom Lehrer bereitgestellt werden. Die Schüler entscheiden sich je nach Interesse für eine Gruppe. Die Gruppen sind nicht stabil, ein Wechsel ist jederzeit möglich. Es wird ein Kalender für die Klasse hergestellt. Dabei kann sowohl in Gruppen als auch individuell gearbeitet werden.
Tiere im Zoo	4	- Tiere im Zoo: Arten, Größe, Gewicht, Alter... - Orientierung im Zoogelände - Eintrittspreise - Verhalten im Zoo	Rechnen mit Geld; Orientierung auf Geländekarte; Größenvorstellungen, insbesondere zu Gewichten und Längen durch Suchen nach Vergleichsgrößen	Gemeinsame Beratung über Vorgehen; Gruppenarbeit bei Informationssammlung zu verschiedenen Tieren; Erarbeiten eines Quiz für Zoobesucher als Höhepunkt.
Wasser im Haushalt	4	- Wasserverschwendung durch einen tropfenden Hahn - Wasserverbrauch bei der Körperpflege und Hygiene - sonstiger Wasserverbrauch	Größenvorstellungen über Volumen, Schätzen und Messen von Volumen, Rechnen mit Größen	Die Erkundung ist auf den individuellen Wasserverbrauch und den Verbrauch zu Hause gerichtet. Zur Durchschnittsberechnung wird Gruppenarbeit durchgeführt. In das Projekt kann eine Erarbeitung einbezogen werden.

Projektthema	Klasse	Problemfelder	mathematische Inhalte	Spezifik des Projektes - Gestaltung -
Sicherheit im Straßenverkehr	1 bis 3/4	Kl. 1: Verkehrszeichen Kl. 2: Verkehrsaufkommen Kl. 3: Sichere Schulwege	Kl. 1: Erkennen geom. Formen; Schulung des Wahrnehmungsvermögens Kl. 2: Erfassen und Präsentieren statistischer Daten; Zeitvorstellungen; Rechnen mit Zahlen bis 100 Kl. 3: Schätzen und Messen von Strecken; Orientierung auf Karten (Vorbereitung für Maßstab)	Klassenstufenspezifische Erweiterung; Projekt liefert Ergebnisse für die Schüler selbst, deren Sicherheit steht im Mittelpunkt.
Klassenausflug	2-4	Die Problemfelder sind für alle Klassenstufen gültig: - Ausflugsziele - Kosten - Zeitplanung	Berechnen von Preisen für öffentliche Verkehrsmittel, Eintritt und Übernachtung; Umgang mit Fahrplänen, Zeitberechnungen und Arbeit mit Maßstab	In jeder Klasse werden dieselben Probelemfelder bearbeitet. Durch die unterschiedlichen Ausflugsformen stehen in jedem Schuljahr neue höhere Anforderungen. (Spiralprinzip).
Mein Körper	2-4	Kl. 2: die Maße einzelner Körperteile Kl. 3: Größe, Gewicht, Alter, Reaktionen bei Belastung Kl. 4: Entwicklung des Körpers	Sicherheit im Schätzen und Messen von Längen und Gewichten; Vergleichen von Größen; Diagramme	Das Thema wird von Klasse 2 bis 4 fortgeführt (Spiralprinzip). Keine Gruppenarbeit; Messen und Wiegen sind in Partnerarbeit sinnvoll. Das Projekt dient als Sachinformation für die Schüler.
Unser Koch- und Backbuch	2-4	- Rezepte und Zutaten - ABC der Küche - Gerichte (Salate, Süßspeisen, Hauptgerichte, Plätzchen und Kuchen)	Sicherheit im Umgang mit g, l, ml; Volumen erkunden, schätzen und messen (wiegen); geometrische Formen bei Küchengeräten; Zeitvorstellungen	Durchführung jederzeit ohne äußeren Anlaß möglich, Bedingungen für Kochen und Backen müssen gegeben sein. Erarbeitung der Einheit 1 g und ggf. 1 ml während des Projekts.
Osterbasteleien	3/4	- Gestalten von Ostereiern - Herstellen von Osterkörbchen - Anfertigen von Fensterbildern - andere kleine Überraschungen	Weiterentwicklung geometrischer Fähigkeiten: Anfertigen von Netzen, Herstellen von Faltschachteln zu symmetrischen Figuren, Messen und Zeichnen mit Geodreieck	Gruppeneinteilung nach Interesse, Arbeitstische zur Anleitung und Information.
Die Zukunft unserer Schule	4	- der Schulhof und das Außengelände - das Schulgebäude - die Klassenräume	Schätzen und Messen von Schulgelände, Gebäude und Klassenräumen; Arbeit mit Maßstab, Anfertigung von Modellen	Problemfelder sind deutlich abgegrenzt, die Kooperation wird in einem Vertrag festgehalten; das Thema ist von territorialen Bedingungen abhängig.

P 11: Wie viele Tage sind es noch?

Ziele

Die Schüler werden sicher im Umgang mit dem Kalender. Sie lesen verschiedene Daten ab, können das Datum im Kalender suchen und aufschreiben. Sie sind in der Lage, die Zeitdauer in Tagen bzw. zu entsprechenden Angaben des Datums zu berechnen.

Zum Anfertigen der Kalender können Kreise mit gegebenem Radius oder mit Hilfe von Schablonen gekennzeichnet werden.

Problemfelder

Grundform des Kalenders

Wichtige Daten im Kalender (Gruppenarbeit)

Einsatz des Kalenders im Untericht

Einordnung

Klasse 2 (Jahresbeginn oder nach der Behandlung der Uhr)

Zeitplanung

2 Stunden

Spezifik des Projektes

Das Thema „Kalender" tritt sowohl im Sachunterricht als auch in Mathematik auf. Ein fächerübergreifendes Vorgehen ist sehr günstig. Bei diesem Projekt wird nur ein Teil als selbständige Arbei in Gruppen durchgeführt. Die benötigten Materialien könnten vom Lehrer bereitgestellt werden. Es wäre auch möglich, daß die Kinder Materialien (Kalender, Geburtsdaten, Bilder) von zu Hause mitbringen. Das Herstellen der Jahresuhr erfolgt nach Anregung durch den Lehrer.

Literaturhinweis

Barff, U.: Lauter tolle Sachen, die Kinder gerne machen. Niedernhausen: Falken, 1993.

Farndon, J.: Wetter. Hamburg: Saatkorn, 1992.

Kleingeist, H.: Wir machen einen Schulkalender. In: Die Grundschulzeitschrift, Seelze 5 (1991) 49, S. 12-14.

Küchler, W.: Ein Jahr hat viele Tage. In: Grundschule, Braunschweig 24 (1992) 11, S. 20-22.

Leimbach, R.: Mein kleiner Wochenkalender. In: Grundschulunterricht, Berlin 40 (1993) 9, 16-18.

Meier, W.: Ein Jahr vergeht. In: Grundschulmagazin, München 10(1995) 1, S. 23-24.

Naroska, F.: Mein Winterbuch. Freiburg: Herder, 1990.

Naroska, F.: Mein Frühlingsbuch. Freiburg: Herder, 1991.

Naroska, F.: Mein Herbstbuch. Freiburg: Herder, 1993.

Naroska, F.: Mein Sommerbuch. Freiburg: Herder, 1992.

Stahl, H.: Mein Kalender. In: Die Unterstufe, Berlin 38 (1991) 11, S. 324-325.

Zenker-Schweinstetter, E.-S.: Wir teilen die Zeit ein: Jahre - Monate - Wochen - Tage. In: Sachunterricht und Mathematik in der Primarstufe, Köln 21 (1993) 1, S. 16-24.

Projektbeschreibung

Einstimmung

Wie viele Tage sind noch bis....?

Wer kennt sie nicht diese ewige Fragerei nach dem Geburtstag, dem Fest, dem Ferienbeginn? Ein Jahr ist für Grundschulkinder ein sehr langer Zeitraum. Sie können sich kaum vorstellen, wie lange 1 Monat, ein Vierteljahr oder ein halbes Jahr ist. Das Zeitverständnis kann durch Einteilen in überschaubare Abschnitte erhöht werden. Der Kalender enthält mehrere solche Zeitabschnitte:

– die vier Jahreszeiten
– die Monate
– Wochen.

Die Kinder finden weitere, subjektiv bedeutsame Einteilungen im Kalender: Die Zeit bis zu unserer Reise, meinem Geburtstag, der Konfirmation meines Bruders.

Gemeinsam nehmen sich die Kinder vor, ihr Schuljahr wie eine Chronik abzubilden. Wird dieses Vorhaben nach der Behandlung der Uhr in Angriff genommen, so kann der Kreis mit der 12er Einteilung als Grundlage genutzt werden.

Eingrenzen von Problemfeldern

Das Vorhaben ist noch sehr verschwommen. Zunächst werden alle Wörter gesammelt, die den Kindern zum Jahr einfallen.

Tb:

Unser Schuljahr		
Zeugnisse	Geburtstag	Blumen
	Ferien	Ostern
Sommer	Weihnachten	Urlaub

Wurden die Wörter auf Zettel geschrieben, sind sie leicht zu sortieren.

Folgende Problemfelder können abgegrenzt werden.
- Schulzeit/Ferienzeit
- Feiertage, Feste und Geburtstage
- die Jahreszeiten

Planen des Vorgehens

Die Planung könnte in drei Etappen erfolgen:
1. Wie soll unser Schuljahreskalender aussehen?
2. Wie tragen wir die wichtigsten Daten ein?
3. Wie wollen wir damit im Laufe des Jahres arbeiten?

Herstellen des Kalenders

Zunächst wird über die äußere Form und den Aufbau des Kalenders gesprochen. Ein Ziffernblatt einer Uhr ist in 12 Abschnitte eingeteilt. Diese Einteilung kann übernommen werden, um die Monate zu kennzeichnen. Die Monatsnamen sollten bereits auf entsprechenden Kreissegmenten vorgeschrieben sein. Die Kinder müssen sie ordnen und wie ein Puzzle zum Kreis zusammensetzen (Anlage I a). Dabei wird wiederholt, daß die Monate unterschiedlich lang sind - es gibt welche mit 30 und welche mit 31 Tagen, der Februar ist eine Ausnahme, er hat nur 28 bzw. 29 Tage. Damit das nicht vergessen wird, färbt man den Februar hellblau, die Monate mit 30 Tagen mittelblau und die mit 31 Tagen etwas dunkler oder mit einer anderen Farbe. Die Jahresuhr sollte auch einen Zeiger haben, mit dem das jeweilige Datum eingestellt wird. Das Zifferblatt kann nicht vollständig mit allen Tagen beschriftet werden. Aber der Lehrer kann mit Hilfe eines Winkelmessers eine Skala aufbringen (vgl. Anlage I b). Bei Monaten mit 31 Tagen wird für den 31. Tag eine zusätzliche Markierung vorgenommen. Der 10. und 20. jedes Monats wird hervorgehoben und mit der Ordnungszahl beschriftet.

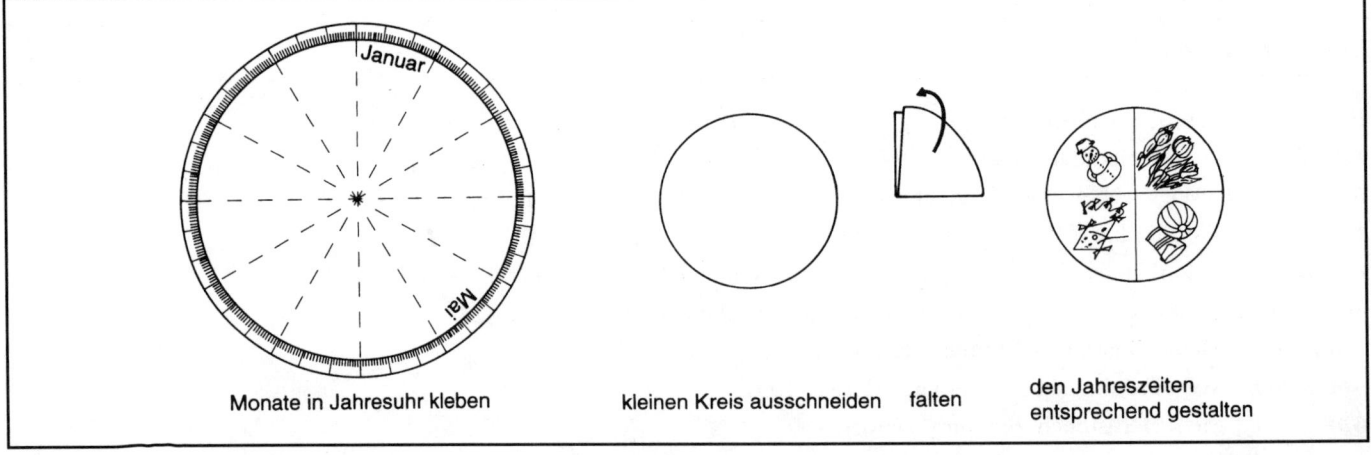

Monate in Jahresuhr kleben   kleinen Kreis ausschneiden   falten   den Jahreszeiten entsprechend gestalten

Gestalten des Kalenders

Den 2. Abschnitt bereiten die Schüler in Gruppen vor. Sie tragen alle wichtigen Informationen zu dem jeweiligen Problemfeld zusammen. In einer Zwischenbilanz wird geprüft, ob alle Geburtsdaten richtig sind, wann die jeweilige Jahres-

zeit beginnt, ob alle Feste und Feiertage gefunden wurden. Auch nationale Besonderheiten von Mitschülern werden dabei berücksichtigt.

Wenn alles stimmt, bereiten die Kinder die Eintragungen vor. Als Klassenuhr wäre eine Vergrößerung von Anlage I sinnvoll.

Das Jahr auf einen Blick

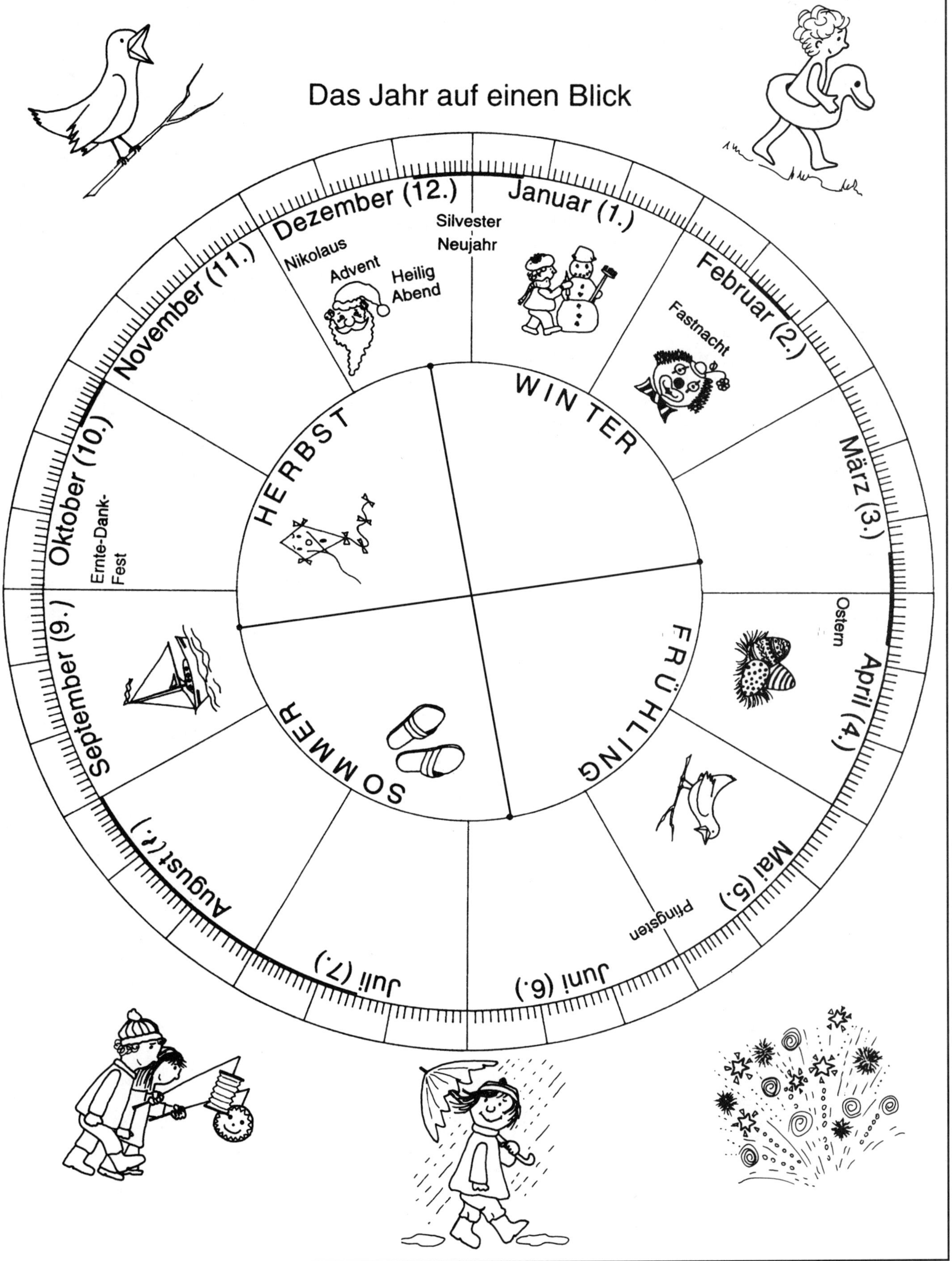

Dezember (12.) Januar (1.)

November (11.)

Nikolaus   Silvester
            Neujahr
Advent   Heilig
         Abend

Februar (2.)

Fastnacht

Oktober (10.)

WINTER

HERBST

März (3.)

September (9.)

Ernte-Dank-
Fest

Ostern

April (4.)

SOMMER

FRÜHLING

August (8.)

Mai (5.)

Pfingsten

Juli (7.)

Juni (6.)

Je nach Größe der Uhr wird der Name des Geburtstagskindes oder des Festes auf ein Klebeschildchen geschrieben. Für die Jahreszeiten und die Feste werden typische Bilder (Anlage II) ausgewählt.Die Unterteilung der Jahresuhr in vier Abschnitte für die Jahreszeiten kann relativ leicht gefunden werden: Es wird ein Kreis mit kleinerem Durchmesser ausgeschnitten. Durch Übereinanderfalten kann er in 4 Viertelkreise unterteilt werden (Anlage Ic). Jedes Viertel wird einer Jahreszeit entsprechend gestaltet (s. Abb. S. 153).

Die Ferienzeiten können der Presse oder anderen Kalendern entnommen werden. Auf der Jahresuhr werden die entsprechenden Abschnitte rot gekennzeichnet. Gemeinsam werden die Einzelteile zusammengebaut und fehlende Eintragungen vorgenommen.

Alle sind Stolz auf ihr Produkt.

Die Jahresuhr im Unterricht

Die Kinder stellen jeden Tag an der Jahresuhr das Datum ein. Sie sehen dabei, wie die Zeit vergeht. Bald ist Ostern, danach hat Max Geburtstag. Sie rechnen und zählen. Das Einstellen kann damit verbunden werden, neue Aufgaben zu stellen, die mit Hilfe des Kalenders gelöst werden können:

In wie vielen Tagen gibt es Osterferien?

Wie lange dauern die Osterferien?

Ist der Frühlingsanfang vor oder nach Ostern?

Wie viele Tage sind vom Frühlingsanfang bis Ostersonntag?

Wie viele Tage dauert der Frühling?

Meine Mutter hat in 5 Tagen Geburtstag. Welches Datum ist das?

Mein Bruder hat 7 Tage vor Bernd Geburtstag.

Die Kinder können diese Aufgaben zählend oder rechnend lösen. Dabei wird auf das Rechnen bis zum nächsten Zehner durch die entsprechende Markierung und das Arbeiten in Zehnerschritten orientiert.

Wird der Kalender bereits zu Beginn der 2. Klasse angefertigt, kann damit das ungezwungene Weiterzählen über 20 hinaus unterstützt werden. Jedes Kind könnte sich auch seinen individuellen Kalender anfertigen, in dem nur die persönlich bedeutsamen Tage markiert werden. Es wäre auch möglich, anstatt des runden Kalenders einen Kalendermann herzustellen. Eine Abbildung enthält Anlage III. Ein Arbeitsblatt zur Unterstützung der individuellen Planung wichtiger Daten enthält Anlage IV.

Bei diesem Thema sollte unbedingt die Verbindung zu anderen Fächern genutzt werden. Exemplarisch sei genannt:

Musik: Geburtstagslied

"Wer im Januar Geburtstag hat, tritt ein, tritt ein, tritt ein. Er mache im Kreis einen tiefen Knicks, recht tief, recht tief, recht tief. ...."

Sachunterricht: Jahreszeiten und Kalender

Wetterbeobachtungen

Langzeitbeobachtungen an Pflanzen

Deutsch: Gedicht lernen, z.B.

Die vier Jahreszeiten
Es war eine Mutter, die hatte vier Kindern, den Frühling, den Sommer, den Herbst und den Winter.

Rechtschreibung der Monatsnamen und Jahreszeiten

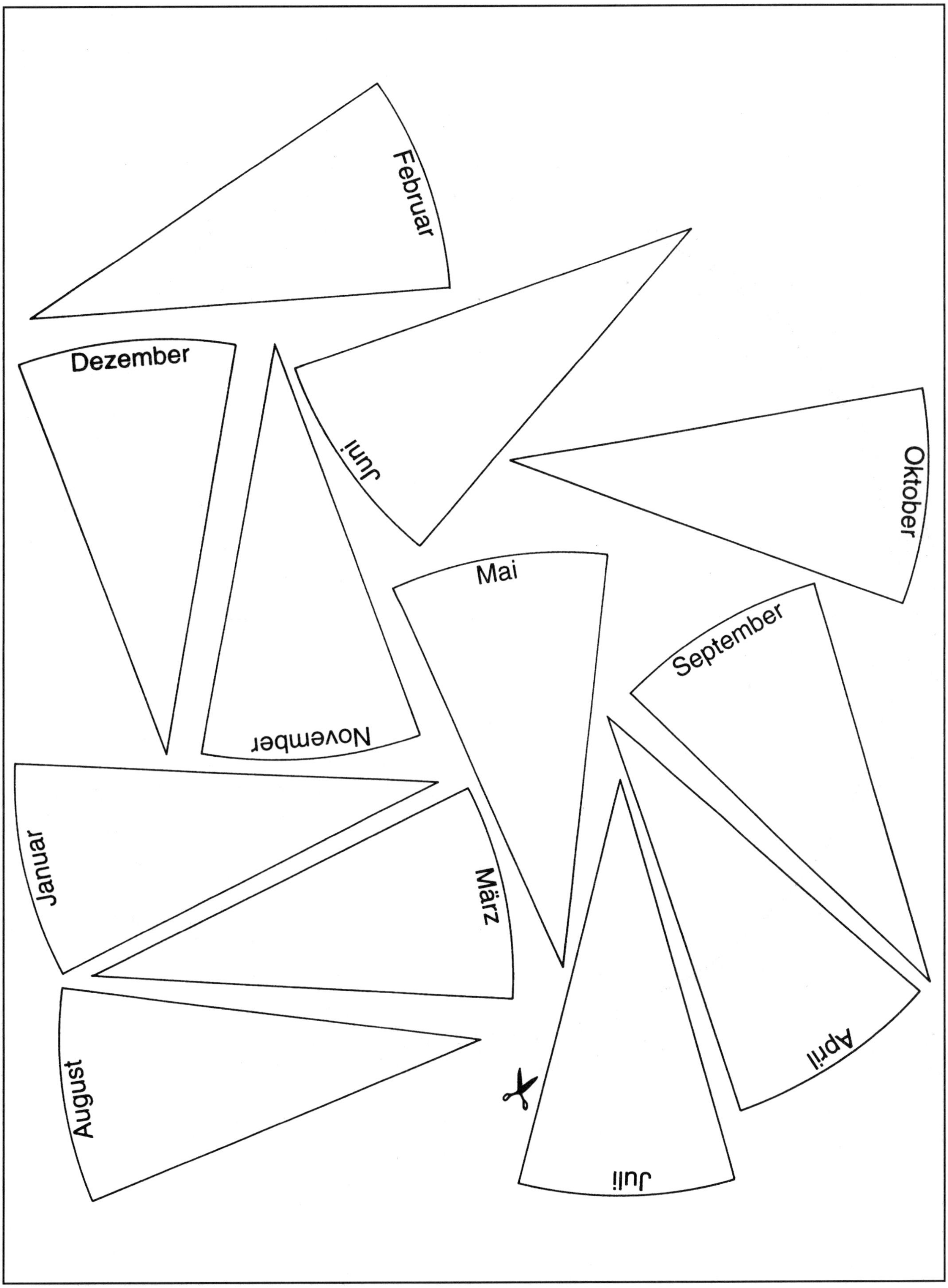

Februar

Dezember

Juni

Oktober

Mai

September

Januar

November

März

August

April

Juli

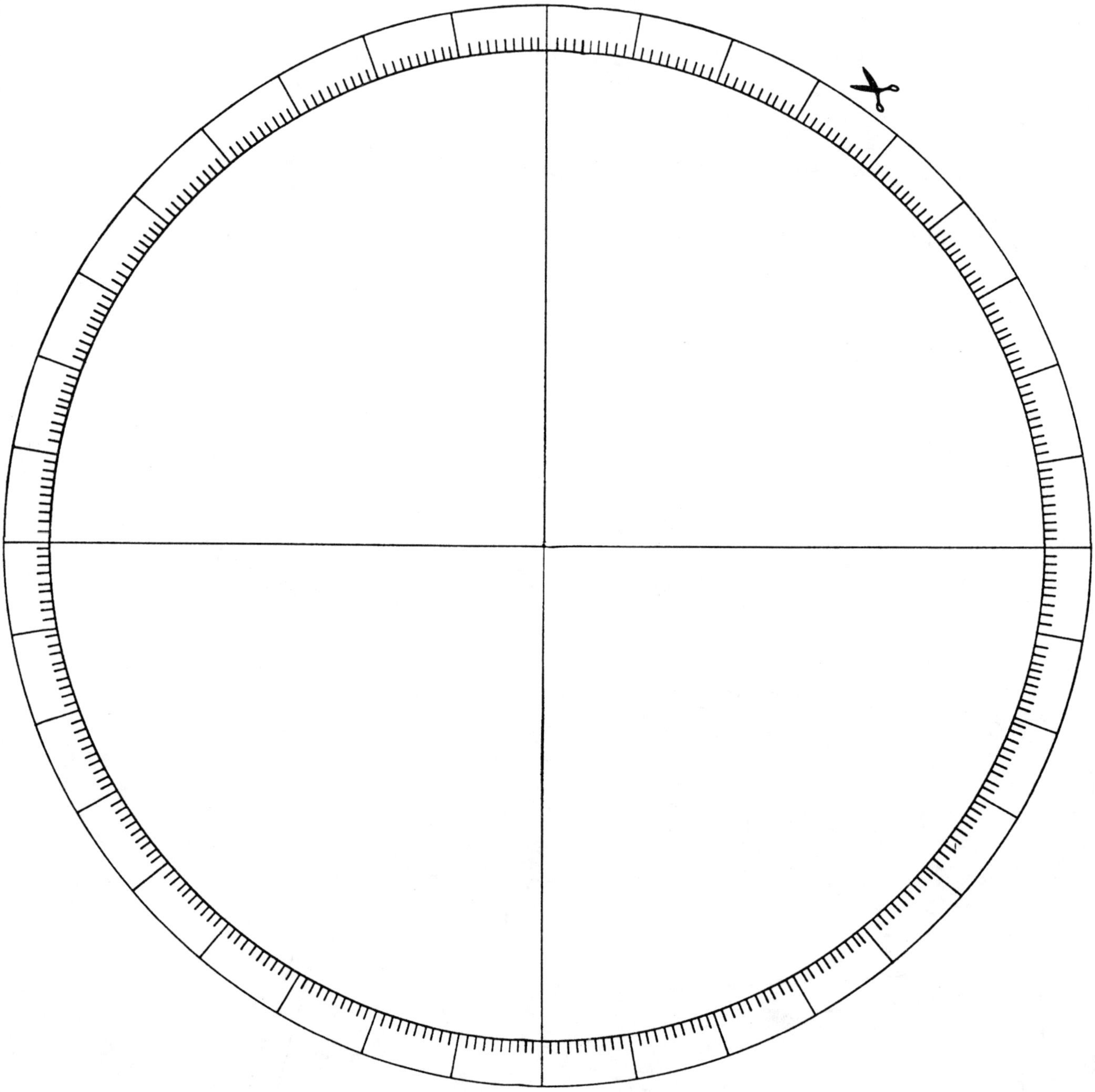

Jahreszeiten

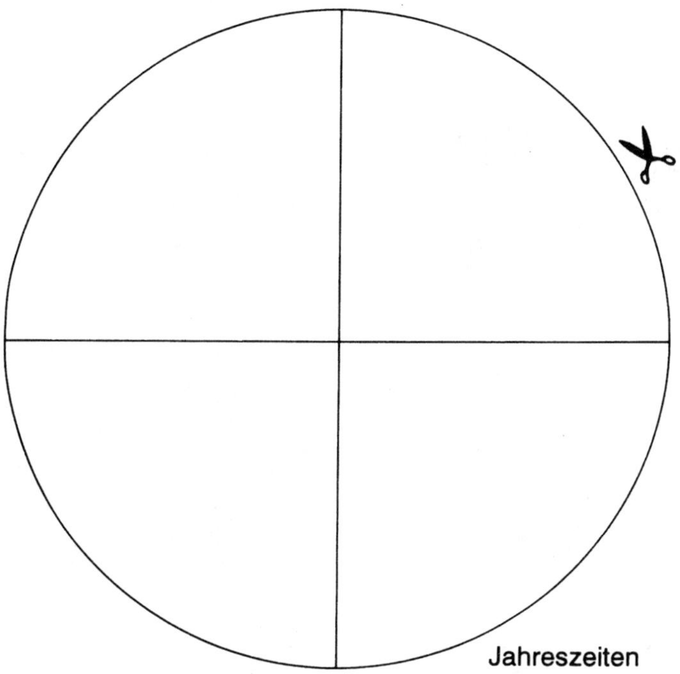

Zeiger

Welche Bilder passen in deinen Kalender?
Klebe sie ein!

Kalendermann

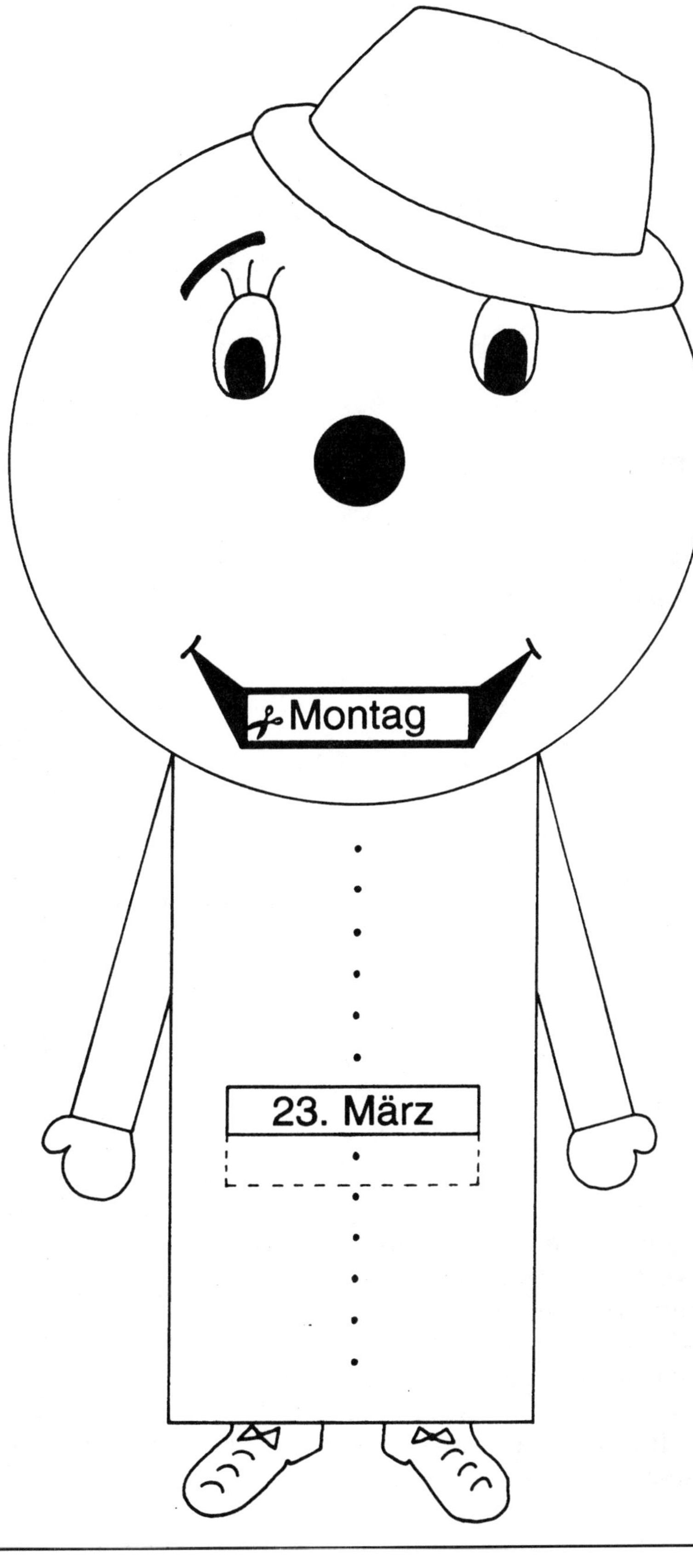

Montag

23. März

Drehscheibe mit Wochentagen

Monatsstreifen
(von den Schülern auszufüllen)

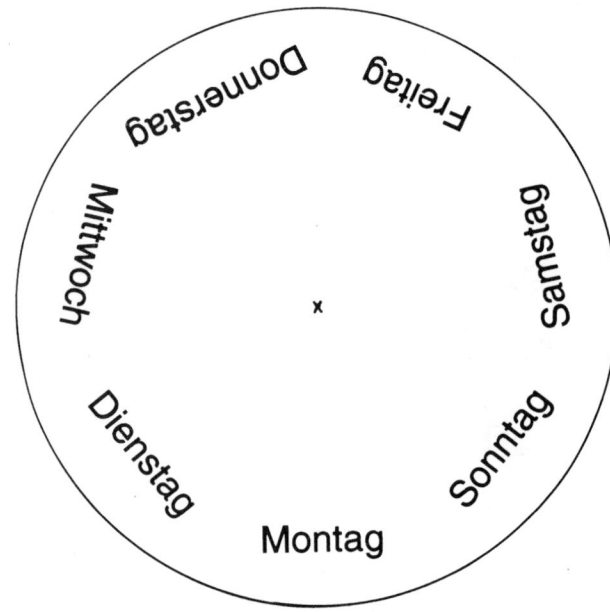

Die Drehscheibe kann mit einem Druckknopf in der Nase des Mannes befestigt werden.

Soll nur das Datum eingetragen werden, sind die schmalen Streifen zu benutzen. In den breiten Streifen können Geburtstage u. ä. eingetragen werden. Für die breiten Streifen ist das gestrichelte Feld im Bauch des Kalendermanns auszuschneiden.

Suche das Datum der Feiertage und anderer besonderer Tage aus einem Kalender heraus.
Klebe die Namen in deinen Kalender richtig ein.
Was ist für dich noch wichtig? Trage es ein.

Neujahr	Schulferien von bis
Hl. 3 Könige	Schulferien von bis
Fastnacht	Ferienreise von bis
Karfreitag	Klassenausflug von bis
Ostern	Geburtstag von
Ostersonntag	Geburtstag von
Ostermontag	Geburtstag
Maifeiertag	Geburtstag
Christi Himmelfahrt	Sport
Pfingsten	Sport
Pfingstsonntag	Sport
Pfingstmontag	Schwimmen
Fronleichnam	Schwimmen
Mariä Himmelfahrt	Schwimmen
Reformationsfest	Schwimmen
Allerheiligen	
Buß- und Bettag	
Totensonntag	
1. Advent	
2. Advent	
3. Advent	
4. Advent	
Heiligabend	
Weihnachten	
Weihnachten	
Silvester	
Nikolaus	

P 12: Post für Jonas
(für unsere ehemalige Lehrerin, für unsere Partnerklasse in Brighton)

Ziele

Die Schüler erkennen bei der Auseinandersetzung mit dem Thema Post mathematische Beziehungen und setzen zur Lösung ihrer Probleme mathematische Mittel ein.

Dazu erwerben sie Fähigkeiten bzw. entwickeln bereits vorhandene Fähigkeiten weiter

- im Umgang mit dem Kalender bei der Projektplanung,
- im Schätzen und Messen von Längen in Zentimetern und in Millimetern und im Angeben der Meßergebnisse in dezimaler Schreibweise,
- im direkten und indirekten Vergleichen von Längen, auch solchen in unterschiedlichen Längenangaben,
- im Schätzen des Gewichtes und im Wiegen von Gegenständen in Gramm,
- im Darstellen von Geldbeträgen mittels Briefmarken mit unterschiedlichem Wert,
- im Umgang mit geometrischen Grundformen,
- im Zeichnen von Rechtecken mit gegebener Seitenlänge,
- im Verstehen der Zahlen als Mittel zur Codierung (Postleitzahlen, Hausnummern),
- im Berechnen von Zeitspannen (vom Poststempel bis zur Ankunft).

Problemfelder

Briefsendungen: Gewichte, Maße, Porto

Postleitzahlen

Pakete und Päckchen: Gewichte, Maße, Form, Porto

Telegramme: Arten und Kosten

Einordnung

Klasse 3 und 4

Zeitplanung

4 Stunden

Spezifik des Projektes

Im Rahmen des Sachunterrichts ist das Thema Post zu behandeln. Dazu wird meist ein Unterrichtsgang durchgeführt, bei dem die Schüler eine Vielzahl von Informationen erhalten, die für die Projektbearbeitung sinnvoll sind.

Unabhängig davon, ob die Informationen im Rahmen der einzelnen Fächer Muttersprache, Sachunterricht oder Mathematik aufgegriffen oder als ganzheitliches Vorgehen verarbeitet werden, ist eine umfassende Betrachtung der Problematik als Vorbereitung auf den Alltag nützlich.

Mit gezielter Schwerpunktsetzung könnte die Thematik in den Klassen 3 bis 4 bearbeitet werden. Aufgrund der Vielfalt mathematischer Betrachtungsweisen ist es sinnvoll, mehrfach daran anzuknüpfen. Aus dieser Sicht eignet sich das Projektthema "Post für ...", weil durch den Kontakt zu Personen mittels der Post das Thema immer wieder aktuell werden kann. Für die Kinder wäre es ermüdend, alle Projektetappen nacheinander abzuarbeiten.

Literaturhinweis

Aust, S./Schmid, W.: Hallo, Briefträger. Menschen bei der Post. Wien: Ueberreuter, 1993.

Cummenerl, R.: Briefe, Päckchen, Telegramme. Berlin: Kinderbuchverlag, 1989.

Hofmann, A.: Seit wann sind Briefmarken in Gebrauch? In: Hendel, C. (Hrsg.): Warum? Weshalb? Wieso? Bd. 4. Berlin: Junge Welt, 1986, S. 47-48.

Pauls kleine Stadt. Spiel- und Bastelbogen für Kinder. Hrsg. von der Deutschen Bundespost. o. J.

Projektbeschreibung

Vorbemerkungen

Dieses Projekt wird eng mit dem traditionellen Unterricht verknüpft - spielerische Aktivitäten, offene Unterrichtsformen, Erarbeiten neuer Erkenntnisse unterbrechen die Projektarbeit und sichern gleichzeitig die Voraussetzung für die erfolgreiche Durchführung des Projekts. Bereits mit Kindern der 2. Klasse könnten Erkundungen zum Postdienst durchgeführt werden. So ermitteln die Kinder, wie oft und wann der Briefkasten geleert wird und stellen die Zeit auf ihrem Uhrenmodell ein. Auf mitgebrachten Briefen oder Karten versuchen sie, die Poststempel zu entschlüsseln. Dabei werden sie bereits mit Postleitzahlen konfrontiert, über die sie Sachinformationen erhalten können. Sie suchen weitere Zahlen auf den Briefumschlägen und sprechen über Codierung bei Hausnummern und Postfächern. Sie können auch bereits Briefmarken auswählen und Briefe richtig frankieren. Dabei rechnen sie mit Zehnerzahlen. Im Rollenspiel kann das Einkaufen von Briefmarken geübt werden.

Im folgenden werden vier Projektetappen beschrieben:

(1) Gespräch über den Kontakt zur ehemaligen Klassenlehrerin/zu einem Mitschüler im Krankenhaus/im Ausland/zur Partnerklasse

Planung der Kontakte über einen längeren Zeitraum

(2) Wir schicken einen Brief

- enthält die Problemfelder Briefmarken, Maße, Gewichte und Gebühren von Briefen, Postleitzahlen, Poststempel,

(3) Wir gratulieren zum Geburtstag

- enthält das Problemfeld Telegramme

(4) Wir senden ein Weihnachspäckchen

- enthält die Problemfelder Gewichte und Gebühren von Päckchen und Paketen,

  zulässige Maße und Formen von Päckchen und Paketen und

  Poststempel

Dieses Projekt steht

- in Verbindung mit dem Thema „Post" in Sachunterricht in Klasse 3

- in Verbindung mit dem Thema „Wir schreiben einen Brief" in Muttersprache

- in Verbindung mit dem Thema „Gestaltung einer Glückwunschkarte" in Kunsterziehung

- in Verbindung mit Musik „Ein Lied vom Briefträger" (1).

Einstimmung

Wenn ein Schüler die Klasse vor einige Zeit verließ, weil er mit seinen Eltern in ein anderes Land ging, ein Schüler für längere Zeit ins Krankenhaus mußte oder für mehrere Wochen zur Kur fuhr oder wenn eine Lehrerin in eine andere Stadt zog, kann dies Anlaß sein, mit den Kindern darüber zu sprechen,

wie der Kontakt gepflegt werden kann. Gemeinsam wird überlegt:

– Wir können telefonieren.
– Wir können sie/ihn besuchen.
– Wir können schreiben.

Die letztgenannte Idee wird aufgegriffen: Der Kontakt soll mit Hilfe der Post aufrechterhalten werden. Damit es nicht in Vergessenheit gerät, werden die wichtigsten Termine im Kalender angestrichen. Die Schüler nehmen sich vor:

– einen Brief zu schreiben
– zum Geburtstag zu gratulieren (Karte oder Telegramm)
– zu Weihnachten und evtl. zu Ostern ein Päckchen mit Bastelarbeiten aus der Klasse zu schicken.

Diese drei Etappen werden im Kalender markiert. Dabei werden wichtige Kenntnisse über den Kalender gefestigt und das Zeitverständnis weiterentwickelt. Hat jeder Schüler seinen eigenen Kalender, so können die Daten dort aufgesucht und markiert werden. Neue Fragen treten auf:

Wann müssen wir das Weihnachtspäckchen abschicken, damit es rechtzeitig ankommt? Wie lange braucht ein Brief von Frankfurt nach München? Kommt ein Telegramm schneller an?

Projektplanung 1: Ein Brief nach München

Sicher sind die Kinder von der Idee begeistert. Deshalb soll das Briefschreiben sofort in Angriff genommen werden. Im Deutschunterricht wird der Brief vorbereitet. Eigentlich könnte man ein Klassenfoto mitschicken oder einige Zeichnungen, die besonders gut gelungen sind. Der Phantasie der Kinder sind keine Grenzen gesetzt. Doch halt: Wie schwer darf ein Brief sein?

Kann er beliebige Größen haben oder gibt es feste Maße, die wir beachten müssen?

Wieviel Porto müssen wir bezahlen?

Antworten auf diese Fragen können bei einem Besuch im Postamt gefunden werden. Bereits vor dem Unterrichtsgang wird die Klasse in drei Gruppen eingeteilt, wobei jeweils eine Gruppe zu einem der Problemfelder erkunden wird.

1. zulässiges Gewicht eines Briefes
2. zulässige Maße eines Briefes
3. erforderliche Briefmarken für einen Brief.

Entsprechendes Informationsmaterial ist auf jedem Postamt zu finden (2).

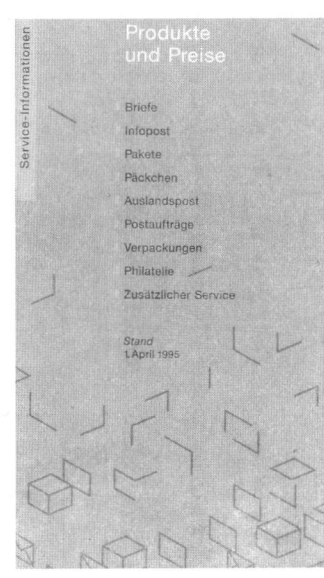

Den Schülern bleibt selbst überlassen, ob sie die Angestellten fragen oder sich die Angaben alleine heraussuchen. Die Auswertung dieser Erkundungsaufträge kann genutzt werden, um die Größenvorstellungen der Kinder zu schulen.

Das Schätzen und Messen von Längen und Gewichten könnte Inhalt der nächsten Mathematikstunde sein.

Jede Gruppe darf Objekte zu ihrem Spezialgebiet mitbringen. Im Klassenraum werden drei Stationen aufgebaut:

1. Station: Schätzen und Messen der Länge und Breite von Briefumschlägen

2. Station: Schätzen und Wiegen von Objekten, insbesondere aus Papier und Pappe (in Gramm)

3. Station: Darstellen von Geldbeträgen mit Hilfe von Briefmarken

Jede Gruppe baut ihre Station selbst auf. Jeweils zwei Mitglieder werden als Standbetreuung eingesetzt, die anderen durchlaufen die fremden Stationen und lösen dann die Standbetreuer ab. Zur Vorbereitung der Stationen gehört das Bereitstellen geeigneter Meßgeräte. So wählen die Kinder eine Waage aus und begründen dies; sie prüfen, welches Lineal zum Messen lang genug ist und ob damit auch in Millimetergenauigkeit gemessen werden kann; sie legen Briefmarken bereit und suchen realistische Beträge heraus, die damit zu legen sind. Interessante Aufgaben ergeben sich, wenn neben dem Porto für Standardbriefe auch das Porto für Infopostbriefe mit Briefmarken darzustellen ist.

Arbeitsblätter zum Eintragen der Schätz- und Meßergebnisse (vgl. Anlage I und II) sowie zu den Briefmarken (vgl. Anlage III und IV) können von der Lehrerin bereitgestellt oder gemeinsam mit den Kindern vorbereitet werden. Haben die Kinder bisher nicht mit den Einheiten 1 mm gemessen, sollte nach dem Besuch der Post ein Lehr- und Übungsteil eingeschoben werden. Dazu wird ein Arbeitsblatt (vgl. Anlage V) bereitgestellt. Auch das Wiegen in Gramm kann zunächst an beliebigen Objekten geübt werden (vgl. Anlage II).

Nun werden die Stationen durchlaufen.

In der Auswertung werden zunächst die Erkenntnisse der Schüler zusammengetragen. An dieser Stelle soll nur einiges exemplarisch hervorgehoben werden.

A: Beziehungen zwischen den Maßen der Briefumschläge.

Anhand der Maße der Briefumschläge sind einigen Kindern evtl. bereits Regelmäßigkeiten aufgefallen. Diese können untersucht werden. Die Kinder können entdecken, daß durch Falten der Umschlag genau so groß wie der nächstkleinere wird.

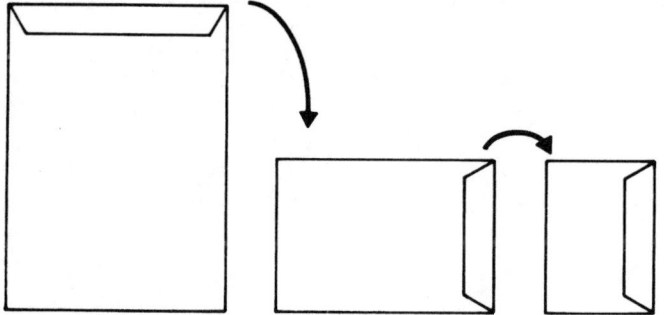

Beim Besuch des Postamtes haben die Kinder gesehen, daß die Angestellten nicht jeden Brief messen, sondern mit Schablonen arbeiten. Aus Pappe können Schablonen zur maximalen Größe der Briefe angefertigt werden.

B: Gewichte von Briefbögen

Die Kinder haben unterschiedliche Briefbögen zum Wiegen mitgebracht. Beim Schätzen des Gewichtes stellten sie keinen Unterschied fest, doch mit Hilfe der Briefwaage erkannten sie, daß die Briefbögen trotz gleicher Größe unterschiedlich schwer sind. Auch die Briefumschläge unterscheiden sich im Gewicht.

C: Kaufpreis und Wert von Briefmarken

Beim Umgang mit Briefmarken erkennen die Kinder, daß es verschiedene Sätze von Marken gibt. Neben der Dauerserie "berühmte Persönlichkeiten" gibt es Sondermarken. Auf einigen steht neben dem Wert eine weitere Zahl. Anhand bereits frankierter Briefe erkennen sie, daß der Zuschlag keinen Einfluß auf das Porto hat. Im Gespräch ist zu klären, daß dieser Zuschlag meist für einen guten Zweck bestimmt ist.

Als Zusammenfassung erhält jeder Schüler die Service-Information vom Postdienst oder folgende Übersicht:

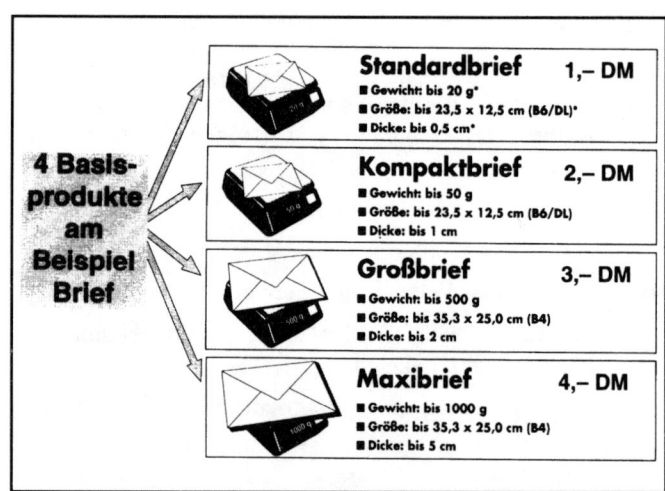

Als Muster wird je ein Briefumschlag als Standard-, als Kompakt-, als Groß- und als Maxibrief beschriftet, frankiert und mit Papier bis zum Höchstgewicht gefüllt. Dazu benutzen wir A4-Bögen. Nach dem Wiegen könnte berechnet werden, wie viele Bögen man in einem Standardbrief (max. 20 g) verschicken kann. Günstiger ist es, die Kinder selbst entdecken zu lassen, wie viele Briefbögen in einem Umschlag verschickt werden können. Sie werden erkennen, daß dabei zunächst das Gewicht des Briefumschlages zu beachten ist. Dann können Briefumschlag und so viele Briefbögen auf eine Waage gelegt werden, bis 20 g erreicht sind. Darf es ein bißchen mehr sein? Die Antwort auf diese Fragen hilft, den Begriff "maximal" zu klären.

Nun ist der Briefbogen in den Umschlag zu stecken. Das Falten des Briefbogens stellt die Kinder beim Standardbrief vor neue Anforderungen. Vorstellungsvermögen und Erfahrungen sind gefragt.

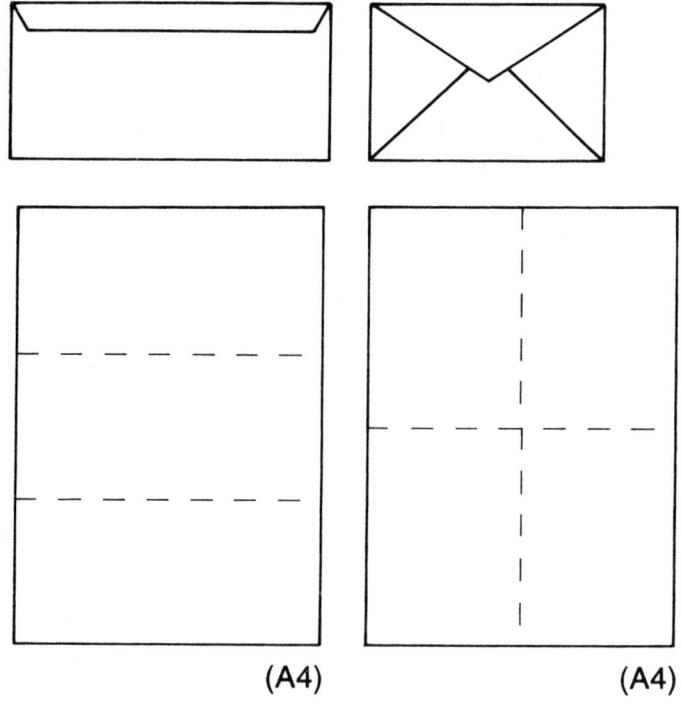

(A4)   (A4)

Die Musterumschläge sollte jedes Kind selbst anfassen, mit den Händen „abwiegen", die Kanten nachfahren, mit der Handspanne messen und vergleichen, die Briefmarken ansehen und das Gesamtporto jedes Briefes berechnen.

In einem Gespräch wird geklärt, was geschieht,

a) wenn man zu viel Porto auf den Brief klebt,

b) wenn man zu wenig Porto auf den Brief klebt.

Nun aber zurück zu unserem Brief an Jonas. Alle Vorbereitungen sind getroffen, der Brief wurde geschrieben, ein Klassenfoto dazugelegt - es gibt auch hier Interessantes über die Maße von Fotos zu entdecken - Briefmarken sind ausgewählt und die Adresse wird auf den Umschlag geschrieben. Dabei fällt die fünfstellige Postleitzahl auf. Warum ist die Postleitzahl unbedingt notwendig? Der Brief kann erst einmal abgeschickt werden. Doch das Phänomen "Postleitzahl" beschäftigt die Kinder weiter.

- Postleitzahlen -

In allen Medien wurde vor dem 1. Juli 1993 Werbung für die neuen Postleitzahlen gemacht.

Rolf wurde geboren, um die gesamte Bevölkerung in Deutschland auf die Umstellung von vierstelligen auf fünfstellige Postleitzahlen aufmerksam zu machen.

Aus der Sicht des Mathematiklernens sind die Postleitzahlen als Informationsträger interessant. Man benutzt Zahlen, um eine Information verschlüsselt, aber eindeutig und kurz anzugeben. Mit diesen Zahlen kann man nicht umgehen wie mit anderen Zahlen; man kann damit nicht rechnen, es ist nicht sinnvoll, sie hinsichtlich der Größe zu vergleichen oder zu ordnen. Man liest sie meist ziffernweise oder fast nach Bedeutungselementen zusammen. 99099 wird gelesen: neun neun null neun neun oder neunundneunzig null neunundneunzig.

Daß man Zahlen auch zum Codieren benutzen kann, haben die Schüler intuitiv bereits erfahren: sie kennen Hausnummern, Zimmernummern, Telefonnummern. Sicher wurde auch im Mathematikunterricht bereits darüber gesprochen. Sucht man beispielsweise im Ärztehaus das Zimmer 318, so weiß man, daß sich dieses in der 3. Etage befindet. 18 gibt die Zimmernummer auf dieser Etage an, wobei die Zimmer meist von 1 an numeriert sind. So weiß man, daß das gesuchte Zimmer zwischen 17 und 19 liegt.

Postleitzahlen vermitteln Informationen über den Ort des Absenders bzw. des Empfängers von Postsendungen. Steht genügend Zeit zur Verfügung, können die Kinder interessierende Fragen zusammentragen und selbst die Antworten erkunden.

Kurz und informativ kann auf Postleitzahlen im Rahmen des Sachunterrichts eingegangen werden. Dazu wird ein Sachtext gelesen. Verwendet man "Das Postleitzahlbuch" (3), erfahren die Kinder Interessantes über die Geschichte und die Bedeutung der Postleitzahlen.

Über die Informationen in einer Postleitzahl gibt folgende Übersicht Auskunft:

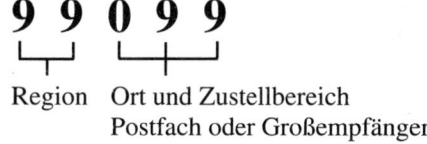

Region   Ort und Zustellbereich
                  Postfach oder Großempfänger

Man erkennt, daß die ersten beiden Ziffern die Region angeben. In einer Karte kann man zeigen, in welche Regionen Deutschland eingeteilt ist.

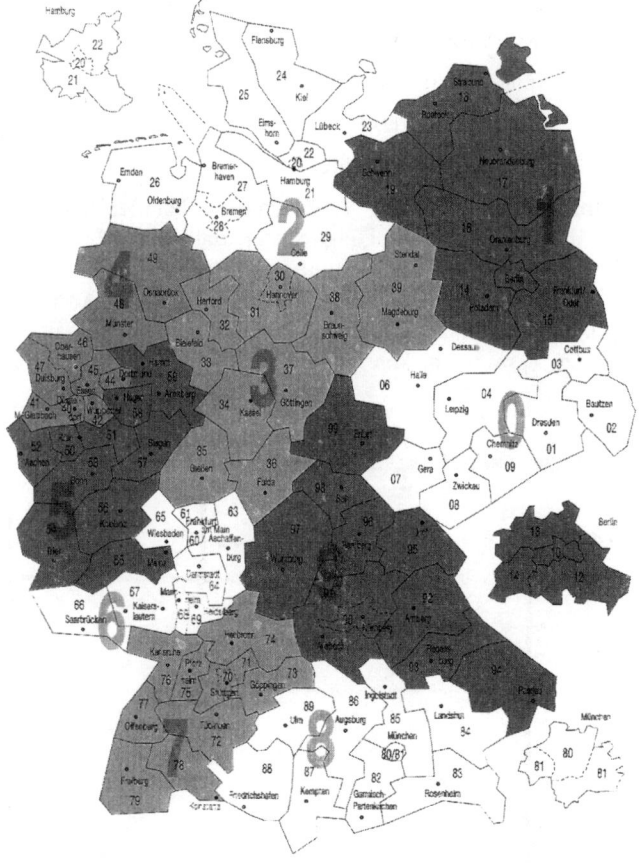

ÜBERSICHTSKARTE DER REGIONEN

Dabei sollten die Schüler bereits darauf hingewiesen werden, daß diese Einteilung nicht mit den Bundesländern identisch ist.

Die letzten drei Ziffern geben den Ort an. Bei großen Orten wird damit der Zustellbezirk gekennzeichnet. Großkunden, zum Beispiel Versandhäuser, haben einen eigenen dreistelligen Code.

Einige weitere Übungen können das Verständnis für die Postleitzahlen erhöhen. So können die Schüler ihre Postleitzahl nennen und mit Hilfe der Übersichtskarte entschlüsseln. Die Postleitzahl des Briefes, der geschrieben wurde, wird betrachtet. Haben die Kinder von zu Hause Briefumschläge mit Poststempel mitgebracht, so können diese an der Übersichtskarte in der Absenderregion angepinnt werden.

Auch die Poststempel liefern Informationen, die besprochen werden können.

Die Kinder haben meist wenig Vorstellungen, wie der Brief vom Briefkasten an sein Ziel kommt. „Der Weg unseres Briefes" bietet weitere Potenzen, um die mathematischen Fähigkeiten und insbesondere Größenvorstellungen weiterzuentwickeln.

Projektplanung 2: Ein Glückwunschtelegramm zum Geburtstag

Das zweite Vorhaben war die Gratulation zum Geburtstag. Bevor sich die Kinder entscheiden, ob eine Karte oder ein Glückwunschtelegramm geschickt werden soll, wollen sie sich über die Kosten informieren.

Wenn die Kinder selbständig in Gruppen arbeiten sollen, so wäre folgende Aufgabenverteilung möglich:

Gruppe 1: Information über die Kosten eines Telegramms

Gruppe 2: Formulieren des Glückwunsches

Gruppe 3: Abschicken des Glückwunsches

Die Gruppen erledigen ihre Aufgaben nacheinander eigenverantwortlich. Sie sind darauf angewiesen, daß die Vorbereitung der jeweiligen Gruppe richtig und ordentlich ausgeführt wurden. Das "Sich-aufeinander-Verlassen" stellt hohe Anforderungen an die Grundschüler. Um Auseinandersetzungen in der Klasse zu vermeiden, kann die Lehrerin helfend eingreifen,

bevor die Ergebnisse der Gruppen in der Klasse vorgetragen werden.

Aus den Informationen über die Kosten eines Telegramms entstehen Aufgaben zum Rechnen.

Die Schüler erkennen, daß bestimmte Beziehungen zu beachten sind:

- Durch die Zustellung über das Telefon wird das Telegramm billiger, aber man kann es nicht als Schmuckblatt schicken.

- Wenn der Text um ein Wort länger als zwei Zeilen ist, muß man 32,40 DM bezahlen.

- Wenn man das gesamte Feld beschreibt, bezahlt man auch nicht mehr als für drei Zeilen.

In einem Gespräch über den Besuch eines Postamtes könnte die Lehrerin erzählen, daß eine Kundin 15 DM (37,40 DM, 25,40 DM) für ein Telegramm bezahlen mußte. Wie könnte der Preis entstanden sein?

Zur Anschauung steht jedem Schüler ein Telegrammformular zur Verfügung (vgl. Anlage VI).

Die meisten Kinder können sich nicht vorstellen, wieviel Text in eine Zeile geschrieben werden kann.

Wenn die Gruppe 2 ihren Text vorstellt, den die Kinder möglichst kurz formuliert haben, werden die Mitschüler zum Schätzen aufgefordert:

- Wie viele Buchstaben umfaßt der Text?

- Wie viele Buchstaben passen in eine Telegrammzeile?

- Paßt der gesamte Text in zwei Zeilen?

Vielleicht ermittelt man dabei einen Schätzmeister.

Es wird deutlich, daß man nicht mit zwei Zeilen auskommen kann. Das Telegramm wird teurer als 15 DM. Es muß entschieden werden, ob eine Glückwunschkarte nicht genausoviel Freude bereitet wie das Telegramm. Von dem gesparten Geld könnte ein Blumenstrauß gekauft werden.

Die Gruppe 3 übernimmt den Auftrag, die Karte zu schreiben und mit *Fleurop* Blumen zu schicken. Nun müssen sie rechnen. Eine Karte, das Porto und den Rest für Blumen. Wer Lust hat, kann ausrechnen, wieviel Geld die Klasse gespart hat. Wenn genügend Zeit ist, können auch selbst Karten angefertigt werden, z.B. mit Schmuckkanten aus geometrischen Figuren (Dreiecken, Quadrate, Kreise, Rechtecken,....).

Die Telegrammformulare können die Kinder trotzdem ausfüllen und als Spiel an Klassenkameraden senden. Dabei wird das korrekte Einhalten von Anweisungen und das Schreiben in Druckschrift geübt.

Projektplanung 3: Wir senden ein Weihnachtspäckchen

Für die Kinder ist die Frage nach dem Inhalt des Päckchens sehr bedeutungsvoll. Neben dem einleitend besprochenen Sachverhalt könnten auch Päckchen als Hilfssendung nach Rußland, Jugoslawien oder in andere Gebiete, in denen Not herrscht, geschickt werden. Aus der Sicht des vorgeschlagenen Projekts soll an dieser Stelle jedoch nicht näher darauf eingegangen werden.

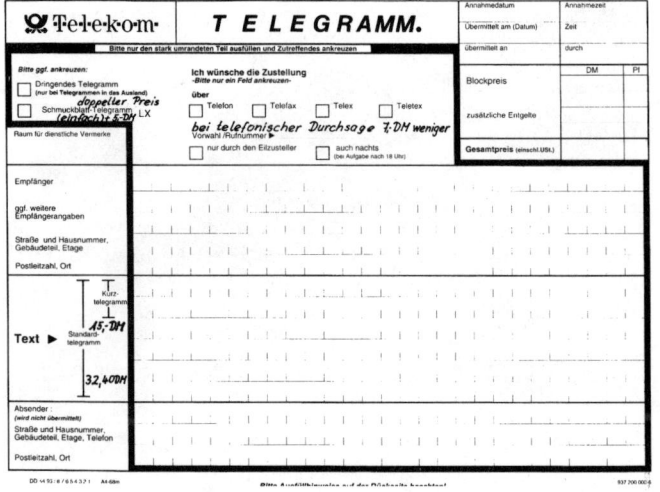

Im Rahmen des Themas „Post" sind

- die Form des Päckchens

- das Verpacken und Verschnüren

- das Ermitteln des Portos anhand von Maßen und Gewichten

Teilabschnitte, die die Kinder selbständig bewältigen können, und bei denen sie wertvolle Entdeckungen für das Mathematisieren und Mathematiklernen machen können. Es empfiehlt sich, die Kinder in Gruppen arbeiten zu lassen, so als ob jede Gruppe ein Päckchen schicken will. Dabei haben alle die gleichen Teilbereiche zu bearbeiten, aber die Wege dazu können sehr verschieden sein. Gerade das Gespräch über das Vorgehen der einzelnen Gruppen liefert mathematische Einsichten.

Das Porto ist - ähnlich wie bei Briefen - insbesondere vom Gewicht abhängig. Die Kinder können das Päckchen einpacken und dann wiegen. Sie könnten aber auch die Gewichte der einzelnen Dinge addieren oder überschlagen, um Rückschlüsse auf das Gesamtgewicht ziehen zu können.

Danach wird überprüft, ob die Maße bedeutungsvoll sind. Sehen die Kinder in den „Service-Informationen" nach, stoßen sie auf die bekannten Begriffe „quaderförmige Sendung" „rechteckig" und „Rollenform". Kann ein Paket rechteckig sein? Die Kinder müssen verstehen, daß damit die Seitenflächen eines Päckchens gemeint sind. Welche Maße die Seiten haben können, wird evtl. an der Tafel in einer Skizze verdeutlicht.

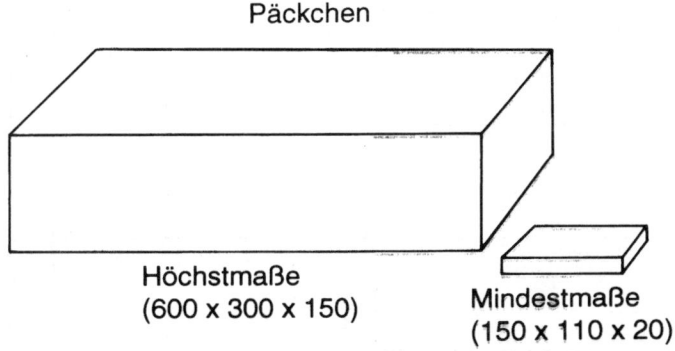

Päckchen

Höchstmaße
(600 x 300 x 150)

Mindestmaße
(150 x 110 x 20)

Viertkläßler könnten die Seitenflächen selbstständig aufzeichnen. Dazu wandeln sie die Angaben evtl. in cm um. Zu den Mindestmaßen könnte ein Musterpäckchen angefertigt werden. Das Zeichnen des entsprechenden Netzes dürfte durch Arbeitsblatt VII nicht schwierig sein. Anhand von Verpackungsmaterial (Schuhkasten, Zahncremeverpackung,...) wird geprüft, ob diese Kartons als Päckchen geschickt werden können. Da die Mindestmaße nicht unterschritten werden dürfen, werden einige Kartons ausgesondert. Werden bei Kartons die Höchstmaße überschritten, wird geprüft, ob man diese als Paket schicken darf.

Ähnlich den Briefumschlägen und Päckchen sind auch für Pakete maximale Maße angegeben (120 cm x 60 cm x 60 cm). Als Muster für diese Maße könnte das entsprechende gelbe Postpaket dienen. Da möglichst wenig Geld für Porto ausgegeben werden soll, sind auch Überlegungen interessant, ob zwei Päckchen preisgünstiger sind als ein großes Paket. Über Zuschläge für Zustellung des Päckchens oder des Pakets, Eil-

zuschläge oder Wertversicherung könnte informativ gesprochen werden.

Verwenden die Kinder keine gelben Postpakete, so müssen die Pakete in Papier verpackt und verschnürt werden. Dazu kann rechteckiges Papier bereitliegen. Sind die Bögen verschieden groß, so müssen die Kinder geeignete auswählen. Dazu ist Vorstellungsvermögen erforderlich. Eventuell werden beim Probieren Entdeckungen über Oberflächenberechnungen gemacht - die in der Grundschule noch gar nicht dran sind - und Erkenntnisse gewonnen, die beim Anfertigen von Quadernetzen hilfreich sind bzw. an Quadernetze erinnern.

Auch beim Verschnüren der Pakete sind Abschätzungen erforderlich, wie lang die Schnur sein sollte. Dabei ergeben sich interessante geometrische Betrachtungen (4).

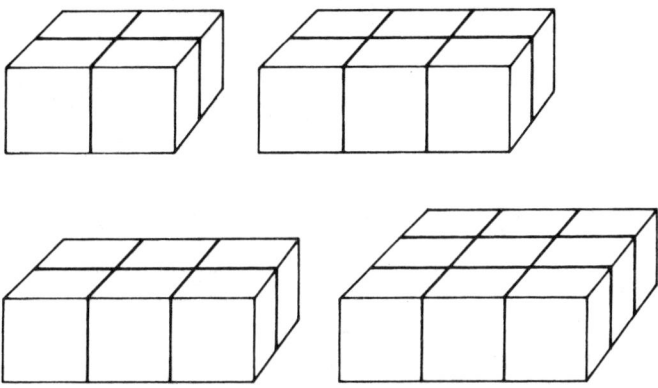

So kannst du dein Paket verschnüren. Überlege, wo die Schnur doppelt liegt. Wieviel Schnur brauchst du? Wie kannst du es ohne Messen feststellen?

Auf das Ausfüllen von Aufkleber und Paketkarte sollte nicht verzichtet werden, weil das eine Voraussetzung zum Wegschicken der Pakete ist.

Schlußbemerkungen:

Das Projekt ist sehr komplex. Es ist nicht erforderlich, alle drei Etappen zu bearbeiten. Jede für sich hat ein Ziel und könnte isoliert in den Unterricht einbezogen werden. Einige der Anregungen können auch im Unterricht zur Erarbeitung mathematischer Beziehungen eingesetzt oder als Anwendung übernommen und spielerisch bearbeitet werden. Dabei könnte als weitere Aufgabe der Post auch auf das Postsparen eingegangen werden. Eintragungen in ein Postsparbuch im Rahmen des Postspiels fördern das Addieren und Subtrahieren von Geldbeträgen und das Lesen und Schreiben von Zahlwörtern (vgl. Anlage VIII).

Quellennachweis

[1] Ein Lied vom Briefträger. In: Fundgrube 1. und 2. Schuljahr. Frankfurt/Main, Diesterweg 1989.

[2] Service-Information. Deutsche Post AG, Bonn 1995.

[3] Das Postleitzahlbuch. Hrsg. von der Deutschen Bundespost, Bonn 1993.

[4] *Müller, G., Wittmann, E.*: Mathematik in der Primarstufe. Braunschweig, Vieweg 1977, S. 89.

Maße von Briefen

Briefumschlag*	Länge (in mm)	Breite (in mm)	Bezeichnung

* Es sind verschiedene Umschläge mit Nummern auszugeben.

Gewichte

Gegenstand	geschätzt	gewogen	Bezeichnung
Briefumschlag 1			
Briefumschlag 2			
Briefumschlag 3			
Briefumschlag 4			

Schneide die Briefmarken der Dauerserie aus. Ordne sie. Kannst du dir denken, warum es gerade Marken mit diesen Werten gibt?

Porto für Briefe

Kreuze an!

Du kannst auch bei einer Marke mehrere Kreuze machen.

Briefart	Porto (in Pf)	20 (Cilly Aussem)	40 (Maria Sibylla Merian)	60 (Dorothea Erxleben)	80 (Clara Schumann)	100 (Therese Giehse)	150 (Sophie Scholl)	200 (Bertha von Suttner)
Standard-brief								
Kompakt-brief								
Großbrief								
Maxibrief								

35

Sonderbriefmarken

Abbildung	Kaufpreis	Porto			ausreichend für
	120 Pf	80 Pf			

Die Einheit 1 mm
(1 Millimeter)

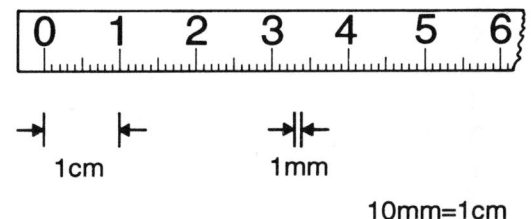

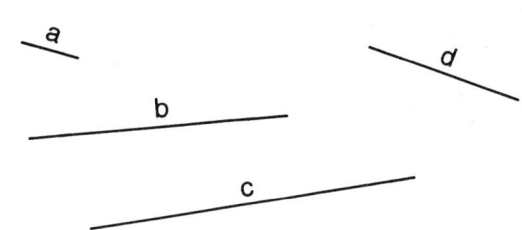

Miß! Gib die Länge in mm an.

a _____   c _____

b _____   d _____

Zeichne Linien mit folgender Länge

a) 14 mm   b) 38 mm   c) 25 mm   d) 40 mm

Miß Dinge aus deinem Mäppchen in mm.

Radiergummi _____ | _____

_____ | _____

_____ | _____

_____ | _____

T E L E G R A M M.

Te·l·e·k·o·m·

Bitte nur den stark umrandeten Teil ausfüllen und Zutreffendes ankreuzen

Bitte ggf. ankreuzen:

- [ ] Dringendes Telegramm
  (nur bei Telegrammen in das Ausland)
  doppelter Preis
- [ ] Schmuckblatt-Telegramm LX
  (einfach + 5; DH)

Ich wünsche die Zustellung
-Bitte nur ein Feld ankreuzen-

über

- [ ] Telefon
- [ ] Telefax
- [ ] Telex
- [ ] Teletex

bei telefonischer Durchsage 7; DM weniger

Vorwahl / Rufnummer ▶

- [ ] nur durch den Eilzusteller
- [ ] auch nachts
  (bei Aufgabe nach 18 Uhr)

Raum für dienstliche Vermerke

Empfänger

ggf. weitere Empfängerangaben

Straße und Hausnummer, Gebäudeteil, Etage

Postleitzahl, Ort

Kurz-telegramm

15; DM

Text ▶ Standard-telegramm

32,40 DM

Absender :
(wird nicht übermittelt)

Straße und Hausnummer, Gebäudeteil, Etage, Telefon

Postleitzahl, Ort

Annahmedatum	Annahmezeit
Übermittelt am (Datum)	Zeit
übermittelt an	durch
Blockpreis	DM
zusätzliche Entgelte	Pf
Gesamtpreis (einschl. USt.)	

Päckchen

Höchstmaße
600 x 300 x 150

Mindestmaße
150 x 110 x 20

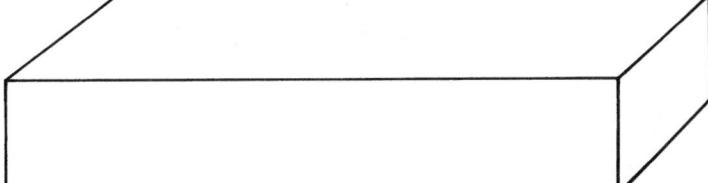 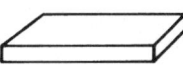

Die Päckchen sind hier nur skizziert. Zeichne die Seitenflächen des kleinsten Päckchens (Mindestmaße) auf. Benutze dein Geodreieck.

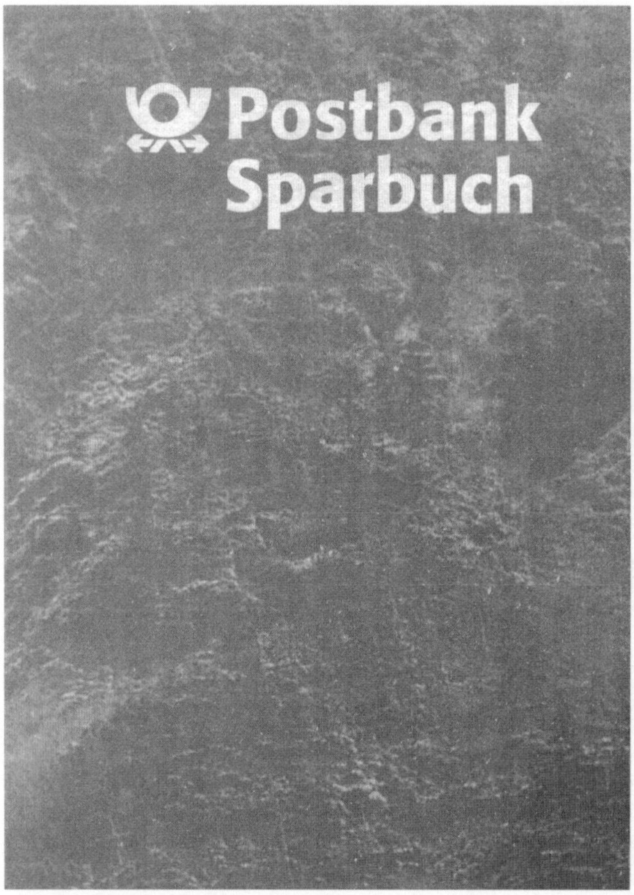

Postbank Sparbuch

Nr.

Tagesstempel

ERFURT 1
27.-3.96-18
S9097

**Postbank
Sparbuch**

Sparerin/
Sparer

▓▓▓▓▓▓ * * * * * * * *   Vor- und
Zuname

* * * * * * * * * * * * * *

* * * * * * * * * * * * * * *

▓▓▓▓▓ * * * * * * * *

Straße und
Hausnummer

▓▓▓▓▓▓

Postleitzahl
und Wohnort

▓▓▓▓

POSTBANK MÜNCHEN
BANKLEITZAHL 701 100 88

1

	1. Blatt		1. Blatt		Sparbuchnummer siehe Seite 1	
1 Tag Monat Jahr	**2** DM-Betrag der Ein- oder Rückzahlung in Buchstaben	**3** Einzahlung	**4** Rückzahlung	**5** Guthaben	**6** Bescheinigung der Eintragung	
		Sparbuch DM Pf	DM Pf	DM Pf		1
27.03. 1996	Zweitausendzwei- hundertdreizehn*			*2.213,38*	830710431279 ▓▓▓▓▓▓	77
						2
						3
						4
						5
						6

Zinsen sind einkommensteuerpflichtig

2   3

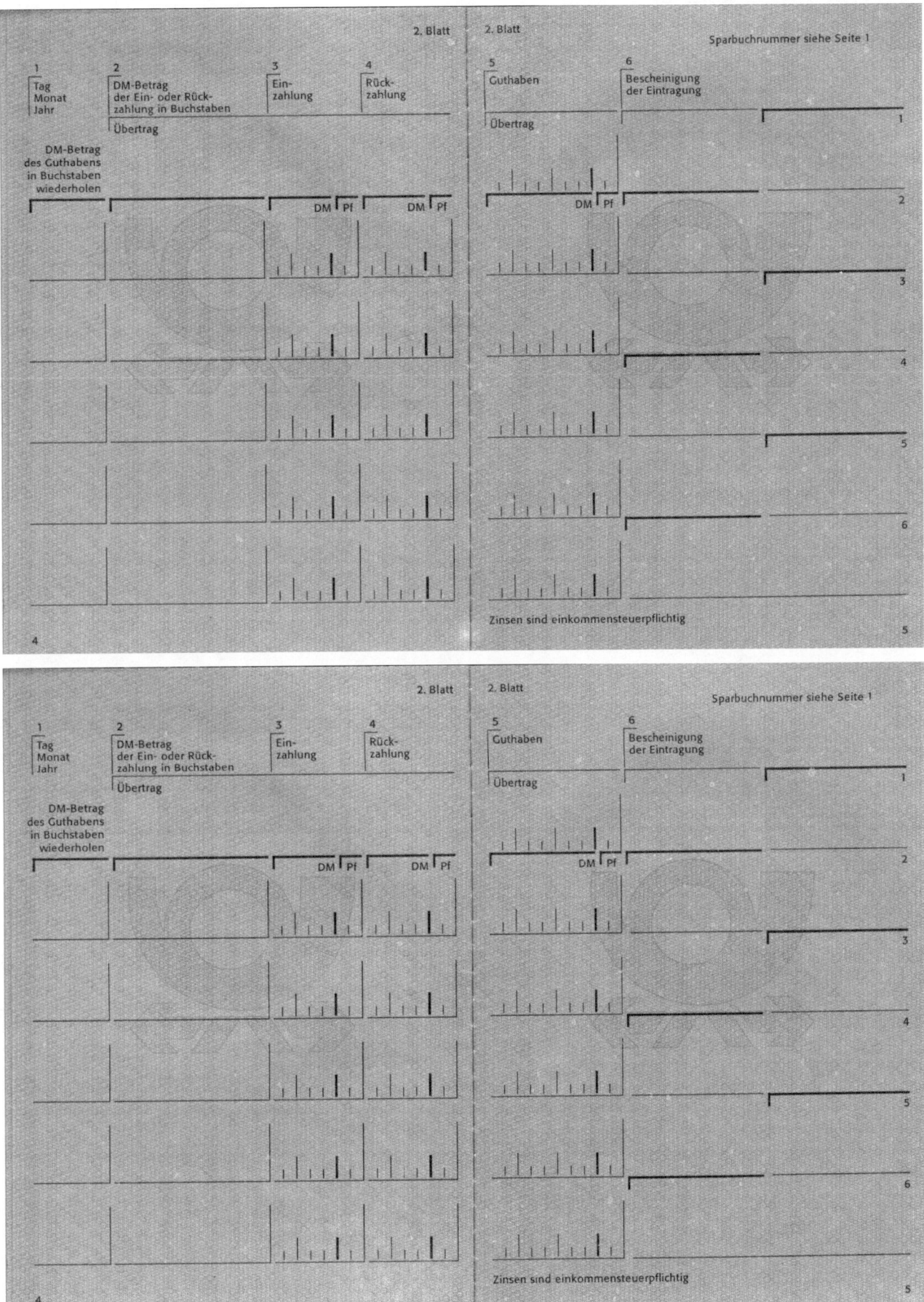

P 13: Alle Jahre wieder

Ziele

Durch das Herstellen von Weihnachtsschmuck und Adventskalendern werden die Kinder auf das Weihnachtsfest eingestimmt. Beim praktischen Handeln - insbesondere beim Zeichnen, Schneiden und Falten - werden die geometrischen Fähigkeiten weiterentwickelt, das Wahrnehmungs- und Vorstellungsvermögen geschult und Grundfertigkeiten ausgebildet.

Baumschmuck aus geometrischen Grundformen:

Die Kinder benennen geometrische Grundformen, sie zeichnen diese mit Hilfe von Schablonen und schneiden Dreiecke, Quadrate und Kreise in unterschiedlicher Größe aus. Sie wählen Figuren aus, die deckungsgleich sind.

Symmetrische Figuren als Baumschmuck:

Die Kinder prüfen anhand von Abbildungen, ob Weihnachtsfiguren symmetrisch sind. Sie nutzen Faltschnitte, um symmetrische Figuren herzustellen.

Silberbehang:

Die Kinder zeichnen nach Anleitung die geometrischen Formen Rechteck und Kreis. Sie entwickeln dabei ihre Zeichenfertigkeiten im Umgang mit Zirkel bzw. Geodreieck weiter.

Papiersterne aus Streifen:

Beim Zeichnen paralleler Linien entwickeln die Kinder Fertigkeiten im Umgang mit dem Geodreieck.

Adventskalender mit Überraschungspäckchen:

Die Kinder lernen, Würfel aus Netzen zu basteln.

Weihnachtshaus:

Die Kinder gestalten ein symmetrisches Weihnachtshaus. Sie nutzen die Eigenschaft der Symmetrie beim Ausschneiden der Fenster und beim Herstellen von Motiven für die Fenster. Beim Beschriften der Fenster werden sie sicher im Umgang mit dem Kalender.

Weihnachtsmarkt:

Die Kinder lernen, Häuser aus Netzen zusammenzubauen und zu gestalten. Dabei wird das Wahrnehmungs- und Vorstellungsvermögen weiterentwickelt.

Problemfelder/Einordnung

Herstellen von Weihnachtsschmuck
- Baumschmuck aus geometrischen
  Grundformen (Klasse 1/2)
- Symmetrische Figuren als Baumdekoration (Klasse 2/3)
- Papiersterne (Klasse 4)
- Silberbehang (Klasse 4)

Adventskalender
- mit Überraschungspäckchen (Klasse 3/4)
- als Weihnachtshaus mit 24 Fenstern (Klasse 2/3)
- als Weihnachtsmarkt (Klasse 3/4)

Zeitplanung

Je Problemfeld 2 bis 3 Stunden

Spezifik des Projektes

Unabhängig davon, welche Bastelarbeiten angefertigt werden sollen, kann der Ablauf

a) arbeitsteilig gestaltet werden, so daß jede Gruppe für einen speziellen Teil verantwortlich ist und für die Gestaltung möglichst viel Freiraum besteht,

b) parallel gestaltet werden, so daß jeder Schüler oder jede Gruppe dasselbe anfertigt, zum Beispiel ein Fenster, ein Haus oder ein Päckchen herstellt.

Das Material und die Anleitung zum Anfertigen des Baumschmucks und des Adventskalenders werden vom Lehrer vorbereitet. Die Schüler konzentrieren sich auf die Anfertigung des Produktes.

Literaturhinweis

Adjano, C.: Basteln für Weihnachten. Niedernhausen: Falken, 1988.

Berger, M.: Adventskalender in Vergangenheit und Gegenwart. In: Unsere Kinder, Wien 48 (1993) 6, S. 136-140.

Claudius, C.: Weihnachtszeit Bastelzeit. Frankfurt a. M.: ALS, 1991.

Das Bilderbuch für die Weihnachtszeit. Ravensburg: Maier, 1987.

Die schönsten Weihnachtsgeschichten. Erlangen: Pestalozzi, 1992.

Dröse, I.: So viel Verpackung für ein Weihnachtsgeschenk - muß das sein? (3/4. Schuljahr). In: Grundschulmagazin, München 8(1993) 11, S. 21-23.

Geier, B.: Wir freuen uns auf Weihnachten. (1. Schuljahr). In: Grundschulmagazin, München 8 (1993) 11, S. 13-14.

Gerlach, E.: Wir backen Weihnachtsherzen. In: Die Unterstufe, Berlin 38 (1991) 11, S. 319-321.

Giger, G.: Ideenbörse für Adventskalender. In: Schule. Ein Forum der Lehrerschaft, Liestal 98 (1993) 11, S. 27-32.

Haubold, H.: Weihnachtsbasteleien. In: Grundschulunterricht, Berlin 40 (1993) 12, S. 53-55.

Heydecke, C.: Advent. In: Grundschulunterricht, Berlin 39 (1992) 12, S. 4-5.

Kniffke, S.: Bald ist Weihnachten. Erlangen: Pestalozzi, 1989.

Krosigk, H.: 24 Adventsgeschichten. Erlangen: Pestalozzi, 1992.

Möchel, V./Rosenstiel, E.: Projekttage in der Vorweihnachtszeit. In: Grundschulunterricht, Berlin 39 (1992) 12, S. 19-20.

Nieswohl, H.: Weihnachten früher und heute (3. Schuljahr). In: Grundschulmagazin, München 8 (1993) 11, S. 19-20.

*Rolf Kauka*s Bussi Bär. Kinderbibliothek. Bastelideen von Bussi-Bär für jede Jahreszeit. Rastatt: Pabel-Moewig, 1993.

Töpelmann, A.: Baumschmuck. Berlin: Kinderbuchverlag, 1987.

Uffelmann, I.: Basteln rund ums Jahr. Köln: Buch und Zeit, 1993..

Projektbeschreibung

Jedes Jahr vor dem 1. Advent werden die Weihnachtsutensilien vom Boden geholt: Sterne, Engelchen, Holzschmuck, Weihnachtskrippe und Weihnachtspyramide. Es werden Plätzchen gebacken, Adventskalender gefüllt und Tannenzweige geschmückt. Es werden Lieder gesungen und Geschichten vorgelesen. Alle Jahre wieder - Traditionen, die sich wiederholen und auf die niemand verzichten möchte.

Auch in der Klasse können solche Traditionen aufgebaut werden. Jährlich wird das Klassenzimmer geschmückt, ein Weihnachtskalender aufgehängt, gesungen und gebastelt.

In einem Gespräch wird beraten, wie man sich in diesem Jahr gemeinsam auf das Fest vorbereiten will:

- Wir stellen einen Weihnachtsbaum auf und schmücken ihn mit selbstgebasteltem Schmuck.

- Wir fertigen einen Adventskalender an.

- Wir bereiten eine Weihnachtsfeier vor, zu der wir die Eltern einladen.

- Wir backen Weihnachtsplätzchen.

- Wir basteln Weihnachtsgeschenke für unsere Eltern und Verwandten.

- Wir schicken Weihnachtspäckchen an Kinder, denen es nicht so gut geht wie uns.

Anhand von zwei ausgewählten Themen sollen Anregungen zur Weihnachtsvorbereitung gegeben werden, bei denen die Kinder geometrische Erfahrungen machen können. Dabei werden zu jedem Thema verschiedene Problemfelder vorgeschlagen, von denen jeweils eins als Schwerpunkt der Arbeit in einer Klasse ausgewählt werden könnte oder die alle in verschiedenen Gruppen einer Klasse bearbeitet werden könnten.

Projektbeschreibung Weihnachtsschmuck
Einstimmung

Als Einstimmung kann ein Weihnachtslied gesungen oder eine Geschichte vorgelesen werden. Zunächst sollen der Klassenraum, die Flure oder auch das Kinderzimmer zu Hause aus-

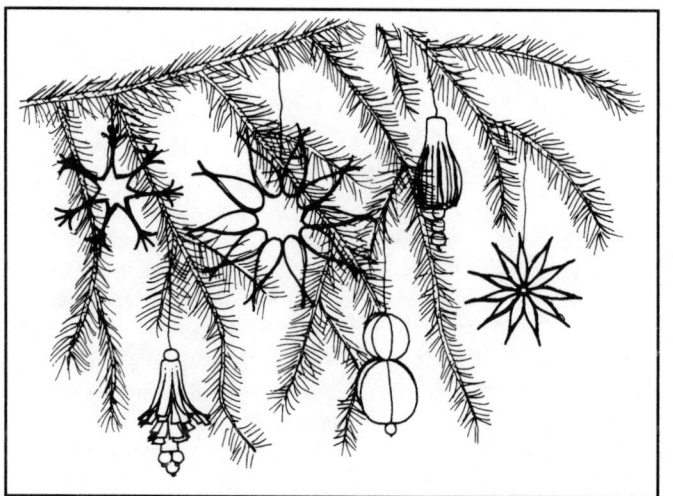

gestattet werden, denn es sieht noch nicht weihnachtlich aus. Wenn genügend Zeit zur Verfügung steht, können die Kinder selbstgebastelten Schmuck mitbringen und erzählen, wie sie dabei vorgegangen sind. Auch die Lehrerin stellt Möglichkeiten vor, wie Weihnachtsschmuck aus Papier aussehen kann.

Planen des Vorgehens

Aus der Vielfalt werden 3 bis 4 Möglichkeiten ausgewählt. Je nachdem, in welcher Klassenstufe das Projekt durchgeführt werden soll, sind die Materialien vorzugeben. Im Stuhlkreis wird besprochen, wie vorzugehen ist. „Arbeitsregel" werden formuliert.

Tb.:

Arbeitsregeln

Ich entscheide mich für eine Gruppe.

Ich wähle nur das Material aus, das ich gerade brauche.

Ich führe eine Arbeit zu Ende.

Wenn ich fertig bin, kann ich die Gruppe wechseln.

---

1. Weihnachtsschmuck aus geometrischen Grundformen

Materialien: Buntpapier ohne Gummierung oder Velourpapier,

Schere und Klebstoff

evtl. Schablonen mit geometrischen Grundformen

Auf die Rückseite des Bunt- oder Velourpapiers werden geometrische Grundformen gezeichnet. Die Kinder können auch mit Hilfe von Figurenschablonen selbst Figuren auswählen und ausschneiden. Es ist zu beachten, daß jede Form zweimal ausgeschnitten wird. Gleiche Figuren werden übereinander gelegt und aufeinandergeklebt. Vor dem Kleben wird zwischen die Figuren ein etwa 10cm langer Faden doppelt mit der Schlinge nach oben gelegt. Dieser Faden dient zum Aufhängen.

Abb. 1   Abb. 2   Abb. 3

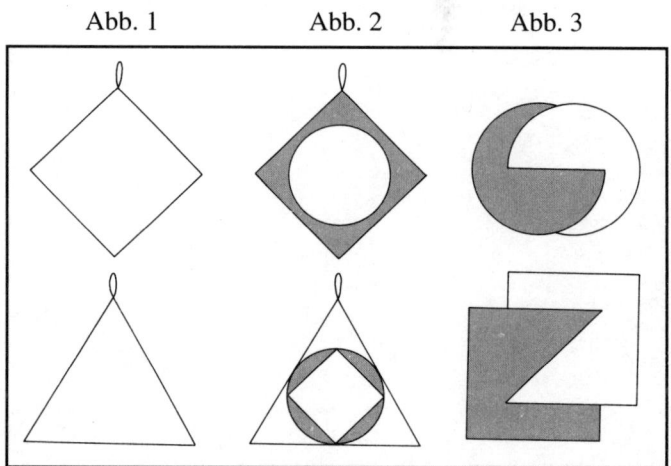

Die in Abb. 1 dargestellten Baumanhänger können durch weitere Formen verziert werden. So wird über ein Quadrat ein kleineres Quadrat geklebt, wird ein Kreis oder Dreieck zum Verzieren benutzt. Es ist hilfreich, jeweils den Mittelpunkt der Figuren zu kennzeichnen, z. B. als Schnittpunkt der Diagonalen, damit die Figuren auch gleichmäßig aussehen.

Für Abb. 3 wurden jeweils vier gleiche Figuren ausgeschnitten. Je zwei davon werden zusammengeklebt. Nun schneidet man diese bis zum Mittelpunkt ein und steckt sie ineinander (vgl. Anlage I). Auch hier können weitere Figuren zur Verzierung aufgeklebt werden. Dieser Schmuck ist schon für Klasse 1 und 2 geeignet.

2. Symmetrische Figuren als Baumdekoration

Materialien: Farbiges, dickeres Papier

Schere, Klebstoff, Faden

Kopiervorlagen

evtl. Perlen, Glitzersterne u. ä.

Die Kinder untersuchen traditionelle Weihnachtsfiguren hinsichtlich der Symmetrie. Sie erkennen mit Hilfe eines Spiegels, daß beispielsweise Glocken, Sterne, Herzen und Tannenbäume eine Spiegelachse haben. Bei Versuchen, diese Figuren freihand zu schneiden, sind sie sicher mit den Resultaten nicht zufrieden. Anlage II kann als Vorlage für Faltschnitte genutzt werden. Dazu können die Abbildungen auf Karton kopiert werden, so daß sie wie Schablonen einzusetzen sind. Die Kinder falten dann das farblich ausgewählte Papier und zeichnen die Figuren ab. Dabei beachten sie, daß man genau am Faltrand anlegen muß.

Faltet man das Papier zweimal und schneidet am Faltrand, so erhält man die Figur doppelt. Nun kann ein Faden dazwischengelegt werden, und die beiden Teile sind nur noch zusammenzukleben. Bei einfachen Figuren, wie Glocken und Tannenbäumen, können die Kinder auch versuchen, ohne Vorlage zu schneiden.

Weiteres Gestalten der Anhänger ist mit Buntstiften oder auch mit aufklebbarem Glitzermaterial möglich.

Abb. 4

3. Papiersterne aus Streifen

Materialien: Dünnes, weißes Papier

Schere, Klebstoff, Faden

Geodreieck

Zunächst ist eine größere Anzahl von Streifen aus dem weißen Papier in gleicher Länge und gleicher Breite zu schneiden. Dazu erhalten die Kinder längs geteilte A 4-Blätter. (Die Blattbreite sollte nicht größer als das Geodreieck sein, damit die Kinder die Linien in einem Zug zeichnen können.) Sie zeichnen mit dem Geodreieck im Abstand von 0,5 cm (jeweils ein Strich auf dem Geodreieck) oder im Abstand von 1 cm (2 Dreieckstriche) Linien. Sind die Kinder mit dem Geodreieck noch nicht vertraut, sollte eine genaue Anleitung zum Anlegen des Dreiecks gegeben oder bereits gezeichnete Streifen vorbereitet werden. Nun werden die Streifen ausgeschnitten. Je nach Papierart ist es sinnvoll, sie über die Schere oder mit Hilfe eines Messers rund zu ziehen. Nun werden die Streifen an den Enden zusammengeklebt. Dann legt man die Teile zu Sternen zusammen und verklebt alle Teile sorgfältig mit ganz wenig Leim. In die Mitte kann man einen kleineren Kreis legen, auch durch Kniffe oder Einschneiden ist die Form zu variieren (vgl. Anlage III).

Abb. 5

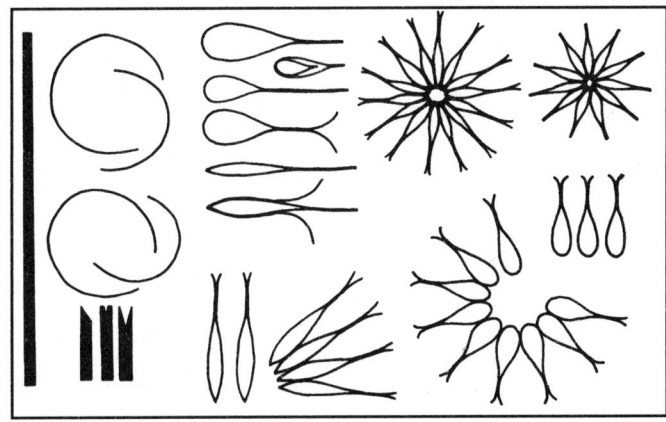

4. Silberbehang

Materialien: Silberpapier mit weißer Rückseite oder Alufolie

Schere, Kleber, Faden

Geodreieck

evtl. Garnröllchen, Perlen oder Knöpfe

Aus dem Silberpapier wird ein Rechteck mit den Seitenlängen 5 cm und 8 cm geschnitten. Das Papier wird geknickt und wie ein Kamm eingeschnitten. Die Kinder können auf der Innenseite zunächst die parallelen Linien vorzeichnen. Sie schneiden dann den Kamm entlang dieser Linien. Bei diesem Vorgehen ist nach dem Einschneiden das Papier erneut so zu falten, daß die Silberseite außen ist. Nun kann an einer Garnrolle Silberpapier festgeklebt werden. Dann wird der Faden durch die Perle oder den Knopf und durch eine Garnrolle gezogen. Zum Schluß faltet man das eingeschnittene Papier wie in Abb. 6 und klebt es an die Garnrolle. Sicher fallen den Kindern Möglichkeiten ein, den Silberbehang zu variieren oder mit Hilfe von Perlen zu gestalten.

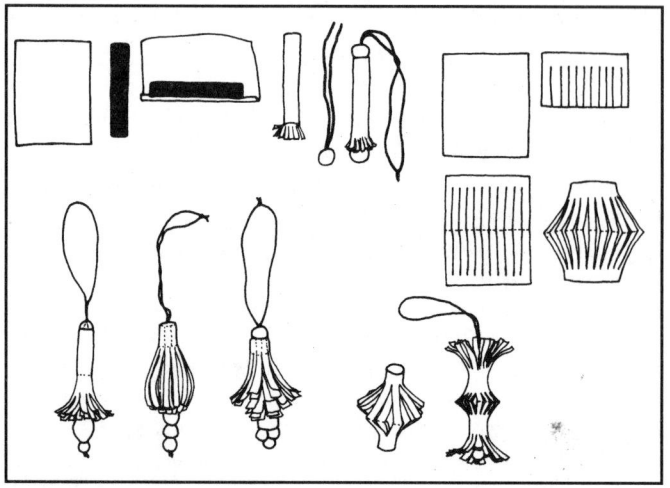

Abb. 6

Aus dem Papier können auch einfache Sterne hergestellt werden. Die Kinder zeichnen - in Klasse 4 mit Zirkel, sonst evtl. durch Umfahren eines Glases - einen Kreis mit etwa 5 cm Radius. Nach dem Ausschneiden falten sie ihn 4x in der Hälfte zusammen. Dann schneiden sie die Gegenseite von der Spitze ab.

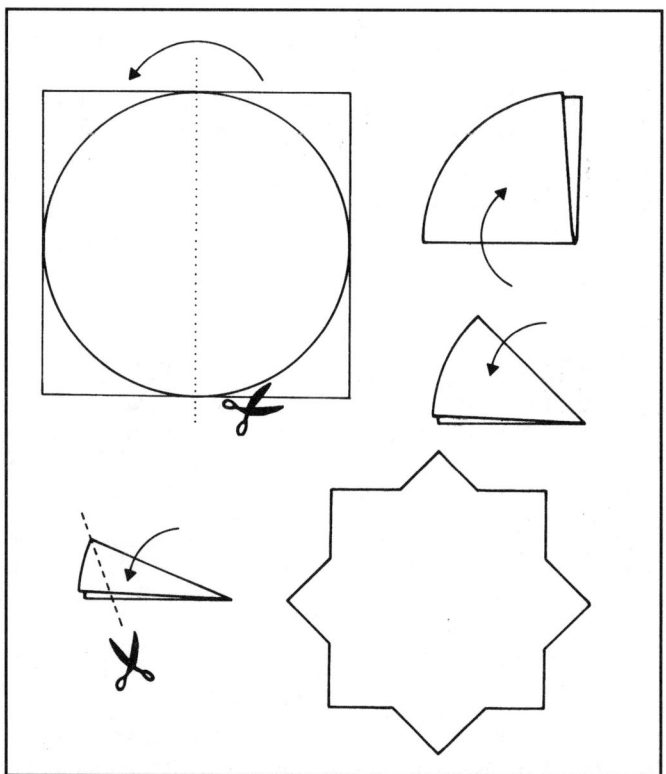

Abb. 7

Hat man Glanzfolie in verschiedenen Farben zur Verfügung, können zwei Sterne aus Quadraten gleicher Größe übereinandergeklebt werden. Es wäre auch möglich, den Kindern einen Universalstern vorzugeben (vgl. Anlage IV). Je nach Bedarf kann ein Stern der gewünschten Größe kopiert werden. Es ergibt schöne Muster, wenn zwei Sterne gleicher Größe übereinandergeklebt oder Sterne unterschiedlicher Größe kombiniert werden. Auch als Fensterbild aus Scherenschnittpapier mit farbigem Transparentpapier unterlegt ist der Universal-

stern geeignet. Legt man ihn auf Karopapier, könnten die Kinder entdecken, wie man ihn weiter vergrößern kann.

Durchführen der Arbeiten

Im Klassenraum könnten verschiedene Stationen aufgebaut werden, an denen jeweils die benötigten Materialien und Anleitungen zum Herstellen liegen, so daß die Kinder weitgehend selbständig arbeiten können.

Kennen die einzelnen Kinder bereits die Art eines Baumschmucks, so könnten sie zur Betreuung und Hilfe der anderen eingesetzt werden. Einzelne Handgriffe, die für den Erfolg wichtig sind, kann der Lehrer übernehmen, so das Zusammenkleben der Sterne oder auch das Formen der Anhänger. Alle hier vorgeschlagenen Arten erlauben den Kindern kreatives eigenes Vorgehen. Dabei sollten sie nicht eingeengt werden. Die Vorgaben sind insbesondere für Kinder eine Hilfe, die nicht so schöpferisch arbeiten können wie andere.

Projektbeschreibung Adventskalender

Einstimmung

Die Kinder erzählen, was für sie in der Weihnachtszeit wichtig ist. Erwähnt wird sicher auch der Adventskalender als Möglichkeit zur Einstimmung auf das Weihnachtsfest. Die Kinder werden angeregt, selbst Adventskalender zu basteln.

Abb. 8

1. Adventskalender mit Überraschungspäckchen

Die Lehrerin zeigt den Kindern ein Bild des Adventskalenders.

Als Material wird bereitgestellt:

– Pappe, Buntpapier und Kopiervorlagen für die Rückwand (Anlage V, evtl. Pinnwand, Pinnadeln)

– Goldpapier und Kleber für die Päckchen

– Würfelnetze (Anlage VI)

Soll nur dieser Kalender hergestellt werden, kann die Arbeit nach Interesse und Fähigkeiten in 2 Gruppen ausgeführt werden:

Gruppe 1:   Ausschneiden und Gestalten der Rückwand

Gruppe 2:   Aufzeichnen der Netze mit möglichst wenig Papierverschnitt, Anbringen der Klebefalze und Herstellen der Würfel

Es ist auch möglich, daß die Rückwand vorgegeben wird und jedes Kind ein Päckchen anfertigt und gestaltet. Je nach Situation können dazu vorher Würfelnetze durch Abrollen oder Aufschneiden eines Würfelmodells gefunden werden oder durch Zusammenlegen von 6 Quadraten entdeckt worden sein. Um möglichst wenig Papier zu verschneiden, wird nach einer optimalen Nutzung des Blattes gesucht.

Nachdem alle Vorbereitungen getroffen sind, werden die Würfel hergestellt. Bevor der Deckel der Kästchen zugeklebt wird, kann mit Hilfe eines Lochers ein Loch in die Mitte der Deckfläche angebracht werden. Nun wird ein Zettel mit Aufgabe in jeden Würfel gesteckt und zugeklebt. Durch das Loch schiebt man ein Hölzchen mit einem Faden zum Aufhängen der Kästchen. Die Päckchen können ohne Datum benutzt werden, täglich wird ein Päckchen geöffnet. Wenn keins mehr übrig ist, feiern wir Weihnachten.

Um dieses Projekt auch für die Arbeit am Kalender zu nutzen, werden die Tage auf die Päckchen geschrieben. Die Sonnabende und Sonntage enthalten nur das Datum, aber keine Überraschungen, denn da sind die Kinder nicht in der Schule. Andere Höhepunkte, wie z.B. Nikolaus, können besonders gestaltet werden.Variationen:

– Selbstverständlich könnten auch Zettel mit Liedern, Gedichten u.ä. in den Kästchen versteckt werden.

– Wenn es die Kinder leisten können, werden keine Würfelnetze vorgegeben, sondern die Kinder sollen durch Abrollen selbst entdecken, wie man die Quadrate zum Netz anordnen kann.

Abb. 9

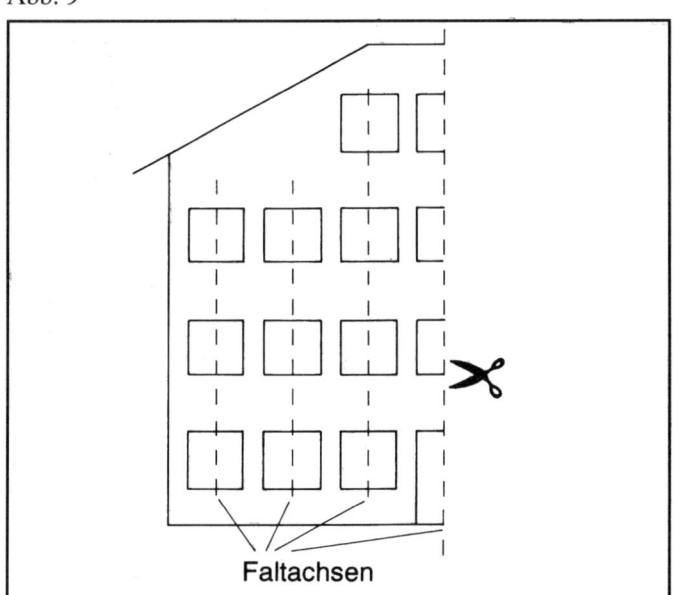

Faltachsen

– Das Anbringen der Klebefalze ist ebenfalls von den Schülern zu leisten, wenn ihr Vorstellungsvermögen entsprechend entwickelt ist.

– An die Deckfläche kann eine Einstecklasche angebracht werden, damit die Päckchen leicht geöffnet werden können.

– Der Hintergrund könnte auch als Wandfries gestaltet werden, an dem größere Päckchen anzubringen sind.

2. *Weihnachtshaus mit 24 Fenstern*

Als Material für diesen Adventskalender wird benötigt:

– Scherenschnittpapier A 3

– weißer Karton A 3

– Buntpapier od. farbiges Transparentpapier

Das Weihnachtshaus wird aus weißem und schwarzem Papier ausgeschnitten. Die Kinder wenden beim Herstellen des Weihnachtshauses vielfältige Handlungen an. Beim Ausschneiden der Fenster wird deutlich, daß das Rechteck eine symmetrische Figur ist. Man kann das Haus falten, um die Fenster besser ausschneiden zu können.

Die Kinder benutzen die Symmetrieachse als Falt- und Schnittlinie. Auf dem weißen Papier sollen in die vorgezeichneten Fenster von den Kindern symmetrische Figuren aus Buntpapier geklebt werden. Geeignete Motive befinden sich in Anlage II (Tannenbaum, Schneemann, Teddy, Stern, Kerze).

Eine Arbeitsteilung ist bei diesem Projekt nur schwer möglich. Die Kinder sollten alle in das Ausschneiden symmetrischer Figuren einbezogen werden. Da es bei den Häusern sehr auf Genauigkeit ankommt, kann die Hilfe Erwachsener in Anspruch genommen werden.

Die Fenster auf dem schwarzen Papier werden aufgeschnitten und mit Tesa verklebt. Nun muß nur noch das Datum auf die schwarzen Fensterläden geschrieben werden und fertig ist der Kalender.

Abb. 10

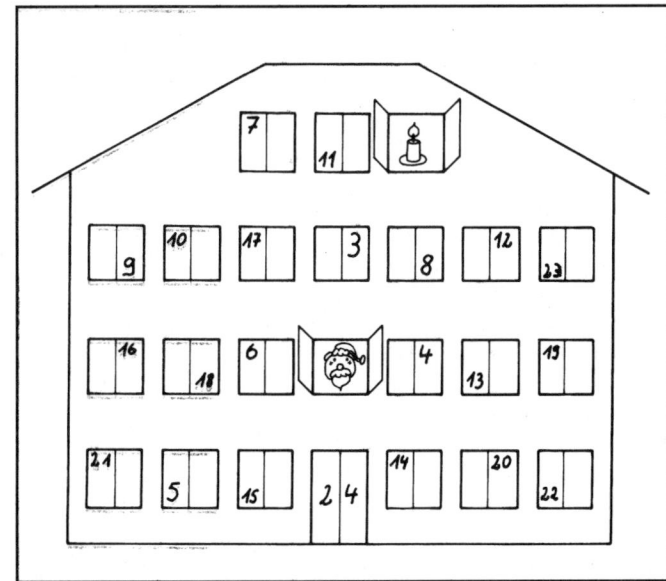

Will man den Kalender verschenken, so können die Sonntage besonders gestaltet werden. Dazu ist der Umgang mit einem Jahreskalender Voraussetzung. Die Kinder suchen heraus, an welchen Tagen der 1., 2., ... Advent sind und kennzeichnen dies durch roten Rand oder unterlegen das betreffende Fenster mit der entsprechenden Anzahl von Kerzen.

3. Weihnachtsmarkt oder Weihnachtsdorf

Die Kinder fertigen mit Hilfe von Bastelbögen selbst Häuschen an. Jedes Kind erhält einen Ausschneidebogen (Anlage VII a). Bei einigen ist das Dach bereits integriert. Sollte die Betonung auf die Arbeit mit Netzen gelegt werden, könnte das Dach als dreiseitiges Prisma auf einen Würfel oder Quader aufgesetzt werden (Anlage VII b). In Überlegungen, aus welchen Körpern das Haus besteht, sollten die Kinder mit einbezogen werden.

Nach dem Ausschneiden bemalen die Kinder ihre Häuser, zeichnen Fenster und Türen ein oder gestalten Marktbuden.

Dann werden die Häuser gefaltet und zusammengeklebt. Doch halt, vorher versteckt jeder eine Überraschung in seinem Haus. Damit die Häuser beim Öffnen nicht zerstört werden, kann das Dach nur aufgesetzt werden. Der Grundriß, auf den die Häuschen zu stellen sind, kann vorgegeben werden. Noch ein bißchen Schnee, und es sieht bereits weihnachtlich aus.

Quellennachweis

[1] *Töpelmann, A.*: Baumschmuck. Berlin: Der Kinderbuchverlag, 1987.

Weihnachtsschmuck aus Grundformen

Material: Bunt- oder Velourpapier, Schere, Klebstoff, Faden, Papp- oder Plastikschablone für Dreiecke, Quadrate, Kreise in verschiedener Größe

Arbeitseinteilung

1

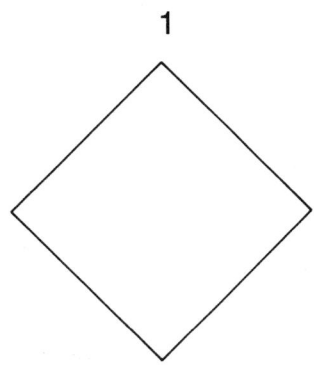

Schneide ein Quadrat 2 mal aus.

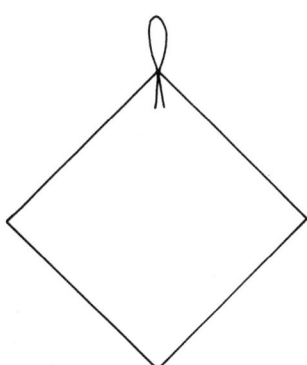

Lege eine Fadenschlinge auf die Innenseite eines Quadrates.

Klebe das 2. Quadrat mit der Außenseite nach oben genau auf das 1. Quadrat.

2

Arbeite wie bei 1
Wähle kleinere Figuren aus.
Klebe diese auf.

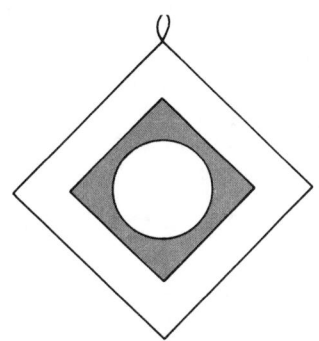

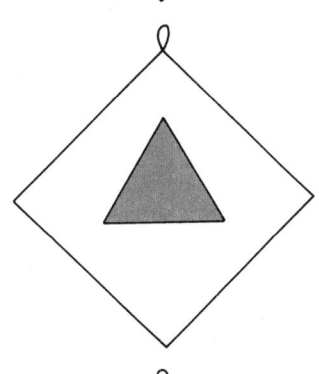

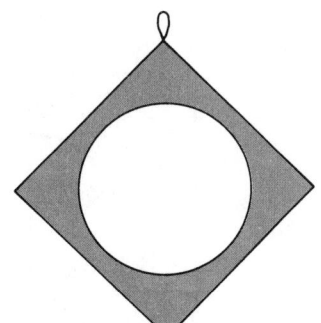

3

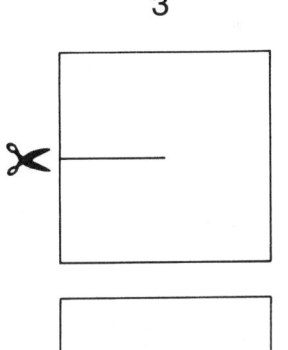

Klebe 2x2 gleiche Figuren übereinander. Schneide bis zur Mitte ein. Stecke die Figuren ineinander.

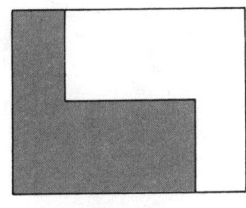

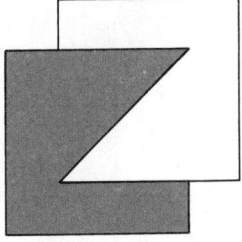

So kannst du auch Tannenbäumchen herstellen.

Symmetrische Figuren für Faltschnitte

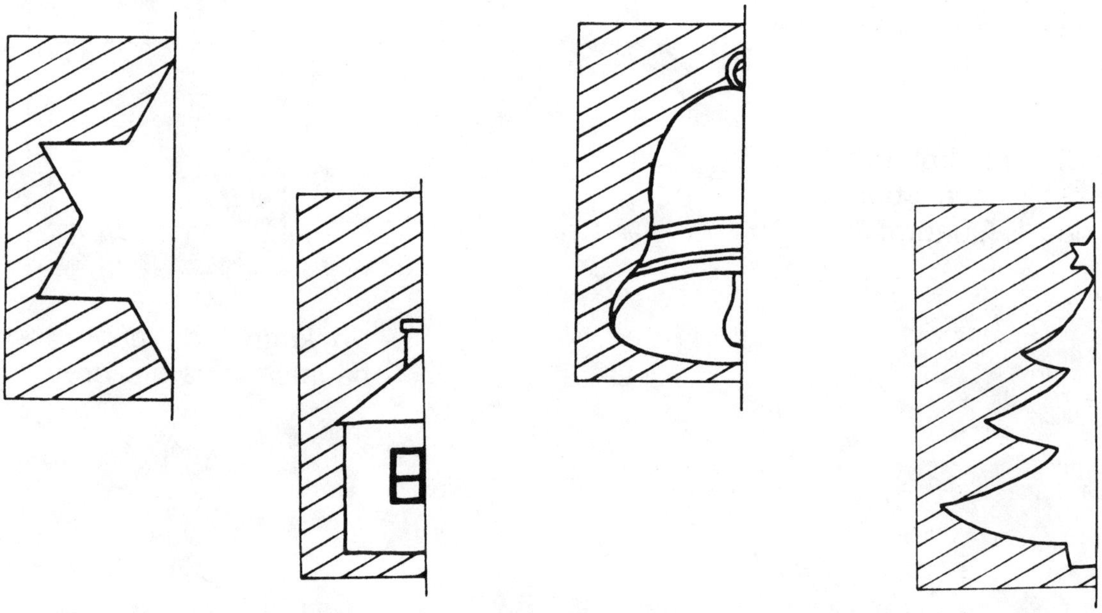

Sterne aus Streifen

Zeichne weitere Streifen
mit dem Geodreieck.

Schneide die Streifen
aus.

Ziehe sie über eine Sche-
re rund.

Klebe die Streifenenden
zusammen.

Du kannst in der Mitte
knicken.

Klebe die Teile zu einem
Stern zusammen.

Verwende für einen Stern nur
gleiche Teile.

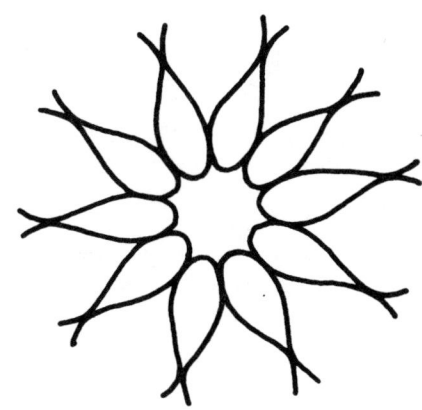

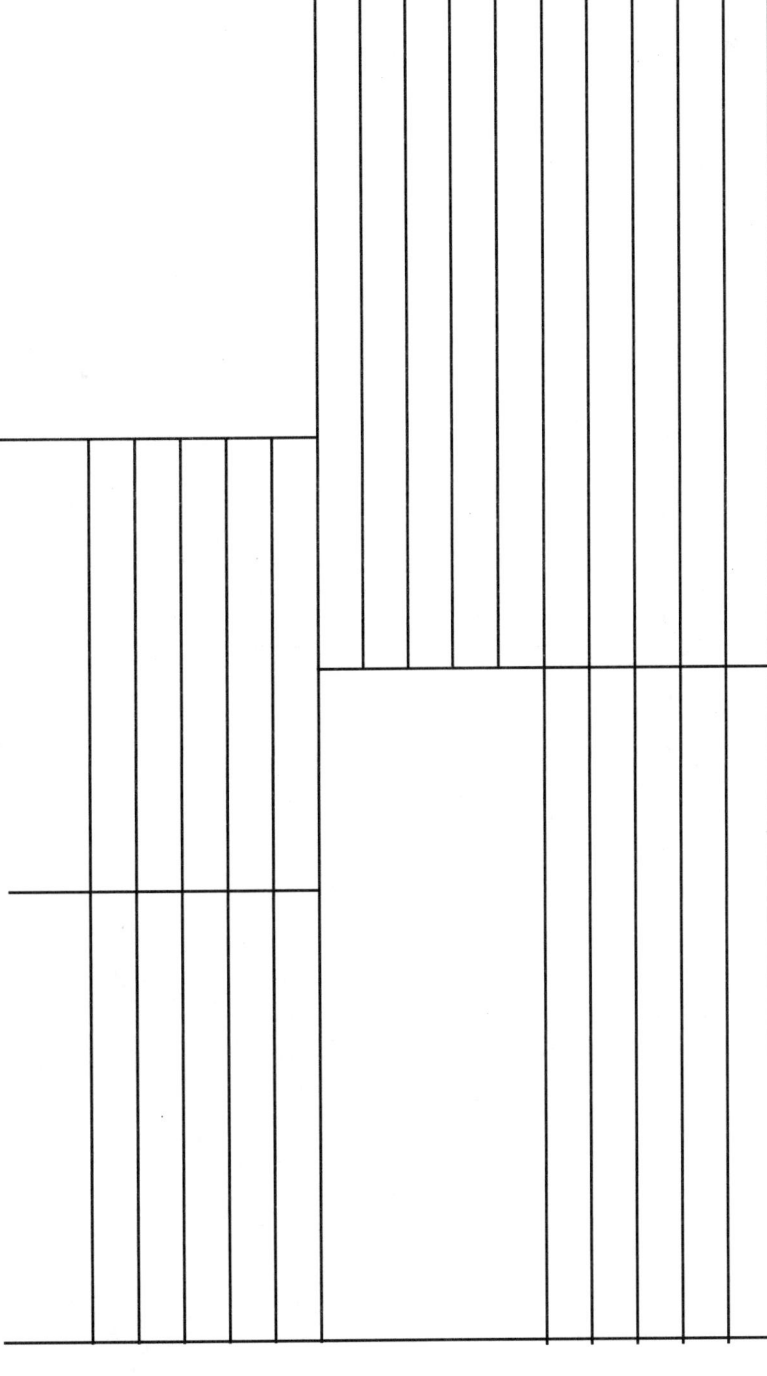

Universalstern

Mondkalender

1. Vergrößere den Mond.
   Zeichne dazu für eine Kästchenlänge immer 3 Kästchenlängen.

2. Schneide aus und male den Mond an:
   Zur Verstärkung kannst du Pappe dahinterkleben.

Würfelnetze

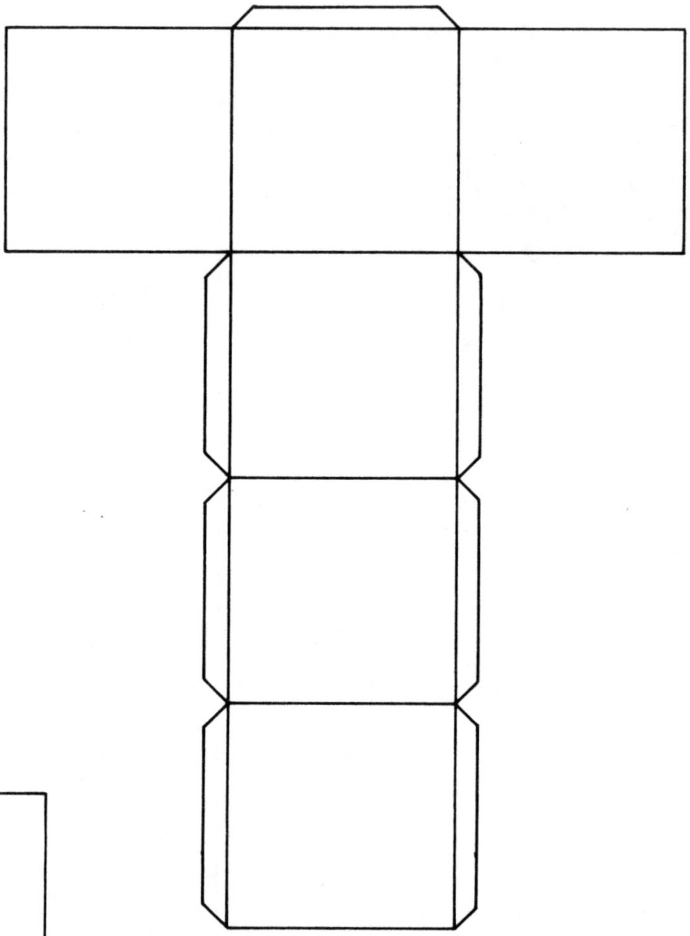

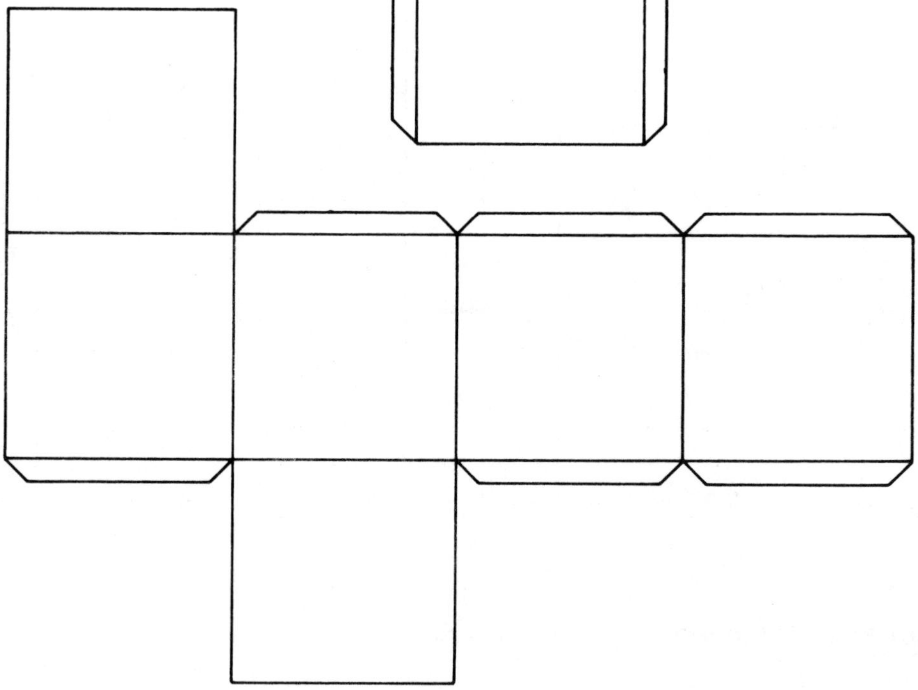

Weihnachtshäuschen

Dach (rotes Papier)

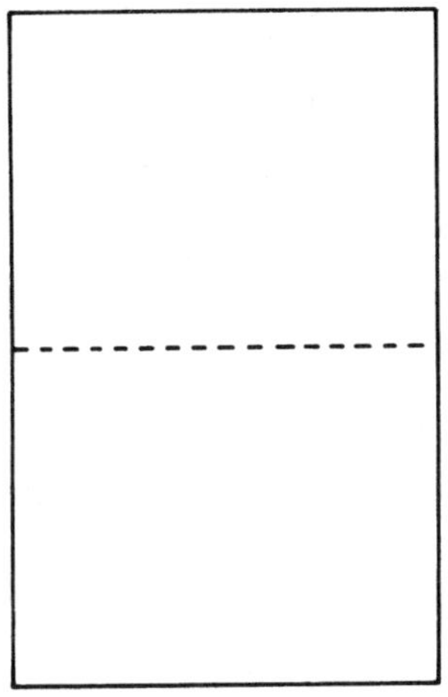

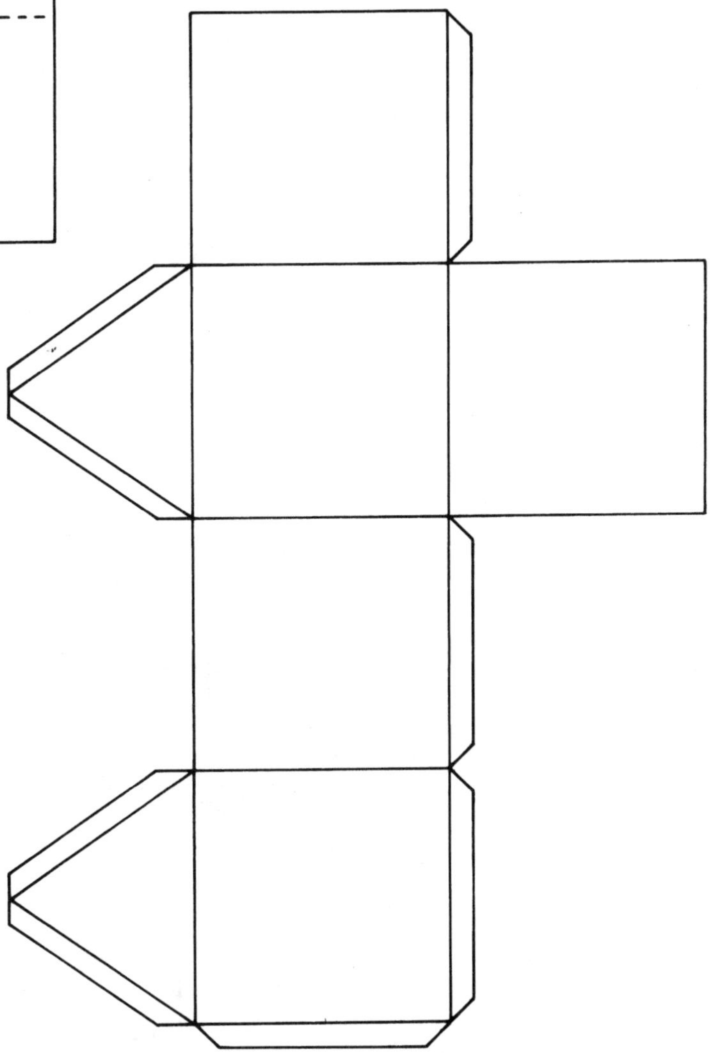

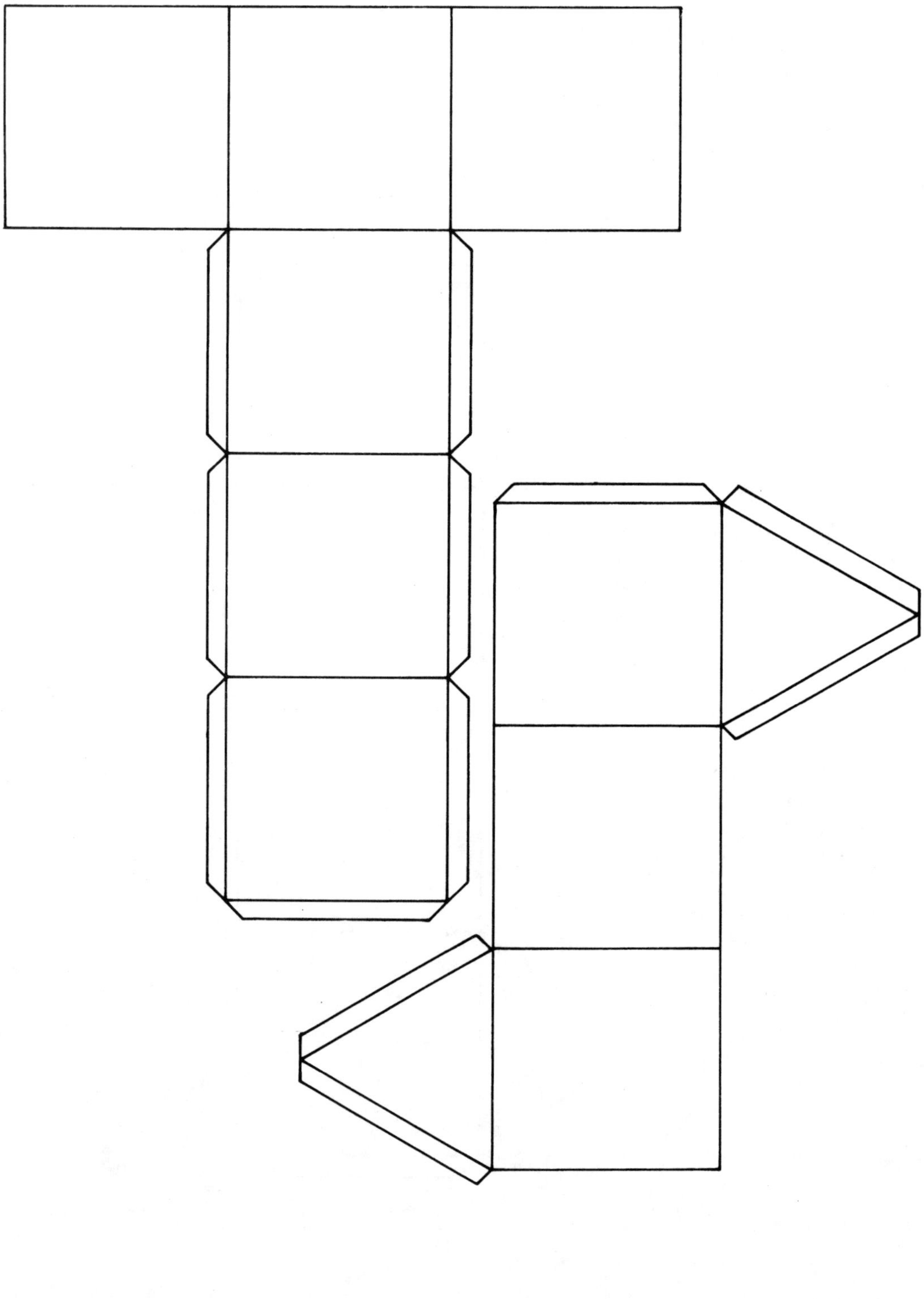

P 14: Tiere im Zoo

Ziele

Die Schüler erweitern ihre Kenntnisse über Zootiere. Sie wenden bereits erworbene Techniken an wie:

- Entnehmen von Informationen aus Prospekten, Preistafeln und Büchern;
- Kennzeichnen und Heraussuchen wesentlicher Informationen;
- Übersichtliches Darstellen von Daten.

Sie können Eintrittspreise berechnen und Geldbeträge vergleichen.

Sie orientieren sich auf Karten, berechnen die Länge von Strecken und ermitteln dafür benötigte Zeit.

Sie vertiefen ihre Vorstellungen über Größen, insbesondere Gewichte, sie suchen Vergleichsgrößen und rechnen mit Größenangaben.

Sie übernehmen die Verantwortung für jüngere Schüler.

Problemfelder

Tiere:	Arten, Herkunftsland, Größe, Gewicht, Alter, Nahrung, Lebensweise
Orientierung im Zoogelände:	Wege, Versorgung, Toiletten
Eintrittspreise:	Kinder, Erwachsene, Gruppen
Verhalten im Zoo	

Einordnung

Klasse 4

Zeitplanung

4 Stunden;

einen halben Tag für Zoobesuch

Spezifik des Projektes

Die Problemfelder werden erst im Verlauf der Planung voneinander abgegrenzt. Da sich jede Gruppe mit Tieren beschäftigt, ist eine gemeinsame Beratung des Vorgehens sinnvoll.

Alle benötigten mathematischen Kenntnisse wurden bereits vermittelt, sie sind in der konkreten Situation nur anzuwenden.

Literaturhinweis

Ardeley, B. und N.: Das große Buch der 1001 Fragen & Antworten. Köln: Buch und Zeit, o. J.

Beyer, P. K.: Der außerschulische Lernort Zoo. In: Praxis der Naturwissenschaften, Köln 41 (1992) 3, S. 1-5.

Cuisin, M./Frisch, O. von: Das geheimnisvolle Leben seltener Tiere. Esslinger: Schreiber, 1994.

Cuisin, M./Frisch, O. von: Das geheimnisvolle Leben der Tiere im Urwald. Esslinger: Schreiber, 1994.

Cuisin, M./Frisch, O. von: Das geheimnisvolle Leben der Tiere in Afrika. Esslinger: Schreiber, 1994.

Hofbauer, M.: Das Reich der Tiere. Bindlach: Gondrom, 1994.

Pies-Schulz-Hofer, R.: Zoopädagogik. In: Biologie in der Schule, Berlin 41 (1992) 10, S. 334-341.

Seger, J.: Erlebnisraum Zoo - die „Anregungssituation" im Lernbereich Sachunterricht. In: Grundschulunterricht, Berlin 40 (1993) 11, S. 19-25.

Wagner, B./Kunstreich, P.: Vom kleinen Känguruh, das aus dem Beutel fiel. Mödling-Wien: St. Gabriel, 1993.

Projektbeschreibung

Einstimmung

Zu Beginn des Schuljahres bemühen sich die Großen der Grundschule, den Kleinen beim Start in das Schulleben zu helfen. So schlagen die Schüler einer 4. Klasse vor, daß sie mit Erstkläßlern den Zoo in der Heimatstadt besuchen wollen. Diese Idee greift die Lehrerin auf: Zur Einstimmung wird eine Geschichte über Tiere gelesen, die man im Zoo findet. Geeignet sind beispielsweise die Bücher:

Moglis Abenteuer im Dschungel (1)

Bernhard und Bianca im Känguruhland (2).

Die Kinder werden begeistert sein und eigene Erlebnisse mit Tieren aus fremden Ländern oder Begebenheiten aus Filmen erzählen. Auf diese Weise kann zum Thema übergeleitet und an das Vorhaben, mit Schülern der 1. Klasse den Zoo zu besuchen, erinnert werden.

Eingrenzen von Problemfeldern

Die Lehrerin fordert die Schüler auf, sich drei Wörter zu überlegen, die ihnen spontan zum Zoobesuch einfallen und diese groß aufzuschreiben, jedes Wort auf einen Zettel. Die Blätter werden sortiert und in Gruppen angeheftet. Es könnten Stichwörter auf den Blättern stehen zu Tieren, zur Organisation des Zoobesuches, zum Aufbau des Zoos. So werden Problemfelder gefunden, die in Vorbereitung auf den Zoobesuch zu bearbeiten sind.

Planung des Vorgehens

Erwartungsgemäß wird es nicht ganz konfliktlos verlaufen, zu den einzelnen Problemfeldern Gruppen zu bilden. Wege, Eintrittsgelder und Verhaltensregeln erscheinen langweilig gegenüber den Erkundungen zu Tieren. Um den Interessen der Kinder zu entsprechen, wählt jede Gruppe 3 Tiere aus und bearbeitet zusätzlich einen organisatorischen Schwerpunkt. So könnte folgende Zuordnung entstehen:

Tb:

Im Zoopark mit Schülern der Klasse 1

Gruppe 1: Wir suchen Interessantes über 3 Tiere heraus und überlegen, wie sich die Kinder im Zoo zu verhalten haben.

Gruppe 2: Wir suchen Interessantes über 3 Tiere heraus und wählen einen Rundweg aus, den wir benutzen wollen.

Gruppe 3: Wir suchen Interessantes über 3 Tiere heraus und berechnen den Eintrittspreis für alle, die am Zoobesuch teilnehmen.

Im Gespräch wird zusammengetragen, was den Schülern der 1. Klasse über die Tiere mitgeteilt werden kann. Stichworte dazu können an der Tafel festgehalten werden. Die Kleinen interessiert sicher, welche und wie viele Tiere im Zoo leben, woher die Tiere kommen, was sie fressen und wieviel, wie schwer und wie groß sie werden können, wie alt sie werden können u.ä. Gemeinsam wird eine Erkundungskarte ausgearbeitet (vgl. Anlage I), in der die Daten über bestimmte Tierarten erfaßt werden.

Eine Einführung in den Zoo könnte ein Tierpfleger, die Lehrerin oder ein Schüler bzw. eine Schülergruppe vorbereiten. Bei diesem Gespräch merken die Kinder, daß ihre Kenntnisse über die Tiere nur lückenhaft sind. Informationen können sie finden, wenn sie zunächst selbst den Zoo besuchen.

Soweit das bisher noch nicht geschehen ist, sollte nach dem ersten Zoobesuch abgestimmt werden, mit welchen Tieren sich die Kinder der einzelnen Gruppen beschäftigen. Dies müssen nicht drei artfremde Tiere sein, es ist eine Einteilung in Raubtiere, Raubvögel, pflanzenfressende Großtiere (Elefant, Griffe, Känguruh u.a.), Affen möglich. Bei der weiteren Projektarbeit suchen die Schüler nur noch nach Informationen zu „ihren" Tieren. Literaturempfehlungen können vom Lehrer gegeben werden. Geeignet sind beispielsweise:

Die Geheimnisse der Tierwelt (3)

Tiere aus aller Welt (4)

und die Zeitschrift *Tierfreund*

Soweit es möglich ist, werden die Bücher und Zeitschriften im Klassenraum zur Verfügung gestellt. Zur Ergänzung können die Kinder am Nachmittag in der Bibliothek nach weiteren Büchern suchen. Eifrig werden die Schüler Informationen zu „ihren" Tieren sammeln. Eine Zusammenstellung auf Zeichenblättern oder als Poster ist möglich.

Auswertung der Informationssammlung

In einer Zwischenauswertung können die Schüler ihre Tiere vorstellen. Die Lehrerin weist auf ein Problem hin:

„Das sind interessante Informationen, aber die Kinder der 1. Klassen können sich kaum etwas darunter vorstellen. Denkt zurück, wann ihr verstanden habt, wieviel 225 kg sind, wie weit ein Sprung von 230 cm bzw. 2,30 m ist. Wie können wir den Schulanfängern diese Größenangaben besser verdeutlichen?"

Gemeinsam wird nach Vergleichsgrößen aus dem Erfahrungsbereich der Schulanfänger gesucht:

Raubtiere

Ein Löwe kann bei der Verfolgungsjagd bis zu 80 km/h schnell werden.	Das ist so schnell, wie ein Auto auf der Landstraße fährt.
Ein Jaguar springt 5 m hoch.	Das ist so hoch wie der Baum vor unserer Schule.
Ein Tiger kann in einer Nacht 31 kg Fleisch vertilgen.	Das ist so viel wie 15 Kaninchen.

Das *Rote Riesenkänguruh* könnte auf folgende Weise beschrieben werden:

Das Rote Riesenkänguruh ist das größte Beuteltier der Welt. Ein Männchen ist im Sitzen so groß wie ein Mensch, wenn er steht. Es wiegt etwa 150 kg, das ist so viel wie zwei schlanke Männer. Das Riesenkänguruh springt mit einem Sprung 12 m weit. In der Aula unserer Schule würde es mit einem Sprung von Wand zu Wand springen. Es erreicht eine Geschwindigkeit von 65 km/h. Das ist schneller als man auf der Straße zwischen ..... und ..... fahren darf. Die Sprünge sind 3 m hoch, so hoch wie unser Klassenraum. Wird ein Riesenkänguruh geboren, so ist es nur 3 cm groß und wiegt 0,74 g. Das können wir mit einer Füllerpatrone vergleichen (diese kann auch gezeigt und wegen des Gewichtes in die Hand genommen werden). Erst nach 200 Tagen verläßt es den Beutel der Mutter zum ersten Mal, es bleibt also mehr als ein halbes Jahr im Beutel der Mutter. Wenn es im Januar geboren wird, hüpft es erst in den Sommerferien (im Juli) zum ersten Mal auf die Erde, kehrt aber bei drohender Gefahr sofort mit einem Sprung in den Beutel zurück. Wenn die kleinen Känguruhs 250 Tage alt sind, also etwa 35 Wochen, suchen sie den Beutel nicht mehr auf. Unser im Januar geborenes Baby lebt etwa ab September ohne den Beutel der Mutter.

Auch Informationen über den Wanderfalken oder über den Kolibri lassen die Kinder der 1. Klasse staunen, wenn die Größen entsprechend aufbereitet sind.

Sinnvoll ist der Vergleich der Tiere untereinander. Dabei können die Kinder selbst Zusammenhänge entdecken, beispielsweise zwischen Gewicht und Geschwindigkeit, mit der sich die Tiere bewegen. Auch hier einige Beispiele:

Der Tiger und das Riesenkänguruh haben dieselbe Länge, aber der Tiger ist so schwer wie 3 Känguruhs.

Der Steinadler und der Jaguar sind beide etwa 70 cm groß, aber der Jaguar wiegt so viel wie 12 Steinadler.

Die hier gefundenen Vergleichsgrößen erfordern von den Kindern der 1. Klasse, daß sie sich die Angaben vorstellen können. Der Vergleich kann auch mit Bildern anschaulich dargestellt werden.

So ist das Gewicht mit einem Lkw, einem Haufen Sand, Säcken mit Getreide u.ä. zu veranschaulichen.

Berechnungen zu Weg, Zeit und Kosten

Die Lehrerin kann die Kinder nach dieser intensiven Arbeit darauf aufmerksam machen, wieviel Mathematik sie benötigt haben. Es wurde multipliziert und dividiert, gemessen und geschätzt. Ohne daß es bewußt wurde, haben sie ihre im „normalen" Unterricht erworbenen Handlungen und Kenntnisse angewendet.

Auch bei anderen, den organisatorischen Bestandteilen der Projektaufgaben werden mathematische Voraussetzungen benötigt. Um die Rundwege für den Zoobesuch auszuwählen, können sich die Schüler eine Karte des Zoogeländes besorgen. Diese sind meist maßstabgerecht gezeichnet. Bevor die Kinder einen Weg auswählen, könnte folgendes festgelegt werden:

-   Welche Tiere sollen besucht werden? (Warum gehen wir nicht zu allen Tieren?)
-   Wie lange soll der Rundgang maximal dauern?
-   Wie lang sollte der Rundgang höchstens sein?
-   Wie muß man gehen, um keinen Weg doppelt zu benutzen?

Die Kinder können auf dem Plan des Geländes die Stellen kennzeichnen, die unbedingt besucht werden sollen. Nun werden verschiedene Möglichkeiten gesucht, wie man diesen Rundgang durchführen kann. Anhand der Karte wird die Länge jedes Weges berechnet.

Eine Berechnung der benötigten Zeit könnte in folgender Weise durchgeführt werden:

Für jeden Punkt, an dem eine Erklärung erfolgen soll, werden 5 min eingeplant. Geht man davon aus, daß in einer Stunde 3 km Weg zurückgelegt werden, wenn man die Tiere links und rechts des Weges betrachten will, so können die Schüler ausrechnen, daß man für 1 km 20 min und für 100 m etwa 2 min benötigt. Auf dieser Grundlage kann die Zeit mit Hilfe der ermittelten Länge des Weges überschlagen werden. Eine Pause zum Eisessen oder zum Spielen auf dem Spielplatz kann eingeplant werden, wenn es die Bedingungen im konkreten Fall erlauben.

Die Entscheidung für einen Weg kann in der Klasse getroffen werden, nachdem die Gruppe verschiedene Vorschläge vorgestellt hat. Relativ unkompliziert erscheint das Ermitteln des Eintrittspreises. Beim ersten Zoobesuch informieren sich die Kinder über die Preise für Kinder, für Erwachsene und über Gruppenermäßigung. Einige interessante Überlegungen könnten sich ergeben, wenn Eltern am Zoobesuch teilnehmen. Wie viele Erwachsene müssen es mindestens sein, um eine Ermäßigung zu bekommen? Wieviel spart dann jeder ein? Ist eine Gruppenkarte sinnvoll, wenn eine Ermäßigung ab 10 Personen gewährt wird, aber nur 9 Erwachsene teilnehmen?

Verhalten im Zoo

Kopfzerbrechen bereitet den Kindern der betreffenden Gruppe die Art, wie sie die Verhaltensregeln an die Erstkläßler herantragen. Natürlich wissen die Großen, wie man sich richtig verhält. Aber die Lehrerin weist darauf hin, daß man bei den Kleinen mit umfangreichen Belehrungen die Vorfreude zerstört. Auf einer großen Tafel am Eingang des Zoos stehen die Verbote. Sollten diese vorgelesen werden? Nein, daß wird langweilig. Die Schüler könnten jede Regel mit einem Symbol kennzeichnen. Die Erstkläßler sollen raten, was die Symbole bedeuten.

Beispiele:

Füttern verboten!

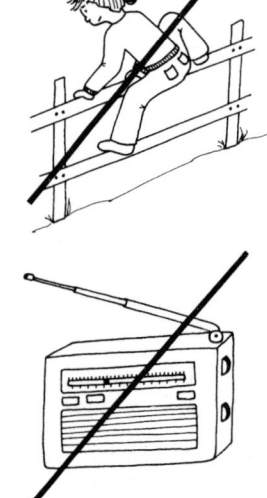

Nicht über die Absperrung klettern!

Lautes Musikhören verboten!

Vorbereitung eines Quiz

Nach dieser Vorbereitung steht dem Zoobesuch nichts mehr im Wege. Als Höhepunkt könnte ein Quiz durchgeführt werden. Dies bereitet nicht nur Freude, sondern gibt den Schülern der 4. Klasse auch eine Rückmeldung, was die Kleinen gelernt haben. Da die Kinder der 1. Klasse die Fragen nicht selbst lesen können, werden diese vorgelesen. Es gibt jeweils drei Antworten, von denen eine richtig ist. Die Schüler kreuzen die richtige auf vorbereiteten Zetteln an (vgl. Anlage II).

Wer befürchtet, daß auch die Erklärungen an den Tiergehegen für die Kleinen ermüdend sein könnten, kann auch den gesamten Zoobummel als Quiz gestalten. Dann werden die Angaben über die einzelnen Tiere als Fragen formuliert. Die Schüler lassen die Kinder der 1. Klasse beispielsweise die Länge eines Kängeruhs, das Gewicht eines Elefanten oder den Futterbedarf des Tigers schätzen. Für jede richtige Antwort erhalten die Kinder sofort einen Punkt oder ein Tierkärtchen. Am Ausgang wird ermittelt, wer die meisten hat. (5)

Quellennachweis

(1) Moglis Abenteuer im Dschungel. Walt Disney Company, 1992.

(2) Bernhard und Bianca im Känguruhland. Walt Disney Company 1991.

(3) Die Geheimnisse der Tierwelt. Erlangen: Karl-Müller-Verlag 1990.

(4) Tiere aus aller Welt. Prag: Artia, 1985.

(5) Die Idee zu diesem Projekt entstand im Rahmen eines Seminars an der Pädagogischen Hochschule Erfurt.

Lösungen zum Quiz für Zoobesucher	
1.	C
2.	B
3.	A
4.	B
5.	C
6.	B
7.	A
8.	(C)

Erkundungskarte

Hier kannst du ein Bild des Tieres einkleben

Tier:

Heimat:

Größe:

Gewicht:

Nahrung:

Lebensraum:

Alter:

Besonderheiten:

Quiz für Zoobesucher

1. In deinem Frühstücksbeutel ist eine Banane. Du möchtest sie gern den Tieren füttern.

   A ☐ Obst darf man den Tieren füttern.

   B ☐ Nur die Affen dürfen mit Bananen gefüttert werden.

   C ☐ Das Füttern der Tiere ist verboten.

2. Warum hat das Zebra Streifen?

   A ☐ Damit es im Zoo nicht langweilig aussieht.

   B ☐ Zur Tarnung in der Natur.

   C ☐ Das Zebra hat nur Streifen, wenn es Junge hat.

3. Affen kann man oft beim gegenseitigen „Kraulen" beobachten. Warum tun sie das?

   A ☐ Das ist ihre Fell- und Hautpflege, sie entfernen Schuppen aus dem Fell.

   B ☐ Sie entfernen sich gegenseitig die Flöhe aus dem Fell.

   C ☐ Weil es ihnen im Zoo langweilig ist, im Urwald tun sie das nicht.

4. Was ist eine Tierküche?

   A ☐ Dort kochen die Tiere.

   B ☐ Dort wird das Futter für die Tiere zubereitet.

   C ☐ Dort wird das Mittagessen für die Tierpfleger gekocht.

5. Ein Känguruhbaby ist nur 3 cm groß.

   A ☐ Das ist fast so groß wie ein Menschenbaby.

   B ☐ Das ist kleiner als ein Pfennig.

   C ☐ Das ist so groß wie eine Füllerpatrone.

6. Das Baby des Känguruhs lebt im Beutel der Mutter.

   A ☐ Es lebt dort nur 48 Stunden.

   B ☐ Es verbringt dort die ersten 200 Tage seines Lebens.

   C ☐ Es hüpft in den Beutel, weil es nicht so schnell laufen kann wie die Mutter.

7. Ein Elefant kann 5000 kg schwer werden.

   A ☐ Das ist viel schwerer als ein Mensch.

   B ☐ Das ist so schwer wie ein dicker Mensch

   C ☐ Das ist nicht so schwer wie ein Mensch.

8. Wie viele Tiere gibt es in unserem Zoo?

   A ☐ 46

   B ☐ 100

   C ☐ Mehr als 100

P 15: Wasser im Haushalt

Ziele

Die Schüler werden für sparsamen Umgang mit Wasser im Haushalt sensibilisiert.

Sie erwerben Vorstellungen über Volumen und prägen sich Repräsentanten ein: eine Badewanne für 150 l, einen Spülkasten für 9 l, einen kleinen Eimer für 6 l , einen großen Eimer für 10 l. Sie schätzen Wassermengen. Sie lernen Bruchteile von 1 l kennen und erfassen die Beziehungen zwischen ¼ l, ½ l und 1 l sowie zwischen 1 ml und 1 l. Sie können Größen vergleichen, mit Größen rechnen und den Durchschnitt verschiedener Größenangaben berechnen.

Problemfelder

Wasserverschwendung durch einen tropfenden Wasserhahn

Wasserverbrauch bei der Körperpflege und Hygiene

sonstiger Wasserverbrauch im Haushalt

Einordnung

Klasse 4

Zeitplanung

2 Unterrichtsstunden;

Erkundung zu Hause

Spezifik des Projektes

Die Erkundungen werden von jedem Schüler individuell geführt. Je nach den häuslichen Gegebenheiten wählt jeder sein Erkundungsgebiet selbst aus und setzt aus seiner Sicht geeignete Methoden ein. Das Auswerten kann individuell oder in Gruppen - je nach erkundetem Gebiet - erfolgen. Wenn komplizierte Rechnungen auftreten, kann der Taschenrechner benutzt werden.

Literaturhinweis

Bennemann, D.: Wir verbrauchen zuviel Wasser. In: Die Grundschulzeitschrift, Seelze (1991) 42, S. 11-19; 60-63.

Boehr, H.: Aktionsbildung: Das Projekt Wasser. In: Praxis der Mathematik, Köln 32 (1990) 4, S. 167-172.

Hellberg-Rode, G.: Wasser: Lebensraum und Lebensmittel. In: Sachkunde und Mathematik in der Primarstufe, Köln 19 (1991) 10, S. 434-436.

Hofbauer, G.: Wasser überwinden alle (fachlichen) Grenzen. Ganzheitliches Lernen an Liedern über den natürlichen Wasserkreislauf. In: Grundschulunterricht, Berlin 40 (1993) 5, S. 28-30.

Kieper, H.: Integrierendes Lernen im Sachunterricht. In Grundschulunterricht, Berlin 41 (1994) 3, S. 2-5.

Kohwagner, G.: Schau mal. Unser Wasser. Luzern: Kinderbuchverlag, 1990.

Walpole, B.: Peters Kinderbuch Wasser. Hanau, Salzburg, Bern: Peters, 1989.

Winter, H.: Sachrechnen in der Grundschule. Frankfurt a. M.: Cornelsen-Scriptor, 1992. enthält u. a.: Wasser ist (nicht nur) zum Waschen da, S. 59-63.

Projektbeschreibung

Einführungsgespräch *Ausgangssituation*

Als die Lehrerin am Morgen in die Klasse kommt, stellt sie fest, daß der Wasserhahn tropft. Dies wird zum Anlaß eines Gesprächs in der Klasse über die Notwendigkeit, Trinkwasser nicht zu vergeuden. Dabei kann an die Behandlung des Themas „Wasser" in Sachunterricht angeknüpft werden. Sicher kommt auch die Meinung auf, daß der Wasserhahn ja nur tropft, also nur sehr wenig Wasser weggelaufen ist.

Interessant sind Schätzungen, wieviel Wasser von gestern bis heute durch das Tropfen des Hahnes verloren gegangen ist. Die Schätzergebnisse könnten festgehalten werden.

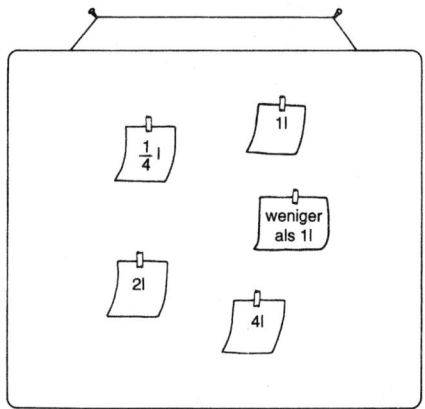

Nun will man es aber genau wissen: Es wird besprochen, wie man ermitteln kann, wieviel Wasser weggelaufen ist (Tb. 1a).

Die Lehrerin greift den Vorschlag auf, das Wasser zu messen, das in einer bestimmten Zeit aus dem Hahn tropft. Daraus kann man dann berechnen, wieviel Wasser von Unterrichtsschluß am Vortag bis zum Unterrichtsbeginn des heutigen Tages weggelaufen ist. Da das Wasser schnell oder langsam tropfen kann, wird zunächst die Anzahl der Tropfen in einer Minute gezählt. Dann wird beschlossen, das Wasser eine bestimmte Zeit lang, z. B. bis Ende der Stunde, mit einem Meßbecher aufzufangen und so zu messen. Dabei werden die Kinder mit der Tatsache konfrontiert, daß sie entweder Angaben in „ml" oder Bruchteile eines Liters auf dem Meßbecher finden müssen. Diese Situation kann genutzt werden, um die Kinder Beziehungen zwischen ml und l bzw. zwischen ¼ l, ½ l und 1 l selbst entdecken zu lassen. Als Unterstützung werden evtl. weitere Meßgeräte zur Verfügung gestellt, deren Volumen bekannt ist. Geeignet sind kleine Milchflaschen als Repräsentant für ¼ l. Die Schüler können durch Umschütten erkennen, daß 2 kleine Milchflaschen ½ l ergeben und 4 Milchflaschen 1 l.

Enthält der Meßbecher eine Einteilung in ml, so könnte durch Interpretation der Vorsilbe „milli" die Beziehung zwischen l und ml erkannt werden. Gelingt dies nicht, wird durch Füllen einer 1l-Flasche ermittelt, wieviel Milliliter dies sind.

Im folgenden Tafelbild sind zwei Beispiele - für langsames und schnelles Tropfen - angegeben (Tb. 1b).

Die errechneten Ergebnisse können noch verdeutlicht werden, indem nach Repräsentanten für die Größenangabe gesucht wird. 40 l sind beispielsweise der Inhalt von 4 großen Eimern, von 2-20-l-Benzinkanistern, der Verbrauch beim Duschen. 6 l Wasser ist der Inhalt eines kleinen Eimers, eines Wasch-

→ Vergleichsgrößen

Tb. 1 a

Unser Wasserhahn tropft
von (Unterrichtsschluß):
bis (Unterrichtsanfang):
Wir zählen die Tropfen:
Wir messen das Wasser:
Wir berechnen die Wassermenge,

Tb. 1 b

Unser Wasserhahn tropft		
von (Unterrichtsschluß):	12.00 Uhr	13.30 Uhr
bis (Unterrichtsanfang):	8.00 Uhr	7.30 Uhr
Zeitdauer:	20.00 h	18.00 h
Wir zählen die Tropfen:	140 Tropfen i.d. Minute	60 Tropfen i.d. Minute
Wir messen das Wasser:	1 l in 30 Minuten	¼ l in 45 Minuten (Schulstunde)
Wir berechnen die Wassermenge,		
die weggelaufen ist:	in einer Stunde 2 l	1 l in 4 · 45 min,
	in 20 Stunden 40 l	also in 180 min
		180 min = 3 h
		in 18 Stunden 6 l

beckens zum Waschen, von 4 großen Fanta-Flaschen. Die Kinder erkennen, daß sie sich eingangs sehr verschätzt haben.

Ermitteln von Problemfeldern

Durch diesen Einstieg sind die Kinder sensibilisiert, über den sparsamen Umgang mit Wasser nachzudenken und selbst nach Möglichkeiten zu suchen, wie Wasser gespart werden kann.

Um für die Erkundung geeignete Problemfelder zu finden, wird zunächst zusammengetragen, wozu man Wasser braucht. Steht genügend Zeit zur Verfügung, kann dies auch in Auswertung eines Beobachtungsauftrages (vgl. Anlage I) erfolgen, bei dem die Schüler in einem Protokoll für einen Tag festhalten, wann sie Wasser benutzen. Abschließend schätzen sie, wieviel Wasser sie an diesem Tag verbraucht haben. Die Schüler stellen fest, daß Wasser vorwiegend benötigt wird:

- zur Körperpflege
- für die Toilette
- für die Waschmaschine
- zum Geschirrspülen
- zum Saubermachen
- zum Kochen.

Nun soll erkundet werden, wieviel Wasser man für die einzelnen Tätigkeiten benötigt.

Planen des Vorgehens

Das Vorgehen kann individuell festgelegt oder in Gruppen besprochen werden. Bei Gruppenarbeit sollen sich die Kinder einigen, für welche Tätigkeit sie den Wasserverbrauch ermitteln wollen. Auf diese Weise werden die Gruppen gebildet. Es könnte auch eine Zuordnung der Tätigkeiten zu bereits bestehenden Gruppen erfolgen oder die Gruppenbildung durch Losen dem Zufall überlassen werden.

Es wäre auch möglich, daß die Erkundung individuell geplant und durchgeführt wird. Dazu sollte sie möglichst auf ausgewählte Problemfelder eingegrenzt werden. Sinnvoll wäre eine Beschränkung auf den Wasserverbrauch für die persönliche Körperpflege und Hygiene:

    Baden   Duschen   Toilette   Waschen

Bei diesem Vorgehen messen die Kinder zu Hause jeweils den Wasserbedarf. Der Wasserverbrauch für den Haushalt (Waschmaschine, Geschirrspüler,...) könnte dann im Unterricht anhand von Prospekten, Werbematerial und Katalogen ermittelt werden.

Um die Meßergebnisse leichter vergleichen zu können, wird im Unterricht das Erfassungsprotokoll vorbereitet. Dazu wird in die erste Spalte die Tätigkeit geschrieben oder ein Bild geklebt und zunächst der Wasserverbrauch bei 1 mal Waschen, Duschen, ... geschätzt (vgl. Anlage II). Zu Hause wird der tatsächliche Verbrauch ermittelt und für den ganzen Tag berechnet. Überlegungen zum Sparen können bereits zu Hause aufgeschrieben werden oder die letzte Spalte wird im Unterricht ausgefüllt.

Auswertung der Erkundungen und Berechnen der Durchschnittswerte

Die Auswertungsstunde kann mit einem Gespräch über das Vorgehen beim Messen beginnen. Beim Waschen und Duschen könnte das Wasser durch Verschließen des Abflusses aufgefangen werden. Anschließend wird es mit Hilfe eines kleinen Eimers, eines Litermaßes o.ä. ausgeschöpft und gemessen. Auch die Badewanne kann so ausgemessen werden. Bei Spülung der Toilette oder der Badewanne wäre es möglich, das Fassungsvermögen zu erfragen oder Prospekten zu entnehmen. Vielleicht schlägt ein Kind vor, die Wasserverbrauch an der Wasseruhr abzulesen.

Anschließend werden die Schätzwerte mit den Meßergebnissen verglichen. Dabei stellt man relativ große Unterschiede fest. Differenzen gibt es auch zwischen den Meßergebnissen verschiedener Schüler. Um diese auszugleichen, berechnet man im Alltag den Durchschnitt. Gemeinsam wird am Beispiel des geschätzten Wasserverbrauchs die Durchschnittsberechnung erarbeitet.

Tb. 2

Der durchschnittlich geschätzte Wasserverbrauch	
geschätzt	Anzahl der Schätzungen
100 l	
50 l	
84 l	
.	
.	
.	
+_____	

Der Lehrer teilt mit, daß der Wasserverbrauch in Deutschland bei 150 l pro Person liegt. Davon entfallen etwa 100 l auf Körperpflege und Hygiene. Der Durchschnitt der Schätzwerte wird mit diesem Wert verglichen.

Nun beginnen die Kinder gruppenweise, die Durchschnitte des gemessenen Wasserverbrauchs für die einzelnen Tätigkeiten zu berechnen. Es wäre möglich, für umfangreiche Rechnungen Taschenrechner zu erlauben. Die Kinder werden aufgefordert, die Stellen nach dem Komma zu vernachlässigen oder auf die erste Ziffer nach dem Komma die Rundungsregeln anzuwenden.

Um zu veranschaulichen, wieviel Wasser jeweils im Durchschnitt gebraucht wird, können die Ergebnisse in ein Arbeitsblatt eingetragen werden, wie es WILIMSKY (1) empfiehlt (vgl. Anlage III). Die Wassermenge wird dort durch Ausmalen der entsprechenden Anzahl von Eimern dargestellt. Vergleicht man die Gruppenergebnisse, so werden meist keine gravierenden Abweichungen mehr auftreten. Dieses Vergleichen kann an der Tafel in einer Tabelle oder durch Anheften der Arbeitsblätter erfolgen (Tb. 3).

Projektbeispiele

Tb. 3

Wir verbrauchen so viel Wasser			
	Gruppe 1	Gruppe 2	Gruppe 3	Gruppe 4
Waschen Toilette Duschen Baden				
insgesamt				

Angesichts der Zahlen über den Wasserverbrauch wird keiner an der Notwendigkeit zweifeln, Wasser zu sparen. In dem Gespräch sollte nicht das Sparen aus finanziellen Gründen allein im Vordergrund stehen. Die Notwendigkeit muß auch aus der Sicht auf Umwelt und Natur begründet werden.

Die Kinder erkennen in weiteren Gesprächen, daß Reserven nicht im Vernachlässigen der Hygiene (wie Händewaschen, Obst waschen) und der Körperpflege liegen, sondern daß es Möglichkeiten gibt, den Wasserverbrauch dabei einzuschränken.

Um mit Zahlen noch besser überzeugen zu können, wird der Verbrauch und das Sparen für größere Zeiträume (Monat, Jahr) berechnet.

Das Projekt kann mit der Berechnung des durchschnittlichen Wasserverbrauchs für verschieden große Familien, für alle Kinder der Klasse oder alle Grundschüler der Schule fortgesetzt werden (vgl. Anlage IV). Dazu sollte zu Hause erfragt werden, wie oft gewaschen und wie oft Geschirr gespült wird. In Auswertung der Tabelle kann herausgearbeitet werden, daß man auch sparen kann, indem man die Wasch- und Geschirrspülmaschine nur laufen läßt, wenn sie voll sind.

Ein Gespräch über sonstigen Wasserverbrauch, wie im Garten gießen, das Auto waschen, den Pool füllen, kann das Projekt abschließen.

Die Ergebnisse können in der Schülerzeitung oder als Wandzeitung allen zugänglich gemacht werden.

Quellennachweis

(1) *Wilimsky, Helmut*: Wir gehen mit dem Wasser sparsam um. In: Die Unterstufe, Berlin 38 (1991) 11, S. 323.

(2) Dieses Projekt wurde im Rahmen des Fachpraktikums an einer Erfurter Schule durchgeführt.

Wasser im Haushalt

Beobachte einen Tag lang, wann du Wasser verbrauchst! Denke daran, daß du auch beim Essen und Trinken diese Flüssigkeit zu dir nimmst!

Vervollständige die Tabelle!

Wochentag:

Uhrzeit	Tätigkeit

Siehst du Möglichkeiten, wie man den Wasserverbrauch verringern kann?

Schreibe auf, wie du an diesem Tag Wasser eingespart hast!

Wasser im Haushalt

Wir verbrauchen täglich Wasser

	1 mal geschätzt	1 mal gemessen	wie oft am Tag?	Wasserverbrauch täglich	So können wir Wasser sparen

Sonstiges					
insgesamt					

68

Wir gehen mit dem Wasser sparsam um

		l	
		l	
		l	
		l	
		l	
		l	
		l	
		l	

	l	Wasser verbraucht im Durchschnitt eine Person an einem Tag

Durchschnittlicher Wasserverbrauch

	Waschen	WC	Duschen	Waschmaschine	Geschirrspüler	Kochen	Putzen
	10 l	40 l	40 l	1 Maschine pro Woche	2 Maschinen pro Woche	5 l	10 l
1 Person							
Fam. .... 3 Personen							
Fam. .... 5 Personen							
die Klasse 4 (..... Schüler)							
alle Schüler der GS (.... Schüler)							

2m tief

1 Mio.l

50m

10m

39000l Benzin

Vergleichsgrößen:

150l

P 16: Sicherheit im Straßenverkehr

Ziele

Kl. 1: Die Kinder lernen wichtige Verkehrszeichen nach ihrer Bedeutung zu unterscheiden. Dabei sind Farbe und Form eine wichtige Hilfe. Sie kennen die Formen, benennen sie mit "dreieckig", "rund" und "viereckig" und erkennen sie in unterschiedlichen Lagen und mit verschiedenen Motiven wieder.

Kl. 2: Die Kinder erwerben Sicherheit im Zählen. Dabei wenden sie verschiedene Methoden zum Erfassen statistischen Materials und zu dessen Darstellung an und erleben die Verwendung von Zahlen unter verschiedenen Aspekten. Sie vergleichen und addieren Zahlen. Die Zeitvorstellung von einer Minute wird angebahnt.

Kl. 3: Die Kinder ermitteln Näherungswerte von Entfernungen. Dazu schätzen sie Strecken und erleben den Vorteil der Arbeit mit Vergleichsgrößen. Sie messen Entfernungen mit unterschiedlichen Meßgeräten (Meßrad, Tachometer) und vergleichen diese mit den Schätzwerten. Ein Weg-Zeit-Verständnis wird angebahnt.

Sie lernen, auf einem Stadtplan markante Punkte zu finden und sich davon ausgehend zu orientieren.

Problemfelder / Einordnung

Kl. 1: Verkehrszeichen auf unserem Schulweg

Kl. 2: Verkehrszählung

Kl. 3: Sichere Schulwege

Zeitplanung

Kl. 1: 2 Stundenteile

Kl. 2: 2 Stunden

      die Verkehrszählung erfolgt außerhalb des Unterrichts

Kl. 3: 2 Stunden

      die Erkundung erfolgt außerhalb des Unterrichts

Spezifik des Projektes

Das Projekt kann in jeder Klassenstufe erweitert und fortgeführt werden. Dabei könnten Veränderungen zum Vorjahr festgestellt werden, wenn inhaltlich dieselben Problemfelder im Mittelpunkt stehen. Die hier unterbreiteten Vorschläge richten sich in jedem Schuljahr auf ein neues Problemfeld und betonen neue Methoden.

Das Projekt liefert immer Ergebnisse/Produkte für die Schüler selbst. Es wird ein Beitrag zu ihrer eigenen Sicherheit geleistet.

Literaturhinweis

Auer, O.: Möglichkeiten praktischer Verkehrserziehung in der Grundschule. In: Grundschulmagazin, München 7 (1992) 9, S. 57-61.

Becker, U.: Kleines Schild mit großer Wirkung. Wir machen unsere Freizeitkleidung verkehrssicher. In: Grundschulmagazin, München 6 (1991) 7 / 8, S. 17 - 19.

Bleyer, G.: Die Kinder als Fußgänger. (Anfangsunterricht). In: Grundschulunterricht, Berlin 40 (1993) 6, S. 20 - 21.

Böcher, W.: Neue Aspekte der Verkehrserziehung. In: Zeitschrift für Verkehrserziehung, Braunschweig 41 (1991) 3, S. 21 - 29.

Briese, V.: Verkehrpädagogische Aspekte des Radfahrschutzhelmes. In: Zeitschrift für Verkehrserziehung, Braunschweig 41 (1991) 3, S. 6 - 10.

Buck, M. / Thom, W.: Mein Schulweg - Ein Projekt zur Verkehrserziehung im Anfangsunterricht. In: Grundschulunterricht, Berlin 40 (1993) 9, S. 38 - 39.

Egger, W.: Verkehrserziehung in der Grundschule. In: Forum Schule heute, Bozen 5 (1991) 4, S. 20 - 24.

Eimer, J.: Sehen, Hören, Reagieren. Verkehrserziehung. (3. / 4. Jahrgangsstufe) . In: Sachunterricht und Mathematik in der Primarstufe, Köln 21 (1993) 3, S. 154 - 158.

Flöss, E.: Ein Herz für Kinder? Anmerkungen zur Verkehrserziehung in Grundschulen. In: Forum Schule heute, Bozen 5 (1991) 4, S 25 - 28.

Ghiro, C.: Verkehrserziehung. In: Forum Schule heute, Bozen 5 (1991) 4, S. 17 - 19.

Heilig, B.: Die Verkehrswelt ist eine Welt der Erwachsenen. In: Verkehr + Erziehung, Braunschweig 42 (1992) 1, S. 6 - 12.

Herlan, H.: Verkehrserziehung in der Grundschule. In: Grundschulunterricht, Berlin 40 (1993) 9, S. 34 - 35.

Hoffmann, A.; Schneider, M.: Verkehrserziehung heute. In: Grundschulunterricht, Berlin 3 (1996) 2, S. 20-21.

Huguenin, R. D.: Junge Fahrer. Probleme und Sicherheitsmaßnahmen in der Schweiz. In: Zeitschrift für Verkehrserziehung, Braunschweig 41 (1991) 4, S. 9 - 14.

Kaiser, A.: „Sicher an der Ampel" - ein Ansatz handlungsorientierter Verkehrserziehung. In: Sachunterricht und Mathematik in der Primarstufe, Köln 21 (1993) 3, S. 110 - 114.

Keifl, E.: Der sichere Schulweg. In: Forum Schule heute, Bozen 6 (1991) 4, S. 3 - 4.

Kichhoff, W.: Mensch, Verkehr, Umwelt. Anregungen für einen ökologisch orientierten Verkehrsunterricht. In: Zeitschrift für Verkehrserziehung Braunschweig 41 (1991) 4, S. 4 - 8.

Köhler, R.: Sehleistungen von 10 bis 17-jährigen Schülern. Für die Berechtigung der Teilnahme am Straßenverkehr. In: Zeitschrift für Verkehrserziehung, Braumschweig 41 (1991) 4, S. 28 - 30.

Mein erstes Verkehrsbuch. Nürnberg: Schwager und Steinlein, 1990.

Mein Schulweg. Stuttgart: DSV, 1991.

Nöhre, E.: ... und plötzlich waren viel mehr Autos da! In.: Zeitschrift für Verkehrserziehuzng, Braunschweig 41 (1991) 4, S. 15 - 18.

Partner auf der Straße. 1./ 2 .Schuljahr. Hrsg. von der Deutschen Verkehrswacht Bonn. Stuttgart: Klett, 1991.

Partner auf der Straße. 3. / 4. Schuljahr. Hrsg. von der Deutschen Verkehrswacht Bonn. Stuttgart: Klett, 1990.

Plickat, D.: (K)ein Platz für Kinder im Verkehr. In: Arbeit + Lernen, Seelze 3 (1993) 10, S. 38 - 41.

Rehberg, H.: An meinem Fahrrad ist alles dran. In: Grundschulunterricht, Berlin 40 (1993) 9, S. 36 - 37.

Stolarczyik, S.: Verkehrserziehung gestalten. In: Grundschulunterricht, Berlin 40 (1993) 5, S. 39 - 40.

Werner, M.: Verkehrserziehung in der Grundschule. In: Pädagogische Welt, Donauwörth 45 (1991) 5, S. 200 - 211.

Winter, H.: Wie lange ist mein Schulweg? In: mathematik lehren, Seelze (1989) 32, S. 10 - 14.

Zenker-Schweinstetter, E. S.: Wir gestalten ein Verkehrsspiel. Arbeitsvorlage Sachunterricht. In: Sachunterricht und Mathematik in der Primarstufe, Köln 20 (1992) 6, S. 269 - 273.

Zimmermann, C.: Links abbiegen mit dem Fahrrad. In: Zeitschrift für Verkerhserziehung, Braunschweig 41 (1991) 3, S. 4 - 6 .

Projektbeschreibung

Einleitung: Hat Verkehrserziehung etwas mit Mathematik zu tun?

Nein - die Mathematik ist völlig unwichtig. Bedeutsam ist die Sicherheit der Kinder. Sie müssen

- die Gefahren im Straßenverkehr kennen,

- sich so verhalten, daß sie weder ihre Sicherheit gefährden noch die anderer Verkehrsteilnehmer,

  - durch Beachten von Verkehrsregeln und Verkehrszeichen,

  - durch Auswahl sicherer Wege (zur Schule, zum Spielplatz, zum Einkaufen),

  - durch Beachten veränderter Verkehrssituationen (Dunkelheit, Regen, Schnee),

- als Radfahrer die Verkehrssituation beurteilen können und wissen, wie sie sich im Straßenverkehr sicher bewegen können und welche Anforderungen an ein verkehrssicheres Fahrrad gestellt werden.

Verkehrserziehung ist in jedem Schuljahr ein Schwerpunkt im Sachunterricht. Dabei könnte die Mathematik als Mittel genutzt werden, um Gefahren im Straßenverkehr zu quantifizieren und um sicheres, selbstbewußtes und rücksichtsvolles Verhalten anzuerziehen.

Dieses Projekt läßt sich am besten im ganzheitlichen Unterricht verwirklichen. Unterrichtet der Klassenlehrer Sachkunde und Mathematik, wird dies kaum Probleme bereiten. Aber auch wenn der Unterricht in verschiedenen Händen liegt, ist eine Koordinierung unproblematisch. Es genügt, in jeder Klassenstufe 1 bis 2 Stunden Mathematik mit Verkehrserziehung zu koppeln. Im folgenden wird nur auf einige Möglichkeiten zu deren Gestaltung eingegangen.

Klasse 1: Verkehrszeichen auf unserem Schulweg

Einstimmung

Für Erstkläßler ist der Schulweg ein wichtiges Thema. Bereits vor Schulantritt gehen viele Eltern den sichersten Weg mit ihren Kindern ab, weisen auf Gefahrenstellen hin und auf Verkehrzeichen, die zu beachten sind. Doch mit der Zeit wird jedes Kind „betriebsblind". Es achtet nicht auf den Weg, denn der ist ihm bereits vertraut.

In Vorbereitung auf eine Stunde über Verkehrszeichen erhalten die Kinder den Auftrag, alle Verkehrszeichen zu erfassen, die sie auf ihrem Schulweg finden und festzuhalten, wo sie stehen.

Planung

Dies kann durch Modelle von Verkehrszeichen erleichtert werden, wie sie beispielsweise der Sparkassen-Schulservice anbietet (vgl. auch Anlage I). Die Kinder wählen die Verkehrszeichen aus, die sie sehen, und schreiben auf oder kennzeichnen mit einem Symbol, wo sie sie gefunden haben. Als Symbole können z. B. vereinbart werden:

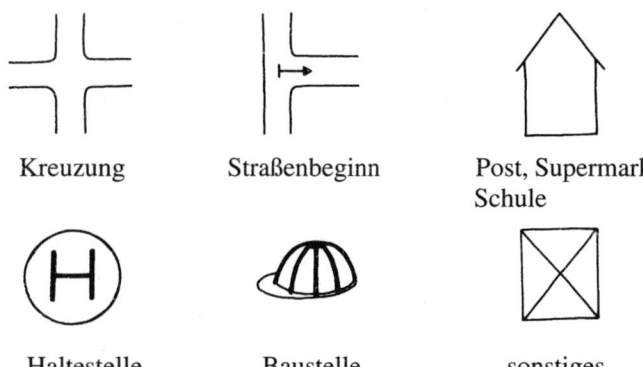

Kreuzung   Straßenbeginn   Post, Supermarkt, Schule

Haltestelle   Baustelle   sonstiges
(Bus, Bahn, ...)

Man kann auch Verkehrsstempel einsetzen oder die Kinder die Zeichen selbst skizzieren lassen.

Zur **Auswertung** dieser Erkundung kann unterschiedlich vorgegangen werden. Zunächst werden interessante Fragen gesammelt:

Wo stehen die meisten Verkehrszeichen?

Welches Verkehrszeichen kommt am häufigsten vor?

Wie unterscheiden sich die Verkehrszeichen?

Von wem sind die Verkehrszeichen zu beachten?

Was bedeuten die Verkehrszeichen?

Wurde mit den Symbolen gearbeitet, so wählt der Lehrer ein Verkehrszeichen aus. Jeder Schüler, der dieses Zeichen gefunden hat, heftet es mit einem Magneten oder mit Klebestreifen hinter das betreffende Symbol. Auf diese Weise stellt man zu wichtigen Verkehrszeichen fest, wo sie am häufigsten stehen. Dies wird aus der Länge der Verkehrszeichenkette abgeleitet und durch Nachzählen geprüft.

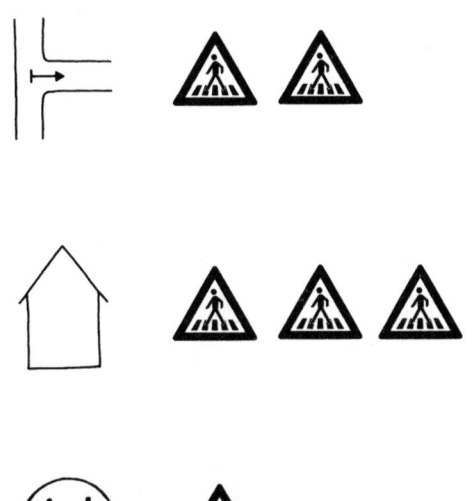

Im Gespräch wird herausgearbeitet, was das betreffende Verkehrszeichen bedeutet (Anlage I enthält die wichtigsten Verkehrszeichen) und warum es z.B. besonders oft in der Nähe von Gebäuden wie Schule oder Post steht. Überlegungen, ob dieses Verkehrszeichen irgendwo fehlt oder evtl. überflüssig geworden ist, können sich anschließen.

Nun soll ein Erstkläßler noch nicht alle Verkehrszeichen und ihre Bedeutung kennen. Für die Orientierung im "Schilderwald" ist es hilfreich, nach Form und Farbe zu unterscheiden:

Die Zeichen sind meist rot oder blau. Die blauen Schilder weisen auf etwas hin, egal ob sie rund oder viereckig sind. Zur Unterscheidung der roten Zeichen ist die Form zu berücksichtigen. Diese Unterschiede sind von den Kindern nicht so leicht zu begründen. Deshalb sollte zunächst nach der Form sortiert werden.

(rote Verkehrszeichen)   (blaue Verkehrszeichen)

Bei dieser Sortierübung müssen die Kinder die geometrischen Formen wahrnehmen. Sie müssen gleiche Formen auch wiedererkennen, wenn sie unterschiedlich beschriftet sind (Bilder in der Mitte) oder sich in verschiedener Lage (▲ oder ▼) befinden.

Uns als Fußgänger interessieren insbesondere die blauen Schilder. Wenn ich über die Straße gehen möchte, suche ich ein blaues Schild mit Fußgängern. Die Kinder finden die möglichen Schilder unter ihren Modellen.

Sicher werden sie auch wissen, daß man die Straße an einer Ampel bei grün überqueren kann. Vielleicht haben auch einige das rote Schild mit Fußgänger herausgesucht. Durch Vergleichen kann man die Bedeutung der Farbe erneut bewußtmachen.

für Autofahrer

                                           Achtung Kinder

für Fußgänger

                                           Hier darfst du die
                                           Straße überqueren.

Klasse 2: Verkehrszählung
Projektinitiative

Schon wieder ist Dirk zu spät zum Unterricht gekommen. Mit Tränen steht er in der Tür, er wollte so gern am Morgenkreis teilnehmen und nun ...? Dirk hat einen Schulweg von 10 Minuten. Doch er muß eine Straße überqueren, die neuerdings

wegen einer Umleitung sehr dicht befahren ist. Kein Fahrer nimmt Rücksicht auf Dirk. Dieser Einstieg wäre geeignet, um die Verkehrsdichte an bestimmten Stellen zu erfassen, evtl. einen weniger befahrenen Überweg zu suchen oder das Verkehrsamt auf das Problem hinzuweisen.

Gemeinsam wird beraten, wie man die Verantwortlichen überzeugen kann, eine Ampel zu installieren oder wenigstens einen Fußgängerüberweg zu schaffen. Die Kinder erkennen im Gespräch:

„Wir brauchen Fakten!"

Diese können durch eine Verkehrszählung ermittelt werden. So sind folgende Varianten möglich:

I. Anknüpfend an Dirks Problem werden verschiedene Wege zur Schule gesucht und jeweils dort, wo er die Straße überqueren müßte, die Verkehrsdichte durch Zählen der Fahrzeuge erfaßt. So findet man den sichersten Weg für Dirk.

II. Anknüpfend an Beobachtungen an bestimmten Knotenpunkten ohne Fußgängerampel - vor der Schule, vor dem Altenheim, am Kindergarten, vor dem Einkaufszentrum - wird die Verkehrsdichte durch Zählen der Fahrzeuge erfaßt.

III. Anknüpfend an Protestschriften an Häusern über Lärm und Schmutz durch zu hohes Verkehrsaufkommen wird die Verkehrsdichte in verschiedenen Straßen des Ortes ermittelt.

IV. Anknüpfend an das Bemühen um mehr Sicherheit für Radfahrer wird das Verkehrsaufkommen getrennt nach Fahrzeugen ermittelt.

Das Problem ist deutlich und für die meisten Kinder interessant. Durch Heimatbezug, unkonventionelle Form des Unterrichts und die Hoffnung auf Akzeptanz durch die örtlichen Behörden sind die Kinder hochmotiviert.

Nun ist zu klären, an welchen Stellen eine Verkehrszählung sinnvoll ist und wie die Ergebnisse zu erfassen sind.

Projektplanung

Werden Orte ausgewählt, an denen besonders viele oder besonders gefährdete Personen die Straße überqueren, so könnten dabei auch solche mit Fußgängerampel oder -überweg sein. Durch Vergleich der vermittelten Zahlen kann die Argumentationskraft erhöht werden. Da diese Verkehrszählung insbesondere auf die Sicherheit von Fußgängern gerichtet ist, liegt der Schwerpunkt auf der Verkehrsdichte, die Art der Fahrzeuge ist unwesentlich.

Deshalb sollte die Zeit unbedingt mit erfaßt werden. Es gibt viele Methoden. Diese sind aber für Kinder der 2. Klasse nicht unbedingt praktikabel. Je nach Klassensituation wird man auf Strichliste, auf Punktfelder zum Durchstreichen (vgl. Anlage II) oder auf Zählen mit Hilfe von Perlen zurückgreifen. Sinnvoll ist es, wenn zwei Kinder am selben Ort beobachten, der eine ist der Zähler - er läßt zum Beispiel für jedes Fahrzeug eine Perle in ein Kästchen fallen oder streicht für jedes Fahrzeug einen Punkt durch - der andere mißt die Zeit - er gibt mit Hilfe einer Sanduhr, einer Stoppuhr oder des Sekundenzeigers auf seiner Armbanduhr an, wann eine Minute beginnt und wann sie um ist. Als Zeitintervall ist jeweils eine Minute sinnvoll, weil vom Zähler eine hohe Konzentration erwartet wird, weil damit die Ergebnisse in einem faßbaren Zahlenraum bleiben und weil die Ergebnisse der Zählung an verschiedenen Orten und zu verschiedenen Zeiten vergleichbar sind. Wegen der wechselnden Verkehrsdichte ist es notwendig, die Zählung zu verschiedenen Tageszeiten durchzuführen. Denkbar wäre früh vor dem Unterricht und nachmittags zur Feierabendzeit.

Wenn das Anliegen der Verkehrszählung darin besteht, die Belastung der Anwohner mittels Zahlen zu verdeutlichen (Variante III) oder Argumente für einen Radweg zu finden (Variante IV) sollte auch erfaßt werden, was für Fahrzeuge die Straße passieren. Dazu wäre der Einsatz mehrerer Kinder am gleichen Ort sinnvoll, die jeweils eine bestimmte Fahrzeugart zählen. Je nach Situation muß entschieden werden, ob die Zählung in Minutenintervallen erfolgt oder ein 5-Minuten-Intervall aussagekräftiger ist. Die Ergebnisse könnten jeweils in einer Übersicht festgehalten werden (vgl. Anlage III und Anlage IV).

In Vorbereitung auf die Verkehrszählung muß unbedingt geprüft werden, ob die Sicherheit der Kinder beim Zählen gewährleistet ist. Es wird überlegt, wie die Kinder an den jeweiligen Ort kommen und besprochen, wie sie sich dort verhalten. Wo es möglich ist, sollte die Zählung von einem Raum aus erfolgen: aus dem Fenster des Klassenraums, aus einer Wohnung in der Straße, vom Flurfenster im Altenheim u. ä. Die Kinder müssen genau wissen, welche Fahrzeuge sie zählen sollen, hilfreich ist es, einen Punkt festzulegen: Gezählt werden alle Fahrzeuge, die diesen Punkt passieren - egal ob von rechts oder links. Kreuzungen oder Einmündungen auf Parkplätze u. ä. sind verwirrend und deshalb ungeeignet, problematisch kann die Zählung auch an mehrspurigen Straßen sein.

Durchführung des Projekts

Zur Projektdurchführung können Gruppen gebildet werden, die jeweils die Beobachtung an einem Ort übernehmen. Die Gruppen könnten nach Wohngebiet oder Freundschaften entstehen.

Tb 1:

Selbständig könnten die Kinder auch Absprachen mit Personen treffen, deren Unterstützung benötigt wird, z. B. mit dem Hausmeister, daß am Nachmittag die Schule nicht verschlossen ist; mit den Eltern, daß man Freunde zur Zählung vom Fenster aus mit in die Wohnungen bringen will u. ä. Wenn es erforderlich ist, bereitet der Lehrer ein Schreiben vor, um die Glaubwürdigkeit der Kinder zu unterstützen. In Orten, wo die Kinder an Abfahrtzeiten der Schulbusse gebunden sind, ist es möglich, die Verkehrszählung auf die 1. und letzte Unterrichtsstunde zu beschränken.

Auswertung

Zur Auswertung werden die Ergebnisse der einzelnen Gruppen miteinander verglichen. Dabei sind insbesondere zwei Richtungen interessant:

– Wie ändert sich das Verkehrsaufkommen im Laufe des Tages?

– Wie unterscheidet sich die Verkehrsdichte zur gleichen Tageszeit an verschiedenen Orten?

Antwort auf die erste Frage kann von jeder Gruppe zu ihrem Beobachtungsort gegeben werden. Dazu wird evtl. die Übersicht (Anlage II) interpretiert. Um die zweite Frage zu beantworten, müssen zunächst die Daten so zusammengestellt werden, daß sie vergleichbar sind. Das kann wiederum in Form einer Übersicht geschehen, in der für jedes Fahrzeug ein Kästchen gefüllt wird (vgl. Anlage III).

Es wäre auch möglich, die bereits gefärbten Säulen auszuschneiden und an der Tafel nach Tageszeit zu ordnen und zu vergleichen. Wurde die Anzahl in Strichlisten erfaßt, kann für jeden Strich in einer vorbereiteten Übersicht (evtl. als Tb) ein Quadrat angeheftet werden. So entstehen ebenfalls Säulen, deren Länge Aussagen zu "mehr oder weniger Fahrzeuge" anschaulich verdeutlicht.

Schlußfolgerungen sind einmal hinsichtlich mehr Sicherheit auf dem Schulweg zu ziehen. Sie sind aber auch an die Behörden mit der Bitte weiterzuleiten, die Bedingungen für mehr Si-

- Der Fußgänger ist in Eile.		- Das Auto fährt zu schnell.
- Er beachtet die Verkehrszeichen (Ampel, Überwege) nicht.	*Tut!*	- Der Autofahrer beachtet die Verkehrszeichen nicht.
	Krach!	- Der Autofahrer ist unaufmerksam (er schaltet am Radio, schaut den Beifahrer an u. ä.)
- Er geht schräg über die Straße.	*Quietsch!*	
- Er geht vor dem Bus über die Straße.		- Das Auto wartet nicht, bis der Bus/die Bahn abfährt.

cherheit zu verbessern. Wurde die Belastung durch den Verkehr erfaßt, so könnten die Ergebnisse in einer ansprechenden Form Bürgerinitiativgruppen oder den örtlichen Behörden übergeben werden.

Klasse 3: Verkehrswege - Sicherheit und Zeit

Projektinitiative

Als Einstieg könnte ein aktuelles Ereignis genutzt werden:

- ein Verkehrsunfall, an dem ein Kind oder ein anderer Fußgänger beteiligt war,

- die Veröffentlichung der Unfallbilanz des letzten Jahres.

Die Kinder überlegen, wie sie zur Verhinderung von Unfällen beitragen können. Dazu werden zunächst Ursachen für Unfälle mit Fußgängern zusammengetragen (Tb. 1).

Es wird herausgearbeitet, daß die meisten Unfälle mit Kindern auf dem Schulweg passieren. Als Ursache können stark befahrene Straßen, die überquert werden müssen, Regen, Schnee und schlechte Sicht, Träumerei u.ä. genannt werden. Lange Schulwege stellen ein höheres Risiko als kurze Wege dar. (Natürlich ist nicht jeder längere Weg gefährlicher als ein kurzer. Dies ist von mehreren Faktoren abhängig.)

Eingrenzen von Problemfeldern

Tb 2:

> **Mein sicherster Weg zur Schule**
> Länge des Schulweges
> Gefahren auf dem Schulweg
> „Umwege" für mehr Sicherheit

Man einigt sich darauf, die

- die Länge des Schulweges zu ermitteln,

- den Schulweg hinsichtlich von Gefahrenstellen zu beurteilen,

- einen sicheren Schulweg zu suchen.

Projektplanung

Zunächst können die Kinder aufgefordert werden, die Länge ihres Schulweges zu schätzen. Die Kinder sind unsicher, einige geben evtl. die Zeit an, die sie brauchen. Hat man viele Kinder in der Klasse, die mit dem Auto gebracht werden oder mit dem Bus fahren, ist das Ermitteln der Länge des Schulweges problematisch. Dann sollte das Projekt frühestens in Klasse 4 mit Hilfe von Karten und aufgrund der Maßeinheiten Kilometer und Meter durchgeführt werden.

Hilfreich beim Schätzen sind Vergleichsgrößen: unser Sportplatz ist 150 m lang, der Schulhof ist 80 m lang, von der Schule bis zur Post sind es 500 m. Die Schüler können überlegen: Von der Post habe ich nur noch ein kurzes Stück, also ist mein Schulweg etwa 600 m lang. Ein anderer schätzt, daß sein Schulweg 6 mal so lang wie der Schulhof ist, also etwa 500 m.

Anhand der Schätzwerte wird überlegt, wer den längsten und wer den kürzesten Schulweg hat. Dies wird mit der Erfahrung verglichen. Man stellt fest, daß die Schätzungen sehr weit aus-

einander liegen - auch dann, wenn Kinder im selben Haus wohnen. Es wird deutlich, daß mit Schätzen allein die Länge des Schulweges nur sehr ungenau ermittelt werden kann.

Andere Vorschläge werden unterbreitet:

- Wir messen den Schulweg mit einem Bandmaß.

- Wir zählen die Schritte.

- Wir stoppen die Zeit. Für 1 km braucht man etwa 15 Minuten (eine viertel Stunde).

- Wir messen die Wege auf dem Stadtplan.

- Wir fahren den Weg mit dem Fahrrad und lesen die Länge des Weges auf dem Tacho ab.

Die Vorschläge knüpfen an die ersten Schätzversuche an, es wird von einigen das Arbeiten mit Vergleichsgrößen (Schrittlänge; Zeit) vorgeschlagen. Andere möchten die Strecke messen und suchen dafür nach Möglichkeiten. Anstelle des Bandmaßes kann das Meßrad vorgestellt werden, das entweder nach jedem Meter klickt oder sogar ein Zählwerk enthält.

Die Länge des Schulweges durch Zählen der Schritte und Stoppen der Zeit kann jeder Schüler auf dem Nachhauseweg ausprobieren und evtl. am nächsten Morgen wiederholen. Dabei sollten die Kinder aber ermahnt werden, trotzdem auf den Verkehr zu achten.

Jeder trägt seine Ergebnisse in eine Klassenliste ein (vgl. Anlage V). Es wäre zu aufwendig, wenn jeder seinen Schulweg mißt. Die weitere Projektarbeit erfolgt in Gruppen.

Dazu werden Fixpunkte in Wohngebieten festgelegt. Die Klasse wird den Wohngebieten entsprechend in Gruppen eingeteilt. Jede Gruppe soll die Entfernung messen, Gefahren aufschreiben und den sichersten Weg von ihrem Fixpunkt zur Schule suchen, bei dem sie keinen unzumutbaren Umweg machen müssen. Nun wird das Meßrad benutzt, um die Strecke auszumessen. Es genügt, wenn die Gruppe ein bis zwei Meßergebnisse von der Schule bis zum Fixpunkt hat. Wenn die Kinder vorschlagen, nun das Stück vom Fixpunkt bis zu ihrem Haus noch zu messen, kann dies gleich eine gute Anwendung zum Addieren sein und sollte nicht unterbunden werden.

Auch bei Kindern, die mit dem Bus gebracht werden, läßt sich das Vorgehen übertragen. Man bittet den Busfahrer um Hilfe: Er kann die Entfernung zwischen den Haltestellen vom Tacho ablesen. Die Kinder messen dann noch den Weg vom Bus bis nach Hause.

Die weitere Vorgehensweise wird zunächst in den Gruppen diskutiert. Es gibt verschiedene Möglichkeiten:

a) Man sucht zunächst auf dem Stadtplan möglichst kurze Wege. Dann vergleicht man diese danach, wie oft man eine Straße überqueren muß. Soweit dies bekannt ist, wird die Verkehrssituation besprochen.

b) Man geht unterschiedliche Wege ab und stoppt dabei die Zeit. Bei den zwei kürzesten vergleicht man die Verkehrssicherheit.

c) Man mißt die Länge verschiedener Wege mit Schritten oder einem Meßrad. Auch hier sollte die Verkehrssituation eingeschätzt werden.

d) Man sucht den vermutlich sichersten Weg und vergleicht die Länge (vgl. c) oder die benötigte Zeit (vgl. b) mit dem Weg, den einige täglich gehen. Auch bei diesem Vorgehen erfassen die Kinder die Verkehrsbedingungen.

Auswertung

Zur Auswertung können zunächst die geschätzten und gemessenen Entfernungen miteinander verglichen werden (vgl. Anlage V). Nun läßt sich ablesen, wer den längsten und wer den kürzesten Schulweg hat. Anhand der gestoppten Zeiten lassen sich weitere Rückschlüsse ziehen: Obwohl Susi den längsten Weg hat, braucht sie nicht die meiste Zeit. Woran kann das liegen? (Sie geht schnell, sie muß nicht oft an Ampeln warten u.ä.). Es kann auch berechnet werden, wann jeder losgehen muß, um pünktlich zum Unterricht zu kommen.

Nun tragen die Kinder zusammen, welche Gefahren auf ihrem Schulweg sind. Dies wird als Tafelbild festgehalten:

Tb 3:

Gefahren auf dem Schulweg

- Kreuzung ohne Ampel und ohne Zebrastreifen
- Kreuzung mit Zebrastreifen
- Bushaltestelle
- Baustelle
- Bahnübergang

Anhand von Stadtplänen, wie sie bei jedem Verkehrsamt zu erhalten sind, versuchen die Kinder, ihren Schulweg zu zeichnen. Bei Kindern, die mit dem Bus gebracht werden, kann der Weg von der Schule zu einem markanten Ort (Post, Bahnhof, Marktplatz, ...) gesucht werden. Es wird besprochen, wie oft jeder die Straßen überquert und welche Verkehrssituation dort herrscht (Ampel, wenig oder viel Verkehr, Fußgängerüberweg). Evtl. werden für Fußgänger wichtige Zeichen in die Karte eingetragen.

Präsentation

Als Vorbereitung auf die Auswertung kann jede Gruppe ihren sichersten und möglichst kurzen Weg in einen großen Stadtplan einzeichnen.

Nachdem alle Kinder überzeugt sind, daß optimale Wege gefunden wurden, kann der Stadtplan als Orientierung für Eltern und jüngere Mitschüler im Flur ausgehängt werden.

Die wichtigsten Verkehrszeichen

   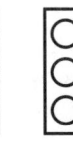        

Anzahl der Fahrzeuge in/an_____ Datum _____

früh

1 Minute

1 Minute   Ergebnis

mittags

1 Minute

1 Minute

nachmittags

1 Minute

1 Minute

Anzahl und Art der Fahrzeuge

Ort: _____

Datum: _____

Art	**Anzahl**

Anmerkung: Für jedes Fahrzeug wird ein Kästchen ausgemalt.
Die so erstellten Säulen können gut miteinander verglichen werden.

Der Verkehr morgens

Ort   **Anzahl der Fahrzeuge**   **(in ...... Minuten)***

Der Verkehr mittags

Ort   **Anzahl der Fahrzeuge**   **(in ...... Minuten)***

Der Verkehr nachmittags

Ort   **Anzahl der Fahrzeuge**   **(in ...... Minuten)***

* Hinweis: Damit die Ergebnisse vergleichbar sind, ist stets die gleiche Zeit zugrunde zu legen.

Die Länge unseres Schulweges

Gruppe	Name	Schritte	Zeit (in Minuten)	Meßwert (in Meter)
1				
2				
3				

P 17: Wir bereiten unseren Klassenausflug vor

Ziele

Durch die gemeinsame Vorbereitung eines Klassenausflugs wird das soziale Klima der Klasse positiv beeinflußt. Aus mathematischer Sicht ergeben sich für die einzelnen Klassenstufen folgende Lernziele.

Klasse 2: Die Schüler werden erstmals mit vereinfachten Karten bekanntgemacht. Sie erkennen Ausflugsziele in der näheren Umgebung des Ortes auf der Karte und messen die Strecken mit Hilfe eines Fadens.

Die Kinder erwerben Sicherheit im Umgang mit der Zeit:
- sie können Uhrzeiten ablesen und einstellen,
- sie können die Zeitdauer schätzen, vergleichen und zu einfachen Entfernungen berechnen,
- sie können die Dauer von Vorgängen (Wanderung, Rast, Besichtigung, Fahrt mit dem Bus) in Viertelstundengenauigkeit angeben,
- sie können einen Tagesablauf für den Wandertag zeitlich planen.

Die Kinder erwerben Sicherheit im Umgang mit Geld:
- sie können Geldbeträge mit Münzen legen,
- sie können Wechselgeld mit Hilfe von Spielgeld ermitteln,
- sie können Geldbeträge auf verschiedene Art darstellen.

Klasse 3: Die Schüler werden sicher im Umgang mit Größen der Länge, der Zeit und mit Geld:
- sie können Ausflugsziele mit Hilfe von Karten ermitteln, Entfernungen schätzen und anhand der Karte messen sowie die Länge von Wanderungen miteinander vergleichen,
- sie können Wanderzeiten überschlagen, Fahrzeiten im Fahrplan ablesen und die Fahrdauer ermitteln sowie einen Zeitplan für einen Tag aufstellen,
- sie können Kosten für Fahrt und Eintritt ermitteln und vergleichen sowie beim Einkaufen sicher mit Geld - auch in dezimaler Schreibweise - umgehen.

Klasse 4: Die Schüler lernen, sich auf Landkarten zu orientieren:
- sie erkennen, daß Verhältnisse zwischen Entfernungen in der Karte und in der Wirklichkeit übereinstimmen,
- sie können die wirkliche Entfernung zu Ausflugszielen mit Hilfe des Maßstabes anhand von Karten bestimmen,
- sie sind sicher im Berechnen von Zeitdauer, insbesondere beim Umgang mit Fahrplänen, im Berechnen und Vergleichen von Kosten und im Berechnen und Vergleichen von Entfernungen in Kilometern.

Problemfelder

Ausflugsziele　　　　　　Kosten　　　　　　Zeitplanung

Einordnung

Klasse 2: Wir planen eine Wanderung　　*Klasse 3:* Wir planen einenTagesausflug　　*Klasse 4:* Wir planen eine Klassenfahrt

Zeitplanung

2 bis 3 Stunden in jedem Schuljahr

Spezifik des Projektes

Das Ergebnis des Projekts ist für jeden Schüler der Klasse persönlich bedeutsam, an dem Ausflug nimmt jeder teil. Deshalb ist die Zwischenbewertung und das Vorstellen von Ideen sehr wichtig, um eine Identifikation mit dem Vorhaben zu erreichen. Für die Entscheidungsfindung sind sachliche Gründe (Zeitplanung, Kosten, ...) ebenso zu beachten wie soziale und emotionale. Im folgenden können nur Hinweise für sachliche Argumente gegeben werden.

Literaturhinweis

Burk, K. / Kruse, H. (Hrsg): Wandertag - Klassenfahrt - Schullandheim. Frankfurt a. M. : Arbeitskreis Grundschule, 1993.

Hofer, G. und M.: Mit der Klasse unterwegs. Weinheim: Beltz, 1992

Schulfahrten 1995. Mehrtägige Programme aus einer Hand. Hrsg. von der Deutschen Bahn AG. Regionalbereich Mitte, Frankfurt a. M., 1994.

Projektbeschreibung

Projektinitiative

Die Anregung, einen Klassenausflug durchzuführen, muß nicht vom Lehrer ausgehen. Es ist selbstverständlich, daß sich die Kinder zu Beginn des Schuljahres über gemeinsame Vorhaben unterhalten. Die 2. Klassen planen eine Wanderung, um ihre Umgebung besser kennenzulernen, die 3. Klassen unternehmen einen Ausflug mit der Bahn oder dem Bus und die 4. Klassen fahren vielleicht für mehrere Tage in ein Landschulheim oder eine Jugendherberge.

Für den Erfolg der Vorhaben ist jeder selbst mit verantwortlich. Die Vorbereitung wird gemeinsam durchgeführt.

Klasse 2: Wir planen eine Wanderung

Mit einer 2. Klasse wird überlegt, was für die Wanderung alles zu bedenken ist. Die Kinder erkennen als Problemfelder:

– Ziel der Wanderung

– Kosten für öffentliche Verkehrsmittel und evtl. Eintritt

– Zeitplanung

Planung der Erkundung

Die Erkundung kann in Gruppen durchgeführt werden. Meist sind einige Ausflugsziele in der näheren Umgebung bekannt. Jeweils nach Interesse oder auch Sympathie werden Gruppen gebildet, die einen Vorschlag ausarbeiten. Damit die Vorschläge vergleichbar sind, werden Erkundungskarten ausgegeben:

Erkundungskarte

Treffpunkt:

Unsere Wanderung beginnt: _____
(Ort)

Rast _____
(Ort)

Ziel ist _____
(Ort)

Dort können wir

_____
(Spiele, Besichtigungen, Gaststätte u. ä.)

Der Rückweg geht von _____
(Ort)

Rast ist möglich _____
(Ort)

Ankunft _____
(Ort)

Diese Karten können auch als Klappkarten gestaltet werden (vgl. Anlage I). Auf der Vorderseite zeichnen die Kinder ihr Wanderziel oder kleben ein Foto oder eine Karte auf. Die linke Innenseite füllen sie nach der Informationssuche aus. Dazu können sie Prospekte auswerten, Eltern fragen oder sich beim Fremdenverkehrsamt informieren. Da die Kinder der 2. Klasse noch nicht mit der Längeneinheit 1 km vertraut sind, sollten Entfernungen auch mit Wanderzeit angegeben werden. Den Kilometerangaben kann die Zeit zugeordnet werden. Man rechnet, daß die Kinder 1 km in etwa 15 Minuten, also eine viertel Stunde, wandern. Da man mit Grundschülern nicht mehr als 4 km zusammenhängend laufen wird, bereitet das Berechnen der Zeitdauer keine Schwierigkeiten. Die Wanderzeiten werden in der Zeitplanung auf der rechten Seite eingetragen.

Häufig findet man die Zeiten auf Wegweisern, die übernommen werden können. In die Erkundungskarten können auch die Symbole aufgenommen werden, mit denen der betreffende Wanderweg gekennzeichnet ist.

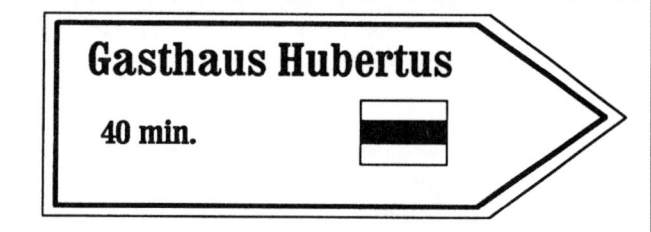

Auswertung der Erkundung

Die Zeitplanung für den Tag wird in der Auswertungsstunde gemeinsam vorgenommen. Dazu stellt aus jeder Erkundungsgruppe ein Schüler die Ergebnisse vor und unterbreitet Vorschläge, was man am Ziel oder an den Rastplätzen tun kann. An einem vorbereiteten Tafelbild können die Zeiten eingetragen werden. Nun wird berechnet, wann man starten will, wie lange gespielt, gegessen, gebadet u.ä. werden kann und wann der Rückweg anzutreten ist. Um bei diesen Berechnungen Schwierigkeiten zu meistern, arbeiten die Kinder mit ihren Modelluhren. Die Zeitdauer wird jeweils in vollen Stunden oder als halbe bzw. viertel Stunde angegeben. Diese Zeiteinheit kennen die Kinder aus ihren Erfahrungen. Im Vorfeld könnten Einstellübungen zu viertel bzw. Viertel nach, zu halb und zu dreiviertel bzw. Viertel vor...... durchgeführt werden. Um Zeitdauer für Rast oder Spielen festzulegen, können Vergleichszeiten genannt werden:

Unsere Frühstückspause in der Schule dauert eine viertel Stunde. Reicht euch diese Zeit zum Ausruhen?

Wurden die Ziele so gewählt, daß Eintritt bezahlt werden muß oder Kosten für Verkehrsmittel entstehen, ist auch darüber zu sprechen. Berechnungen sind kaum erforderlich, da jedes Kind für den Eintritt oder seine Fahrkarte selbst verantwortlich ist. Spielerisch könnte aber geübt werden, wie man den Betrag bezahlen kann. Die Kinder legen mit Spielgeld und suchen nach verschiedenen Varianten (vgl. Anlage II).

Soll der Eintritt aus der Klassenkasse bezahlt werden, könnte die Lehrerin evtl. den Gesamtbetrag berechnen, und die Schüler vergleichen, ob das Geld reicht, und berechnen, wieviel fehlt bzw. übrig bleibt.

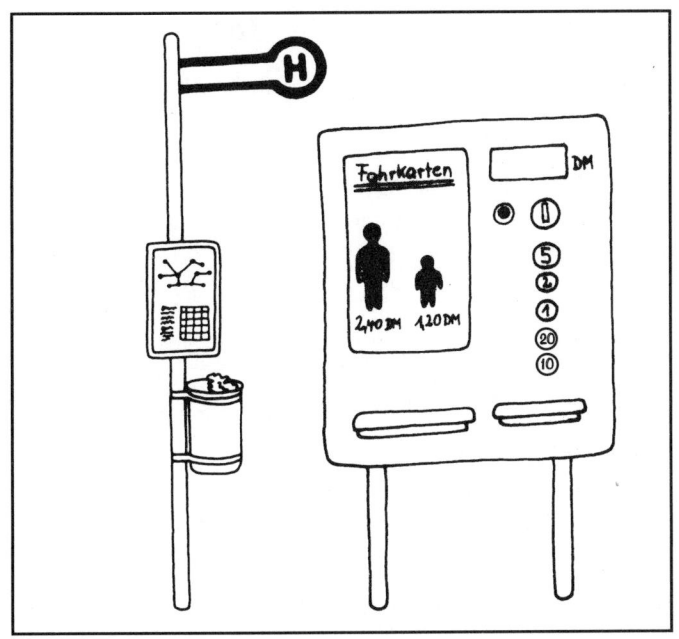

Präsentation/Festlegen der Wanderroute

Mindestens 3 verschiedene brauchbare Wanderwege wurden vorgeschlagen. Es hat Mühe gemacht, diese zu erkunden, die Karten zu gestalten und auszufüllen. Deshalb schlägt die Lehrerin vor, eine Wanderkarte als Information für andere Klassen daraus zusammenzustellen. Dort werden die Erkundungskarten aufgeklebt.

Wanderziele in unserer Umgebung

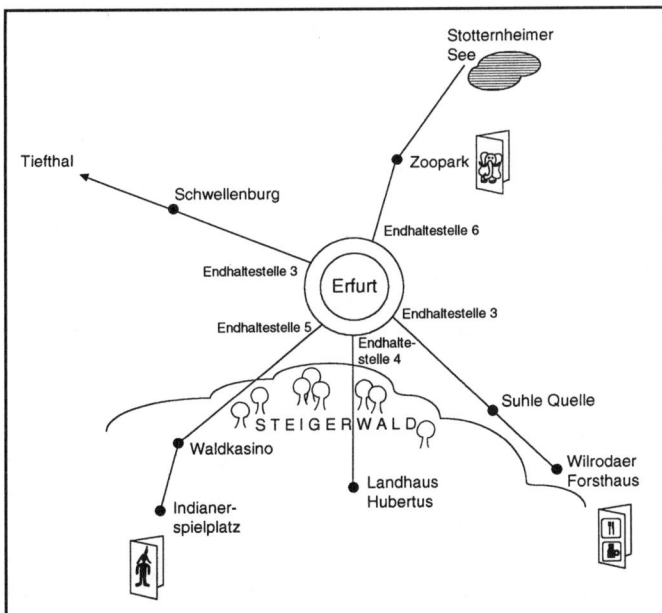

An diesem Wandertag kann man nur eine Route wandern. Aber wer weiß, bald ist der nächste Wandertag, und oft überlegt man auch sonntags in der Familie, was man unternehmen könnte...

Klasse 3: Wir planen einen Ausflug

Die 3. Klasse kennt die nähere Umgebung schon gut. Deshalb wollen sie einen Ausflug in den Thüringer Wald unternehmen.

Dabei sind dieselben Überlegungen wie in Klasse 2 erforderlich:

– Ziel des Ausfluges
– Kosten für Verkehrsmittel und Eintritt
– Zeitplanung.

Einstimmung

Auch die Erkundung könnte dem bereits beschriebenen Vorgehen entsprechen. In Anlage III wird eine Erkundungskarte vorgeschlagen, in die Fahrzeiten und Sehenswürdigkeiten mit aufgenommen werden können. Dieses Vorgehen erfordert sehr viel Eigenständigkeit von den Kindern. Sie müssen mit Fahrplänen umgehen können, Karten lesen, Informationen über Sehenswürdigkeiten, Öffnungszeiten und Entrittspreise einholen.

Es wäre möglich, sich zunächst auf ein Ziel zu einigen und dann die Problemfelder nacheinander zu bearbeiten.

Vielleicht haben die Kinder gerade das Gedicht von *Johann Wolfgang von Goethe* kennengelernt:

> *Wandrers Nachtlied*
>
> Über allen Gipfeln
> Ist Ruh,
> In allen Wipfeln
> Spürest Du
> Kaum einen Hauch;
> Die Vögelein schweigen im Walde,
> Warte nur, balde
> Ruhest du auch.

Dieses Gedicht wurde ganz in der Nähe geschrieben. Wäre das nicht ein schönes Ziel für einen Ausflug auf Goethes Spuren?

Planung der Erkundung

In Vorbereitung auf die Erkundung sollen die Kinder Material besorgen. Aufträge können erteilt werden:

– Informiere dich über den Goethe-Wanderweg.

– Informiere dich über die Zugverbindung Ilmenau-Stützerbach und den Fahrpreis für eine Person (Kind/Erwachsener).

– Informiere dich über die Busverbindung Ilmenau-Stützerbach und den Fahrpreis.

– Informiere dich über Öffnungszeiten und Eintrittspreise der Goethe Gedenkstätten (Museum) und der Gaststätten rund um den Kickelhahn.

Die Kinder könnten dazu das Fremdenverkehrsamt in Ilmenau anschreiben. Prospekte und Informationsmaterial erhält man auch bei der Abteilung Tourismus des entsprechenden Ministeriums (1). Fahrpläne haben die Eltern zu Hause oder die Kinder informieren sich auf dem Bahnhof. Die Materialien liegen bereit. Jeder erhält eine Karte mit dem Goethe-Wanderweg. Der Goethe-Wanderweg ist 18,5 km lang - zu lang für die Kinder. Anhand der Karte wählen sie einen Abschnitt zum Wandern aus.

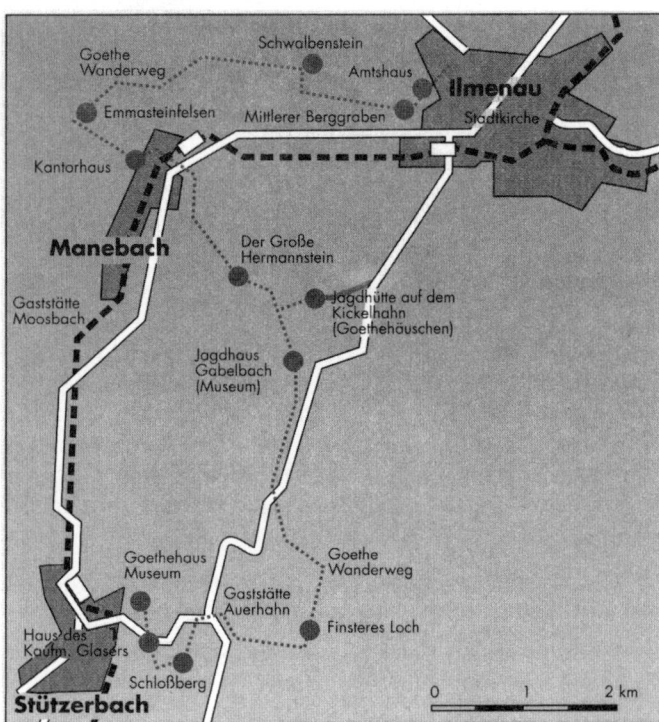

Planen der Wanderung

Zunächst beschreiben sie verschiedene Wege:

- Wir können von Ilmenau auf den Kickelhahn zum Goethehäuschen und von dort über den Großen Hermannstein nach Manebach. Ab Manebach fahren Züge oder auch Busse nach Ilmenau.

- Wir können auch nach Stützerbach mit dem Zug fahren und von dort über den Auerhahn, das Jagdhaus Gabelbach und den Kickelhahn nach Ilmenau wandern. Dabei können wir im Jagdhaus das Museum ansehen.

- Im Goethehaus Stützerbach gibt es auch ein Museum. Wenn wir dann bis zum Auerhahn wandern, bleibt genug Zeit, um im Wald zu spielen.

Gruppenarbeit ist gefragt, um die verschiedenen Routen zu planen. Die Kinder müssen dazu den Ausgangsort festlegen, Verkehrsverbindungen heraussuchen und die Länge des Wanderweges ermitteln. Da auf der Karte ein Maßstab angegeben ist, können sie die Länge mit Hilfe eines Fadens messen. Wird ein Museum besucht, so sind die Kosten aus Eintritt und Fahrpreis zu errechnen. Um den Überblick zu behalten, könnte wieder eine Ausflugskarte vorgegeben oder mit den Kindern erarbeitet werden. Dazu ist die Erkundungskarte einzusetzen (Anlage III). Es wäre auch möglich, die Informationen in einer Skizze einzutragen (Tb).

Tb:

Für die Wanderung sollten ebenfalls Zeiten geplant werden. Dabei wird mit 15 min für 1 km gerechnet. Die Kinder können mit den ausgeteilten Karten arbeiten. Sie zeichnen ihren Wanderweg farbig, schreiben die Länge daran und tragen die Abfahrts- und Ankunftszeiten ein. Zu den Vorschlägen lassen sich interessante Berechnungen durchführen:

Die Längen der Wanderrouten können miteinander verglichen werden. Die Preise für öffentliche Verkehrsmittel können ebenfalls verglichen werden. Fahrtdauer wird berechnet. Interessant ist auch ein Gespräch über die Verpflegung und das Taschengeld, das benötigt wird. Im Rollenspiel könnte zu einem Arbeitsblatt (vgl. Anlage IV) das Einkaufen am Imbißstand geübt werden (2). Dazu berechnen die Kinder

- wieviel sie bezahlen müssen,

- ob ihr Geld reicht,

- wieviel sie zurück bekommen.

Zuletzt muß die Auswahl der Route erfolgen. Dazu können die Kinder abstimmen oder man wählt die mit der mittleren Länge.

Klasse 4: Wir planen eine Klassenfahrt

Projektinitiative

In fast allen Schulen ist es üblich, im 4. Schuljahr eine Abschlußfahrt durchzuführen, daher steht das Planen und Durchführen einer Klassenfahrt in engem Zusammenhang mit dem regulären Unterrichtsplan der Schule. Eine Klassenfahrt bedeutet außerdem normalerweise für die Schüler ein besonders aufregendes Erlebnis, dem sie schon vorher in freudiger Erwartung entgegenblicken, denn für viele ist es das erste Mal, daß sie ohne die Eltern ein paar Tage wegfahren. Daher ist die Möglichkeit, ihre eigene Klassenfahrt zu gestalten, besonders motivierend und aufregend und steht in engem Zusammenhang zu ihrer Erlebniswelt.

Eingrenzen von Problemfeldern

Bei einer mehrtägigen Fahrt sind die Problemfelder Ziel, Kosten- und Zeitplanung zwar ebenfalls relevant, deren Bearbeitung ist aber viel komplexer als bei Tagesausflügen und Wanderungen.

Zunächst sollte gemeinsam über das Ziel gesprochen werden. Oft hat die Lehrerin auch bereits konkrete Vorstellungen, wohin sie gern fahren möchte: Auf einer Landkarte wird das Ziel gezeigt und bekannte Orte in der Nähe gesucht. Als Beispiel soll im folgenden eine Fahrt von Gießen nach Fulda gewählt werden (3). Dabei ist es für die Grundschulklassen eigentlich nicht wichtig, sehr weit zu fahren. Anliegen ist es, das Ge-

Fahrt	Wanderung/Sehenswürdigkeit		Fahrt
Ilmenau	**Manebach** über Großen Hermannstein-Kickelhahn nach		**Ilmenau**
Entfernung 3 km	5 km		
Zeit ab: _____	an: _____	1¼ h, 75 min	
Kosten: _____	DM		

meinschaftsgefühl der Kinder zu fördern, sie zum verantwortungsbewußten und rücksichtsvollen Verhalten anzuregen. Dies kann fast überall geschehen, wo die Voraussetzungen gegeben sind, den Tag bei jedem Wetter sinnvoll auszufüllen.

Gemeinsam wird überlegt, was alles vorzubereiten und zu planen ist. Die Vorstellungen der Kinder werden gesammelt. Es zeigt sich, daß folgende Fragen im Mittelpunkt stehen:

– Wie kommen wir dorthin?

– Wie können wir uns verpflegen?

– Was können wir dort unternehmen?

– Wie teuer wird die Fahrt insgesamt?

– Was nehmen wir mit?

Planung des Vorgehens

Die Problemfelder müssen bearbeitet werden. Das kann in Gruppenarbeit erfolgen. Da es vermutlich interessante und weniger interessante Arbeiten gibt, ist es sinnvoll, in zwei Etappen vorzugehen.

I. Zuerst wird der Rahmen geplant: Fahrt, Übernachtung, Verpflegung, Beschaffen von Informationsmaterial.

II. Dann werden die Tage mit Inhalt gefüllt. Dazu übernimmt jede Gruppe die Gestaltung eines Tages. Die Vorschläge können zur Information im Klassenraum ausgehängt werden.

Zu I: Zunächst werden die vier Bereiche gemeinsam besprochen.

1. Die Fahrt von Gießen nach Fulda

Die Schüler müssen bei der Planung alle Möglichkeiten in Betracht ziehen:

– Deutsche Bahn

– Linienbusse

– Verschiedene Busunternehmen

Rücksprache mit Busunternehmen können Viertkläßler nicht führen. So informiert die Lehrerin über Preise der Busunternehmen. Es wird herausgearbeitet, daß für die Entscheidung sowohl die Fahrtzeiten als auch der Fahrpreis interessant ist. Dieses Gespräch kann genutzt werden, um die Kinder in das Lesen des Fahrplanes einzuführen, wenn dies bisher nicht geschah.

2. Verpflegung

In den meisten Landschulheimen wird keine Vollverpflegung angeboten. Die Kinder werden angeregt, über Selbstverpflegung nachzudenken und Kosten zu kalkulieren. Auch dort, wo Verpflegung angeboten wird, sollte eine Kalkulation mit und eine ohne Mittagessen erfolgen, weil die Klasse mittags vielleicht nicht im Heim sein wird.

3. Unterbringung

Für die Fahrt in die Rhön werden verschiedene Angebote eingeholt und die Preise miteinander verglichen. Neben dem Landschulheim können sich die Kinder in Jugendherbergen informieren, auch Jugendhotels oder Gästehäuser laden in der Rhön zu Gruppenfahrten ein. Bei der Planung sollte neben den Kosten auch die Zimmerverteilung besprochen werden, so daß am Ort keine Konflikte entstehen.

4. Informationsmaterial

Informationsmaterial können die Kinder meist direkt im Landschulheim oder beim örtlichen Fremdenverkehrsamt anfordern.

Projektdurchführung und Präsentation

1. Fahrt

Der Gruppe stehen verschiedene Preise von Busunternehmen zur Verfügung:

1. Busunternehmen: 5 Tage - 4000 DM (Bus bleibt dort) nur Hinfahrt 600 DM

2. Busunternehmen: Hin- und Rückfahrt 850 DM

5 Tage - 3800 DM (Bus bleibt dort)

3. Variante: Zugfahrt (vgl. 4. Variante)

Bus wird in Fulda gemietet
Bus pro Tag 600 DM

4. Zug: Einzelfahrt 26 DM

Gruppenfahrt (ab 6 Personen) 12 DM pro Person bei 24 Personen 288 DM (Rechnung kann ggf. mit TR ausgeführt werden)

Nun werden zahlreiche Fragen deutlich, die mit Hilfe von Vergleichen und Rechnen zu beantworten sind. Dabei ist auch ein Zeit-Preis-Vergleich sinnvoll. Die Fahrtzeiten für den Bus können errechnet werden, wenn man weiß, daß es von Gießen bis Fulda 120 km sind. Fährt der Bus in einer Stunde 80 km, so braucht er 1½ Stunden, also 90 Minuten. Die Fahrtzeiten für den Zug werden mit Hilfe des Fahrplans ermittelt (4):

Die Kinder stellen fest, daß nur der Eilzug die Strecke in 1½ Stunden, also in 90 Minuten schafft, ein Personenzug braucht fast 2 Stunden. Außerdem bietet es sich in diesem Zusammenhang an, noch kurz auf Fahrplanbesonderheiten einzugehen. Warum fahren zwischen 4.41 Uhr und 7.01 Uhr die Züge nur von Alsfeld nach Fulda? (Wo liegt Alsfeld, warum diese Uhrzeit?) Um die Lage von Alsfeld zu ermitteln, kann man eine Landkarte zu Rate ziehen. Dadurch kann man kurz auf die Situation der Pendler zu sprechen kommen, die einen weiter entfernt liegenden Arbeitsplatz haben.

Die Gruppe schlägt zwei Fahrtzeiten vor:

| Gießen ab 8.23 Uhr | Fulda an 10.30 Uhr |
| Gießen ab 9.23 Uhr | Fulda an 11.15 Uhr |

Sicher fällt einigen Kindern auf, daß die Fahrtdauer unterschiedlich ist. Ohne zu rechnen erkennen sie, daß gleiche Minuten in der Abfahrtszeit nicht zu gleichen Minuten der Ankunftszeit führen. Sie können nach Ursachen suchen. Bei weiterer Beschäftigung mit dem Fahrplan wird auch deutlich, daß jede Stunde, (immer 23 nach...) ein Zug von Gießen nach Fulda abfährt. Vielleicht ist dafür der Begriff "Zeittakt" bekannt. Die Entscheidung für den Zug ist gefallen. Nun berechnen die Kinder die Fahrtkosten:

– Hin- und Rückfahrt für jeden Schüler

– Hin- und Rückfahrt für die ganze Klasse.

Interessant ist auch, wieviel jeder einzelne bzw. die Klasse insgesamt durch den Gruppentarif spart.

635   Gießen – Alsfeld (Oberhess) – Fulda   *Vogelsbergbahn* → 635

Gießen – Mücke 5100, Lauterbach (H) Nord – Fulda 5055 | Alle Züge 2. Klasse | Am 10. VI. Verkehr wie an † und am 24. und 31. XII. Verkehr wie an ⑥

km	Zug / von	8401	8403	8441 ⑥	8405	8443 ⑥	8407 ⑥	3451	8411 ⑥	8413	8415	3455 † ⑥	8417 ⑥
0	Gießen						6 02	7 12	8 23	9 23	10 23	11 12	11 23
3	Gießen Licher Straße						6 06		8 27	9 26	10 26		11 26
10	Großen Buseck						6 17	7 20	8 34	9 33	10 33	11 20	11 33
14	Reiskirchen (Kr Gießen)						6 21	7 25	8 45	9 37	10 37	11 25	11 37
17	Saasen						6 25		8 49	9 41	10 41		11 41
20	Göbelnrod						6 28		8 52	9 44	10 44		11 44
23	Grünberg (Oberhess)						6 38	7 33	8 56	9 48	10 48	11 33	11 48
26	Lehnheim						6 41		9 00	9 51	10 51		11 51
29	Mücke (Hess)						6 45	7 39	9 04	9 55	10 55	11 39	11 55
32	Nieder Ohmen						6 55		9 08	10 04	11 02		12 04
38	B- u Ndr Gemünden						7 02		9 13	10 09	11 08		12 10
43	Ehringshausen (Oberhess)						7 07		9 18	10 14	11 12		12 20
53	Zell-Romrod						7 15		9 27	10 22	11 21		12 29
60	Alsfeld (Oberhess) o						7 22	8 03	9 33	10 29	11 27	12 03	12 35
	Alsfeld (Oberhess)	4 41	5 15	5 47	6 28	7 01	7 26	8 05	9 41	10 31	11 28	12 05	12 41
67	Renzendorf	4 47	5 21	5 53	6 34	7 07	7 32		9 47	10 37	11 34		12 47
72	Wallenrod	4 53	5 26	5 58	6 39	7 12	7 37		9 52	10 42	11 39		12 52
79	Lauterbach (H) Nord	5 00	5 32	6 05	6 46	7 19	7 49	8 19	10 02	10 48	11 49	12 19	12 59
83	Angersbach	5 04	5 36	6 09	6 49	7 22	7 53		10 06	10 52			13 02
86	Bad Salzschlirf	5 08	5 40	6 13	6 57	7 26	7 57	8 25	10 10	10 56	11 56	12 25	13 10
92	Großenlüder	5 15	5 46	6 19	7 03	7 37	8 03	8 32	10 16	11 02	12 02	12 32	13 16
95	Oberbimbach	5 18	5 49	6 22	7 06	7 40	8 06		10 19	11 05	12 05		13 19
106	Fulda 610, 615, 616, 800 o	5 29	6 00	6 33	7 17	7 50	8 17	8 45	10 30	11 15	12 15	12 45	13 30
	nach												

2. Übernachtung

Folgende Preise wurden ermittelt:

	Jugendgästehaus	Jugendherberge	Landschulheim
Übernachtung	19 DM	insgesamt 21 DM	15 DM
Vollverpflegung	16 DM		ohne Verpflegung

Es wird deutlich, daß es große Preisunterschiede gibt. Trotzdem berechnen die Kinder noch den Preis für jedes Kind (bei 4 Nächten) und für die ganze Klasse. Im Plenum werden dann die einzelnen Ergebnisse vorgestellt und die Daten verglichen. Dabei wird sich herausstellen, daß das Gästehaus viel zu teuer ist, außerdem müßten einige Kinder in Einzelzimmern schlafen. Die Jugendherberge ist billiger. Am billigsten ist das Haus mit Übernachtung und Selbstverpflegung. Gemeinsam wird diskutiert, daß es 6 DM billiger ist als die DJH, daß man dafür aber selber kochen muß. Das bedeutet, der Preisvorteil wird mit dem zusätzlichen Arbeitsaufwand und Zeitverlust (Kochen) verglichen und dann wird nach Abwägen der Vor- und Nachteile eine Entscheidung getroffen.

3. Verpflegung

Das Berechnen der Verpflegung ist nur hypothetisch. Pro Tag wird angenommen:

2 kg Brot: 6 DM

2 Pfund Butter: 4 DM

2400 g Aufschnitt: 40 DM

1700 g Käse: 34 DM

3 kg Spaghetti: 9 DM

5 Tuben Tomatenmark: 10 DM

Natürlich wird es nicht jeden Tag Spaghetti geben. Deshalb sind verschiedene Berechnungen erforderlich. Besprochen wird auch die Verteilung von Gemeinschaftsaufgaben: Tisch- und Küchendienst und bei Selbstverpflegung das Einkaufen. Die Namen werden im Wochenprogramm festgeschrieben (vgl. Anlge V).

Inhaltliche Planung

Jede Gruppe plant einen Tag. Die Fahrt dauert von Montag bis Freitag. Montag ist Anreise und eine Ralley, die von der Lehrerin geplant wird, damit die Schüler die Gegend schon etwas erkunden können und sich nach der Fahrt etwas austoben. Die Schüler sollen bei der Planung ihres Tages zwar frei entscheiden, aber sie können nicht einfach ziellos drauflos planen, sie brauchen Hilfe, einen gewissen Rahmen. Daher sollte die Lehrerin eine Vorauswahl für Ausflugsmöglichkeiten treffen. Aus dem vielfältigen Angebot, das sich in dem Naturschutzpark Rhön bietet, werden 7 Möglichkeiten (Orte) herausgesucht, die unterschiedliche Aktivitäten ermöglichen. Auswahlkriterien sind dabei sowohl "wissensbereichernde (z.B. archäologischer Pfad) als auch typische Freizeitaktivitäten" (Sommerrodelbahn). Bei den wissensbereichernden Aktivitäten wird sich auf solche beschränkt, die die Schüler auch wirklich ansprechen können (die Vielzahl der Kirchen und Schlösser wird außer acht gelassen). Diese 7 Möglichkeiten werden nun den Schülern vorgestellt, sie können sich durch Prospekte näher informieren, und die Orte auf der Karte aufsuchen . Jede Gruppe erhält einen Ausschnitt einer topographischen Karte. Dann entscheidet sich jede Gruppe für einen Ort. Die verschiedenen Auswahlmöglichkeiten sind:

Gersfeld: - Barockschloß und Schloßpark

       - Heimatmuseum

       - Rotes Moor mit Naturlehrpfad

       - Wildpark

Hilders: - Ruine Auersburg

       - Schwimmbad

       - Vogelkundepfad "Ritterschlucht"

Poppenhausen: - Heimatmuseum

       - Freizeitpark

       - Indianerpfad

Fladungen: - Schwarzes Moor mit Naturlehrpfad

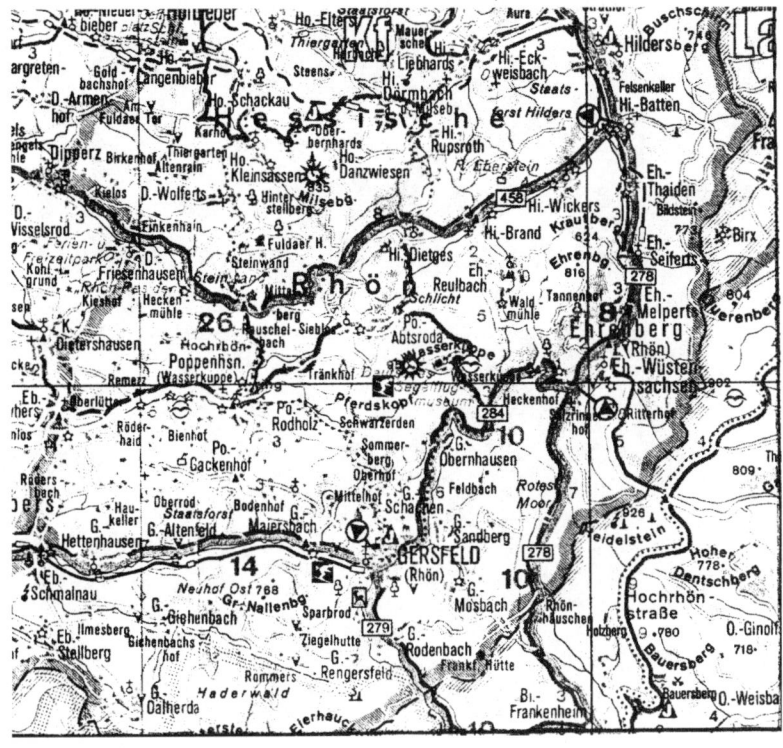

nach Interesse teilnehmen. Es sollte auch Raum bleiben für Gespräche auf den Zimmern, Briefe schreiben u.ä. Haben die Gruppen ihren Tag geplant, stellen sie ihn den anderen vor und erklären ihnen auch ihre Beweggründe, warum sie sich so entschieden haben. Sind alle mit dem Vorschlag einverstanden, wird er in das Programm (Anlage V) eingetragen. Zusätzlich könnten die Vorhaben mit Hilfe der Prospekte auf einem Poster zusammengestellt werden.

In Vorbereitung auf die Fahrt bewegen die Kinder weitere Fragen:

– Was nehmen wir mit? Dürfen wir Fotoapparat, Radio,...mitnehmen?

– Wieviel Taschengeld brauchen wir?

– Gibt es dort ein Telefon, damit ich zu Hause anrufen kann?

– Dürfen mich meine Eltern besuchen? Darf ich meine Tante besuchen, die dort wohnt?

Darüber muß gesprochen werden. Es würde den Rahmen des Projekts sprengen, dies hier zu tun.

Hofbieber: - Überreste einer keltischen Stadtanlage

               - Archäologischer Lehrpfad

               - Schwimmbad

Wasserkuppe: - Geologischer Wanderpfad

               - Sommerrodelbahn

Ehrenberg: - Schwimmbad

               - Aussichtsturm im Roten Moor/Spiel- und Grillplatz

               - Moorführungen.

Nun sollen sie sich ihren Tag selbst gestalten (sie haben auch noch die Prospekte für weitere Informationen). Anhand eines Bindfadens können sie die Längen der Strecken messen und durch die Maßstabangabe der Legende umrechnen (1:5000). Sie erfahren, daß 1 cm auf der Karte 5 km sind. Es wäre möglich, zunächst die Entfernungen zu allen 7 Ausflugszielen zu berechnen. Dazu kann die Tabelle in Anlage VI genutzt werden. Das Rechnen mit dem Maßstab muß schon eingeführt worden sein, da diese Aufgabenstellung als Einführung eine Überforderung darstellen würde. Sie dienen vielmehr der Vertiefung. Als Ausgangspunkt (Standort der DJH) wird Gersfeld angenommen. Die Aufgaben, die sich nun ergeben, sind vielschichtig: Kann man den angestrebten Ort zu Fuß erreichen oder fährt man besser einen Weg mit dem Bus? Wie lange läuft man bis zu dem Ort? Wie lange will man sich an den einzelnen Punkten aufhalten? Wie lange benötigt man, um irgendwo hinzukommen (pro Stunde kann man etwa 4 km rechnen), wenn man zusätzlich eine Rast einplant? Treten noch zusätzliche Kosten an dem Tag auf (Eintrittsgelder, Busfahrt,...)? Wenn ja, dann müssen diese auch noch berechnet werden. Zur Planung des Tages gehören auch Freizeitangebote im Heim, Singen, Spielen, Disco oder Basteln. Diese Vorschläge sind als Angebot zu sehen, an denen die Kinder je

Projektabschluß

Als Projektabschluß ist in diesem Fall die Durchführung der Klassenfahrt anzusehen. Nun wird das, was theoretisch geplant wurde (die erarbeitete Problemlösung), in die Praxis umgesetzt und an der Realität überprüft. Es wird sich herausstellen, ob alles so, wie es sich aus den theoretischen Überlegungen ergab, umzusetzen ist (ob die Kostenrechnung stimmt und ob die einzelnen Ausflüge so durchführbar sind). Diese Klassenfahrt ist für die Schüler die abschließende Bestätigung für ihre Bemühungen. Sie erleben nun ganz intensiv das Ergebnis ihrer Arbeit, das Gefühl sich damit einen Teil ihrer Lebenswirklichkeit erschlossen zu haben, wird sie mit Stolz erfüllen, woran auch eventuelle kleine Mißerfolge nichts ändern können.

Quellennachweis

(1) Klassikerstraße Thüringen. Hrsg. vom Thüringer Ministerium für Wirtschaft und Verkehr, Erfurt, 1993.

(2) Franke, M.: Unser Wandertag nach Friedrichsroda. In: Die Unterstufe, Berlin 37 (1990) 11.

(3) Dieses Projekt wurde im Rahmen eines Seminars an der Justus-Liebig-Universität Gießen 1994 ausgearbeitet.

(4) Regionalfahrplan Hessen, Deutsche Bahn 1994.

Erkundungskarte

Treffpunkt:

Unsere Wanderung beginnt: _____ (Ort)

Rast _____ (Ort)

Ziel ist _____ (Ort)

Dort können wir _____ (Spiele, Besichtigungen, Gaststätte u. ä.)

Der Rückweg geht von _____ (Ort)

Rast ist möglich _____ (Ort)

Ankunft _____ (Ort)

Zeitplanung

um _____ (Zeit)

etwa um _____ (Zeit) zu erreichen

etwa um _____ (Zeit)

etwa um _____ (Zeit) sollte der Rückweg angetreten werden

etwa um _____ (Zeit)

etwa um _____ (Zeit)

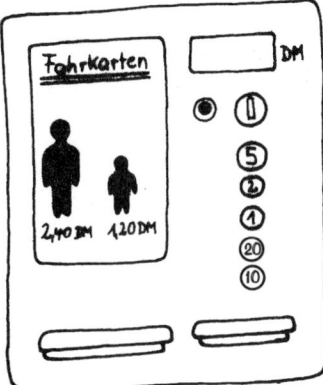

Am Fahrkartenautomaten

1. **Wie kannst du bezahlen? Zeichne die Münzen ein.**
   Gibt es noch andere Möglichkeiten?

2. **Wie kann Frau Kuntz bezahlen? Zeichne verschiedene Möglichkeiten.**

3. **Der Automat gibt auch Geld zurück. Zeichne es ein.**

Zeit- und Kostenplanung

Beginn: _____   Ende: _____   Gesamtkosten: _____ pro Schüler

um _____

Fahrtkosten oder Eintritt

Erkundungskarte

Route: _____

Zielort   Weg zum Ziel

1. Ziel

2. Ziel

3. Ziel

Planung unseres Aufenthaltes in

Tag / Zeit	Mo	Di	Mi	Do	Fr
8⁰⁰		Frühstück	Frühstück	Frühstück	Frühstück
12⁰⁰	Mittagessen	Mittagessen	Mittagessen	Mittagessen	
18³⁰	Abendessen	Abendessen	Abendessen	Abendessen	
21⁰⁰	Bettruhe				

Arbeit mit dem Maßstab

Maßstab 1 : 5000

Ausflugsziel	auf der Karte (in cm)	in der Wirklichkeit (in cm) (in km)	

Rechne und zeichne auf die Rückseite   **Maßstab 1 : 50**

Gegenstand	im Bild	in der Wirklichkeit
Zimmer	10 cm breit, 12 cm lang	5 m breit; 6 m lang
Tisch		1,20 m lang; 0,70 m breit
Schrank		1 m lang; 0,60 m breit
Couch		1,80 m lang; 1 m breit

P 18: Mein Körper

Ziele

Die Kinder lernen ihren Körper besser kennen. Sie entdecken Zusammenhänge und Reaktionen des Körpers bei Wachstum und Belastung.

Klasse 2: Die Kinder vergleichen die Körpergröße direkt ohne Messen und ordnen die Kinder der Klassen auf diese Weise nach der Größe.
Sie werden vertraut im Messen und Schätzen von Längen und geben die Maße einzelner Körperteile in Zentimeter an.

Klasse 3: Die Schüler werden sicher im Messen, im Vergleichen und Ordnen von Längen.
Sie schätzen und wiegen ihr Gewicht und vergleichen Gewichte.
Sie vertiefen ihre Zeitvorstellung durch Zählen.

Klasse 4: Die Schüler messen Körpergröße und Gewicht, berechnen den Durchschnitt und stellen die Daten graphisch dar.

Problemfelder / Einordnung

Kl. 2:   Die Maße einzelner Körperteile: Arme, Beine, Füße
Die Schüler unserer Klasse nach der Größe geordnet

Kl. 3:   Das Gewicht jedes Schülers
Das genaue Alter jedes Kindes
Körperreaktionen vor und nach einem Staffelspiel

Kl. 4:   Die Entwicklung des Körpers:
Gewicht, Größe, andere äußere Merkmale

Zeitplanung

je Klassenstufe 2 Stunden

Spezifik des Projektes

Das Projekt wird über mehrere Klassenstufen geführt. Es kann ein Buch der Klasse gestaltet werden, in das jährlich neue Blätter eingefügt werden.

Die Inhalte der einzelnen Klassenstufen werden zum einen von der Entwicklung des Körpers bestimmt, zum anderen wird den Leistungsvoraussetzungen der Kinder entsprochen.

Die Problemfelder werden von jedem Schüler bearbeitet. Das Vorgehen scheint frontal, es wird aber nicht vom Lehrer gesteuert. Zum Gewinnen der Daten suchen sich die Schüler Partner.

Das Projekt läßt kaum einen gesellschaftlichen Bezug erkennen. Es dient vorwiegend der Sachkunde, durch den Einsatz mathematischer Mittel werden den Schülern die Beziehungen zwischen Alter, Größe und Gewicht anschaulich bewußt gemacht.

Literaturhinweis

Ardley, B. und N.: Das große Buch der 1001 Fragen & Antworten. Köln, Buch und Zeit, o.J.

Die Welt entdecken. Was tut sich in meinem Körper? Ravensburg: Maier, 1993.

George, B.: Die Welt des Körpers. Ravensburg: Maier, 1990.

Hegele,J.: Wer bin ich? Wer möchte ich sein? Ich – Hefte in meinem ersten Schuljahr. In: Pädagogische Welt, Donauwörth 45 (1991) 9, S. 386-391.

Ich werde größer. *Differix* Klassenbibliothek. Berlin: Cornelsen, 1989.

Meier, R.: Rituale rund um den Körper. In: Grundschule, Braunschweig 25 (1993) 5, S 28 - 30.

Meter, Gramm, Sekunde. Woher kommen die Maße? Ravensburg: Maier, 1989.

Tordjman, G./Morand, C.: Wie ist das, wenn man größer wird? Wien: Ueberreuther, 1988.

Winter, H.: Sachrechnen in der Grundschule. Frankfurt a. M.: Cornelsen-Scriptor 1992. enthält u. a. : Schuhe vom Versandhaus, S. 52 bis 54.

Projektbeschreibung

Klasse 2

Einstimmung

Als Einstimmung in das Projekt kann die Lehrerin aus einer Zeitungsinformation oder aus anderen Quellen einen Rekord vorlesen, der die Kinder staunen läßt.

Beispiele: R I E S E

Der größte Mann aller Zeiten war mit 272 Zentimetern Länge der Amerikaner *Robert Wadlow* (1918 - 1940). Seine Arme hatten eine Spannweite von 288 Zentimetern, seine Füße waren 47 Zentimeter groß. (1)

G R Ö ß T E R D E U T S C H E R

223 Zentimeter lang ist der größte lebende Deutsche. Er hat Schuhgröße 54 und lebt in Hessen. Sein Nachname ist: *Klein.* (2)

Unter diesen Angaben können sich die Kinder der Klasse 2 nur wenig vorstellen. Deshalb sollte nach geeigneten Vergleichsgrößen in ihrer Umgebung gesucht werden. Nun werden alle staunen. Die Lehrerin könnte fragen: Wenn ihr eine Frage an Herrn Klein stellen könntet, was würde euch interessieren?

Eine andere Möglichkeit zur Einstimmung könnte ein Ratespiel sein: Die Lehrerin bringt verschiedene Fußabdrücke oder Schuhe mit in die Klasse. Sie gibt Personen an, von denen diese sein könnten. Nun dürfen die Kinder Kriminalist spielen und versuchen herauszufinden, zu wem welcher Schuh bzw. Abdruck gehört (vgl. Abb. 1).

Auch ein Fußabdruck auf dem Lehrertisch oder auf einem Blatt Papier, das auf dem Tisch lag, könnte Anlaß sein, die Schüler auf Erkundungen zum menschlichen Körper einzustimmen.

Unabhängig für welche Variante des Einstieges man sich entscheidet, die Kinder werden immer einen Zusammenhang zwischen der Größe der Füße und der Körpergröße des Menschen vermuten. Gibt es noch andere Zusammenhänge? Haben große Menschen immer lange Arme? Bei mir ist der linke Fuß etwas größer als der rechte. Habe ich deshalb auch zwei unterschiedliche Hände?

Durch solche Gespräche erkennen die Kinder, daß sie über ihren Körper wenig wissen. Das soll anders werden:

Ermitteln von Körpermaßen

Die Schüler entscheiden, daß sie jeweils den rechten und den linken Arm, das rechte und das linke Bein, die Füße und Hände messen wollen. Dazu ist eine genaue Festlegung sinnvoll, wie zu messen ist, damit die Daten auch vergleichbar sind (vgl. Anlage I). Jeder Schüler hat ein vorbereitetes Arbeitsblatt, wo er die Ergebnisse eintragen kann. Von zu Hause haben die Schüler Schneidermaßbänder mitgebracht. Nun kann das Messen beginnen. Es ist günstig, dabei mit einem Partner zu arbeiten.

Treten Abweichungen zwischen dem linken und rechten Körperteil auf, wird zunächst durch einen "unabhängigen Prüfer" nachgemessen. Findet dieser ebenfalls den Unterschied heraus, kann untersucht werden, ob dieser Unterschied auch bei anderen Körperteilen auftritt.

Es wird an den eingangs vermuteten Zusammenhang erinnert. Mit Hilfe der gemessenen Längen kann erkundet werden, ob ein größerer Schüler längere Arme hat als ein kleinerer: „Mike ist kleiner als Peter - das erkennen wir, wenn beide nebeneinander stehen - nun wollen wir vergleichen, ob Mike kürzere Arme, kürzere Beine, kleinere Füße und Hände hat als Peter."

Durch Vergleichen der Daten kann der vermutete Zusammenhang bei einzelnen Schülerpaaren nachgewiesen werden. Evtl. kann hier bereits der Hinweis erfolgen, daß es Unterschiede bei Mädchen und Jungen gibt, deshalb werden nur Mädchen miteinander und Jungen miteinander verglichen.

Direkter Vergleich der Körpergröße

Ob das immer so ist? Diese Frage kann nicht mit Sicherheit beantwortet werden, aber es kann untersucht werden, ob dies auf alle Schüler der Klasse zutrifft. Dazu werden die Mädchen und Jungen nach der Größe geordnet. Es wäre sehr aufwendig, jedes Kind zu messen - außerdem fehlen dazu in Klasse 2 bei

Abb. 1

Tante Eva

Paulchen

Vati

Mutti

einigen Kindern die mathematischen Voraussetzungen, denn die Kinder sind größer als 100 cm. Deshalb wird die Körpergröße der Kinder direkt verglichen: Zwei Kinder stellen sich mit den Rücken aneinander und die anderen stellen fest, wer kleiner ist. Dann vergleicht man die Größe eines dritten Kindes mit den beiden. Um weitere Kinder einzuordnen, könnte zunächst geschätzt werden, an welcher Stelle Ina, Peter, ... stehen müßten. Dann wird direkt mit den anderen Kindern verglichen. Es könnte auch mit einer Vergleichsgröße gearbeitet werden. Stellen die Kinder fest, daß kein Junger größer ist als Andreas, so ist Andreas der größte Junge dieser Klasse. Die Namen der Kinder werden als Rangplätze aufgeschrieben, die gemessenen Daten (Arm- und Beinlängen ....) sind zuzuordnen, allerdings genügt es meist, die Länge eines Beines, eines Armes usw. aufzunehmen, da diese im Normalfall gleich sind (vgl. Anlage II). Nun kann geprüft werden, ob die Längen der Beine, der Arme, ... ebenfalls nach der Größe geordnet sind bzw. wo es Abweichungen gibt. Sicher kommen die Schüler zur Einsicht, daß der Zusammenhang zwischen der Länge der einzelnen Körperteile und der Körpergröße meist vorliegt, allerdings gibt es Ausnahmen. Als Ausblick auf Untersuchungen zur Entwicklung des Körpers kann die Lehrerin die Daten jedes Schülers und die Übersicht zur ganzen Klasse mit dem Hinweis einsammeln, daß im nächsten Jahr geprüft werden soll, ob die Größenordnung noch zutrifft und wieviel jeder gewachsen ist. Auf diese Weise schreiben wir ein Buch über unsere körperliche Entwicklung.

Klasse 3

Erkundungen zum Körper

Die Lehrerin bringt die in Klasse 2 angefertigte Übersicht mit und erinnert daran, daß das Buch über die Kinder der Klasse weitergeschrieben werden soll.

Zunächst werden die Messungen aus Klasse 2 erneut durchgeführt. Auch die Körpergröße jedes Schülers kann nun gemessen werden (vgl. Anlage I). Schnell hat jeder berechnet, wieviel Zentimeter seine Arme, Beine, Füße und Hände gewachsen sind.

Es werden wieder Rangplätze nach der Körpergröße ermittelt - diesmal aber durch Messen - und mit denen aus Klasse 2 (vgl. Anlage II) verglichen. Aufgrund der veränderten Rangplätze wird vermutet, daß man nicht gleichmäßig wächst.

Auf den vorbereiteten Auswertungsbögen finden die Kinder eine Spalte für das Gewicht. Es wäre möglich, das Gewicht vor dem Wiegen zu schätzen. In spielerischer Form wird der Schätzmeister ermittelt: Jeder schreibt das geschätzte Gewicht auf, nach dem Wiegen erhält derjenige einen Punkt, der dem tatsächlichen Wert am nächsten liegt. Wer die meisten Punkte hat, ist Schätzmeister. Zum Wiegen sollte möglichst eine Arztwaage verwendet werden. Beim Einstellen des Schiebers kann auf Vorstellungen über Gewichte aufgebaut werden, es ist aber auch durch Versuch und Irrtum möglich, die Waage genau einzustellen, wenn die Schüler nicht über entsprechende Vorstellungen verfügen.

Vergleichen die Schüler die Rangplätze zur Körpergröße mit denen zum Gewicht, so stellen sie fest, daß kein direkter Zusammenhang besteht. Es wird deutlich, daß kleine dicke Kinder ebensoviel wiegen können wie große schlanke. In einem Gespräch werden die Ursachen dafür geklärt, und es wird auf Möglichkeiten zur gesunden Ernährung hingewiesen.

Wenn Schüler in die Argumentation einbringen, daß sie jünger als andere sind, kann untersucht werden, ob sich ein geringer Altersunterschied auf die Körpergröße auswirkt. Dazu muß jeder sein genaues Alter berechnen, nicht nur in Jahren, sondern auf den Monat oder auf den Tag genau. Bei diesen Berechnungen können die Kinder konkret am Kalender zählen oder auch rechnen. Es werden auch für das Alter Rangplätze ermittelt, die mit denen der Körpergröße und des Gewichts verglichen werden.

Bisher wurde der Körper in seiner Entwicklung in Abhängigkeit von der Zeit betrachtet - dies ist interessant und kann in den nächsten Jahren fortgeführt werden.

Körperreaktionen bei Belastung

Der Körper reagiert auch auf die Umwelt und die Tätigkeiten, die die betreffende Person ausübt. Die Kinder finden weitere Fragen, zu denen sie gern eine Erklärung hätte:

– Warum gähnen wir?/Warum gähnen wir auch morgens?

– Warum schwitzen wir?

– Warum bekommen wir beim Frieren eine Gänsehaut?

– Warum atmen wir schneller, wenn wir Sport getrieben haben?

– Warum brauchen wir mehr Schlaf als unsere Eltern?

– Kann man Herzklopfen messen?

Viele der Fragen werden im Sachunterricht näher untersucht. Im Mathematikunterricht soll zunächst untersucht werden, wie der Körper reagiert, wenn man ihn durch Sport belastet. Als Partner zum Bearbeiten dieses Problemfeldes kann der Sportlehrer gewonnen werden. Die Kinder informieren ihn, daß sie die Körperreaktionen beobachten wollen. Gemeinsam überlegen sie, was man dabei beobachten kann. Die Schüler entschließen sich, den Puls zu messen, zu zählen, wie oft jeder in der Minute atmet und die Reaktionen der Haut zu beobachten. Die Daten sollen vor und nach einem Sportspiel erfaßt werden. Die Vorbereitung kann in Gruppen erfolgen.

Die Schüler der Gruppe 1 wählen Übungen aus. Geeignet sind:

– Minutenläufe

– Geländeläufe

– Ballspiele

– Hock-Strecksprünge mit Zeitmessung

– Rumpfheben mit Zeitmessung

– Seilspringen

– Staffelspiele

Die Gruppe 2 bereitet Listen zum Erfassen der Meßergebnisse bzw. Beobachtungsergebnisse vor (vgl. Anlage III). Dort werden die Namen aller Schüler, vom größten bis zum kleinsten eingetragen und zum Puls, zur Atmung und zum Schwitzen jeweils eine Spalte für vorher und nachher angelegt. Die Schüler der 3. Gruppe erkundigen sich, wie man den Puls messen und die Atmung zählen kann. Die Gruppen sind dann entsprechend für das Staffelspiel, das Pulsmessen bzw. das Ein-

Unsere Staffelspiele

1. Mannschaftsrennen
2. Um Kegel rennen
3. Ball trippeln
4. Ball rollen - zurück laufen
5. Ball rollen - zurück trippeln
6. Mit beiden Beinen bis zur Markierung hüpfen - zurück laufen
7. Nachstellschritte bis zur Markierung - zurück mit einem Bein hüpfen
8. In Bauchlage über eine Bank ziehen - zurück laufen
9. Hockwende über die Bank - zurück laufen
10. über die Bank laufen - zurück mit beiden Beinen hüpfen
11. mit einem Bein auf Bank laufen - zurück mit einem Bein hüpfen

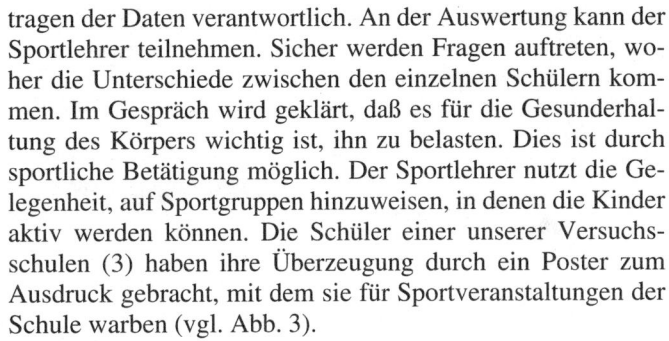

Abb.2

tragen der Daten verantwortlich. An der Auswertung kann der Sportlehrer teilnehmen. Sicher werden Fragen auftreten, woher die Unterschiede zwischen den einzelnen Schülern kommen. Im Gespräch wird geklärt, daß es für die Gesunderhaltung des Körpers wichtig ist, ihn zu belasten. Dies ist durch sportliche Betätigung möglich. Der Sportlehrer nutzt die Gelegenheit, auf Sportgruppen hinzuweisen, in denen die Kinder aktiv werden können. Die Schüler einer unserer Versuchsschulen (3) haben ihre Überzeugung durch ein Poster zum Ausdruck gebracht, mit dem sie für Sportveranstaltungen der Schule warben (vgl. Abb. 3).

Klasse 4

Die Körpergröße bei Kindern unterschiedlichen Alters

In Klasse 4 soll das Buch zu einem gewissen Abschluß gebracht werden. Zunächst werden die Messungen erneut durchgeführt, die bereits in Klasse 3 vorgenommen worden waren. Jeder stellt fest, wie sich sein Körper verändert hat. Die Rangplätze für Größe und Gewicht werden ermittelt und mit denen aus Klasse 3 verglichen. Evtl. suchen die Kinder anhand der Klassenlisten nach „Zwillingen", also Schülern, die in allen Maßen übereinstimmen.

Ein Gespräch über weitere Merkmale des Körpers ist sinnvoll. Dabei wird auch auf geschlechtsspezifische Unterschiede eingegangen, die in Klasse 4 schon deutlich sichtbar werden.

Doch zurück zu den Meßergebnissen. Kann man mit den Daten noch mehr anfangen? Einige Schüler schlagen vor, daß man berechnen kann, wie groß ein Schüler in der 2., in der 3. und in der 4. Klasse im Durchschnitt ist. Auch das durchschnittliche Gewicht könnte berechnet werden. Finden sich Parallelklassen, die auch ein "Buch der körperlichen Entwicklung" angefertigt haben, ergeben sich interessante Vergleiche. Da aus Klasse 2 weder die genauen Körpergrößen noch das

Wie kann ich mich in meiner Freizeit sportlich betätigen?

Montag
14.00 U. Pop - Gymnastik
15.00 U. Leichtathletik

Dienstag
13.00 U. Gerätturnen
15.00 U. Schwimmen
16.00 U. Federball

Mittwoch
14.00 Uhr Handball
15.00 Uhr Leichtathletik
15.00 Uhr Handball

Donnerstag
15.00 Uhr Fußball
16.00 Uhr Pop - Gymnastik

Freitag
14.00 Uhr Federball
15.00 Uhr Gerätturnen

Abb.3

Gewicht vorliegen, wird vorgeschlagen, Schüler aus den jetzigen 2. Klassen zu messen und zu wiegen, um die durchschnittlichen Werte berechnen zu können. Soweit es möglich ist, kann auch auf Daten zurückgegriffen werden, die bei Ein-

schulungsuntersuchungen oder anderen Schuluntersuchungen ermittelt wurden. Nun sollte noch eine geeignete Form gefunden werden, die Durchschnittswerte darzustellen. Dies ist als Tabelle oder als Diagramm in folgender Weise möglich:

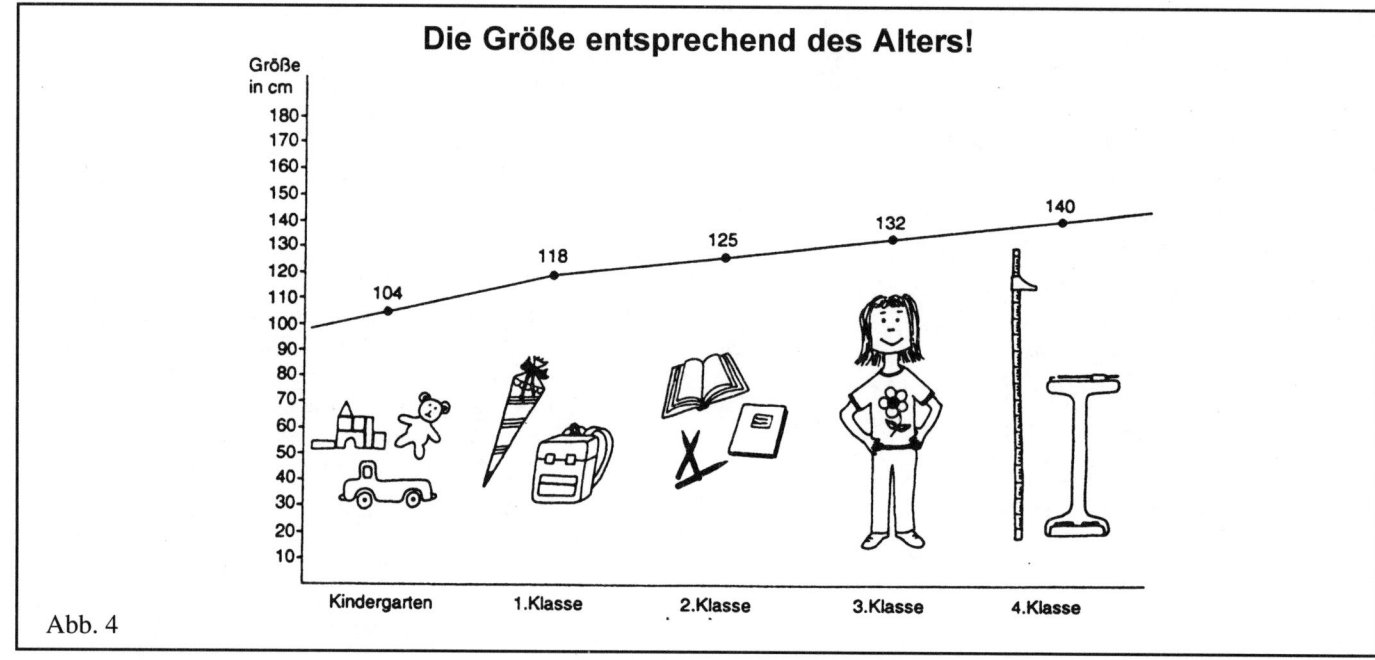

Abb. 4

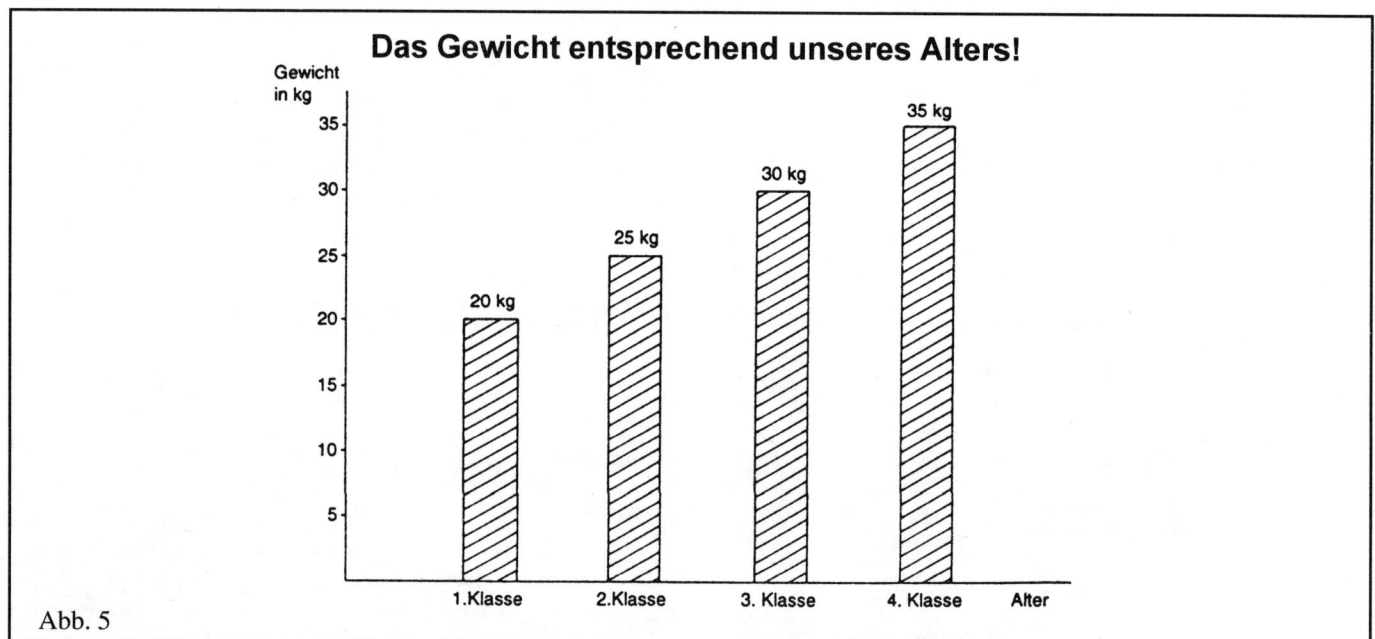

Abb. 5

Solche Diagramme oder die Übersicht über die durchschnittlichen Körpermaße in den unterschiedlichen Altersgruppen sind für Verkäuferinnen eine Hilfe bei der Beratung von Kunden. Vielleicht ist eine Mutti oder Verwandte auch Verkäuferin und kann Übersichten zum Vergleichen zur Verfügung stellen.

Viele Schüler werden es bedauern, daß das Buch nicht weitergeführt wird. Deshalb kann die Lehrerin anregen, daß jeder ein "Buch meines Körpers" führt. Dazu gibt die Lehrerin die Blätter mit den persönlichen Angaben aus den zurückliegenden Klassen aus und stellt einige leere Bogen zur Verfügung, die die Schüler in den nächsten Jahren ausfüllen können.

Quellennachweis

(1) Rolf Kauka's Fix und Foxi. Todal verrückte Rekorde. Rastatt, Pabel-Moewig 1992, S. 58.

(2) Ebenda, S. 59.

(3) Anmerkung: Teile dieses Projektes sind im Rahmen des Seminars „Projekte im Mathematikunterricht" an der Pädagogischen Hochschule Erfurt/Mühlhausen erprobt worden.

Mein Körper

Name: _____   **gemessen am:** _____

Alter: _____   **Körpergröße:*** _____

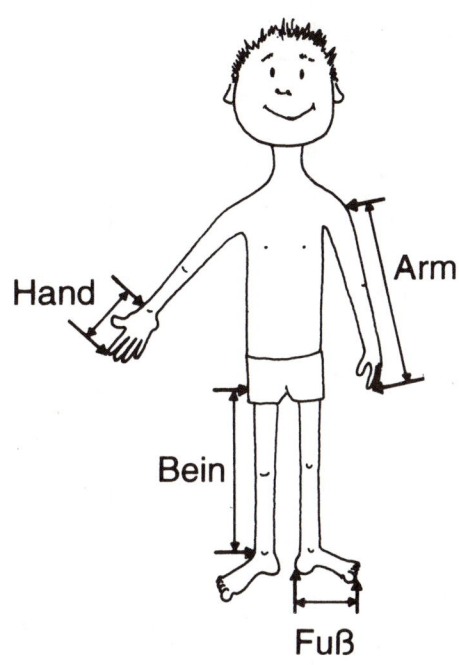

Körperteil	links	rechts
Fuß	_____	_____
Bein	_____	_____
Hand	_____	_____
Arm	_____	_____

Mein Gewicht:* *** _____

* Rangplatz oder genaue Größe angeben

** Wird erst ab Klasse 3 ausgefüllt

Die Kinder unserer Klasse

Jungen*	Größe**	Länge in cm				Gewicht** in kg
		Arm	Bein	Fuß	Hand	

Mädchen*	Größe**	Länge in cm				Gewicht** in kg
		Arm	Bein	Fuß	Hand	

* Trage die Namen nach der Größe geordnet ein. Beginne mit dem größten Kind.

** Wird erst für Schüler ab Klasse 3 ausgefüllt.

Körperreaktionen auf Belastung

Name	Puls pro Min.		Atmung pro Min.		Schwitzen	
	vorher	nachher	vorher	nachher	vorher	nachher

P 19: Unser Koch- und Backbuch

Ziele

Die Kinder erwerben Größenvorstellungen über gebräuchliche Gewichte, insbesondere 50 g, 100 g, 250 g und 1 kg. Sie besitzen Vorstellungen von gebräuchlichen Gewichtseinheiten und Volumina, auch wenn diese als Bruch angegeben werden (ein viertel Liter, ein halbes Kilogramm,...). Sie kennen das Volumen gebräuchlicher Flaschen und Verpackungen und können diese zum Messen nutzen. Sie sind in der Lage, das Gewicht auf der Verpackung abzulesen und durch gleichmäßiges Umfüllen und durch Schätzen davon Bruchteile zu bestimmen. Sie kennen die alte Gewichtseinheit 1 Pfund und haben Vorstellungen von Vergleichsgrößen wie eine Messerspitze, ein Teelöffel, ein Eßlöffel. Sie kennen gebräuchliche Meßgeräte (Meßbecher, Waage) und können damit umgehen. Sie können mit Rezepten umgehen, diese vergrößern und verkleinern, indem sie die angegebenen Maße der Personenzahl entsprechend multiplizieren oder dividieren. Sie können bei gegebener Zeitdauer zu einer Anfangszeit den Endzeitpunkt berechnen. Sie kennen wichtige Küchengeräte und können diese mit Hilfe geometrischer Formen beschreiben.

Problemfelder

Frühlingsfest mit kaltem Büfett
Plätzchen und Kuchen
Hauptgerichte schnell zubereitet
Anmerkung: Das Umrechnen von Zutaten zu Rezepten entsprechend der Personenzahl und das ABC der Küche (Küchengeräte, Maßangaben, Zubereitungsarten) sind in alle Problemfelder zu integrieren.

Einordnung

Klasse 2 bis 4

Zeitplanung

Rezepte und Zutaten	1 h
ABC der Küche	1 h
Quark, Salate und Süßspeisen	2 h
Plätzchen und Kuchen	2 h
Hauptgerichte schnell zubereitet	2 h

Spezifik des Projektes

Das Projekt kann ohne äußeren Anlaß durchgeführt werden. Die Schüler werden angeregt, für sich selbst zu kochen und zu backen. Diese Handlungen können dann zu Hause wiederholt werden, um der Mutti zu helfen oder um einem lieben Menschen eine Freude zu machen.

In der Schule müssen die Voraussetzungen für die praktische Durchführung gegeben sein. Wenn kein Backherd zur Verfügung steht, kann mit elektrischen Waffeleisen, elektrischen Kochplatten oder einem Toaster improvisiert werden.

Das Projekt erstreckt sich über einen langen Zeitraum. Die Grundidee kann immer wieder aufgegriffen werden. Es ist auch möglich, jedes der Problemfelder zu isolieren und beispielsweise nur Gerichte einer Art herzustellen:
- Wir bereiten ein Salatbüfett zu.
- Wir backen Weihnachtsplätzchen.
- Wir bereiten ein gesundes Frühstück vor.

Die Maßeinheit "1 g" kann während der Durchführung des Projektes erarbeitet werden. Es bieten sich viele Möglichkeiten zum Bekanntmachen mit Repräsentanten für Vielfache der Einheit, für das Ausbilden von Größenvorstellungen und direkten Vergleich von Repräsentanten. Als Meßgerät wird neben der Waage auch der Meßbecher verwendet.

Die Vielfalt der vorgeschlagenen Erkundungen zum ABC der Küche, zu Küchengeräten und Verpackungen sollte über einen längeren Zeitraum verteilt werden, um die Motivation zum Kochen und Backen zu erhalten.

Literaturhinweis

Aigner, A.: Wir kochen eine Gemüsesuppe. In: Grundschulmagazin, München 7 (1992) 9, S. 13 - 24.

Barff, U.: Lauter tolle Sachen, die Kinder gerne machen. Niedernhausen: Falken, 1993.

Blödorn, S.: Kochbuch für kleine Feinschmecker. Hrsg. von P. Lustig. Berlin: Mann, 1992.

Dr. Oetker Kinder Backbuch. Bielefeld: Ceres, 1994.

Dr. Oetker Kinder Kochbuch. Bielefeld: Ceres, 1994.

Gerlich, E.: Wir backen Weihnachtsherzen. In: Die Unterstufe, Berlin 38 (1991) 11, S. 319 -320.

Kutzner, P.: „Hurra wir kochen". In: Grundschulunterricht, Berlin 43 (1996) 2, S. 6-9.

Monspart, E.: Kochen macht Spaß. Budapest: Kilado; Leipzig: Verlag f. d. Frau, 1986.

Paul, A.: Wann kochen wir wieder? In: Praxis Grundschule, 17 (1993) 3, S. 12 -13.

Rolf Kauka's Bussi Bär. Kinderbiliothek. Kochen macht Spaß. Rastatt: Pabel-Moewig, 1993.

Sauerborn, M.: Meine Weihnachtsbackstube. Niedernhausen: Falken, 1988.

Starosta, B. / Kirchhöfer, R.: Das Thema Getreide in der Grundschule - ein Vorschlag für eine projektorientierte Unterrichtseinhei. In: Sachunterricht und Mathematik in der Primarstufe, Köln 22 (1994) 7, S. 290 - 300.

Wasem, E.: Kinder am Kochherd. In: Hauswirtschaftliche Bildung, Ballmannsweiler 68 (1992) 3, S. 171 - 176.

Winter, H.: Sachrechnen in der Grundschule. Frankfurt a. M.: Comelsen-Scriptor, 1992, enthält u. a.: Wiegen ohne Waage - der Meßbecher, S. 63 - 66.

Wöhrl, K.: „Gesunde Ernährung". Ein Projekt. In: Grundschulunterricht, Berlin 40 (1993) 9, S. 19 - 20.

Zentgraf, H.: Essen und Trinken exemplarisch: Das Schulfrühstück im Sachunterricht. In: Grundschulunterricht, Berlin 43 (1996) 2, S. 2-5.

Projektbeschreibung

Projektinitiative

Die Anlässe für dieses Projekt können sehr vielfältig sein. Einige Beispiele sollten als Anregung dienen:

– Die Kinder unterhalten sich über ihr Frühstück. Einige tauschen die Schnitten gegen Schokolade ein, vielleicht wird sogar Brot in den Papierkorb geworfen.

– Nach dem Unterricht treffen sich viele Schüler am Imbißstand. Die Lehrerin kommt dazu und sieht, wovon sich die Kinder ernähren.

– Um Geld für eine Spende zu sammeln, soll ein Kuchenbasar durchgeführt werden. Einige Muttis haben aber keine Zeit zum Backen.

– Zum Schulfest soll auch Essen und Trinken angeboten werden. Ein Salatbüfett wäre eine schöne Idee.

– In der Weihnachtszeit wird überall gebacken. Warum nicht auch in der Schule?

– Im Landschulheim müssen sich die Kinder abends selbst versorgen. Was wollen sie essen?

Wenn in der Schule gute Bedingungen sind, kann auch ein Koch- und Backbuch geschrieben werden. Jede Klasse beteiligt sich daran. Rezepte werden ausprobiert, Verkostungen durchgeführt und Rezeptblätter evtl. mit Zeichnung oder Foto für das „Kochbuch" gestaltet.

Das Projektthema ist so umfangreich, daß für jede Altersgruppe angemessene Aktivitäten gefunden werden können. Dabei kann mit einfachen Rezepten begonnen werden, bei denen die Schüler nur die Zutaten vermischen müssen (wie bei vielen Salaten), oder Brote belegen und garnieren oder einen einfachen Teig anrühren.

Stets wird dabei mit Gewichten umgegangen, es wird gemessen – egal ob mit Löffel, Tasse, Meßbecher oder mit Waage und Litermaß – geschätzt und verglichen.

Mit diesem Projekt werden die Kinder angeregt, selbst kleine Gerichte zuzubereiten. Dabei wird über gesunde Lebensweise und Ernährung gesprochen. Eine enge Verbindung zu Sachunterricht sollte hergestellt werden. Aber auch die Verbindung zum Deutschunterricht, zum Zeichnen und sogar zu Sport oder Musik ist gegeben.

Frühlingsfest mit kaltem Büfett (Ideensammlung)

Aus der Vielfalt soll die Vorbereitung eines Frühlingsfestes aufgegriffen werden. Die Kinder unterhalten sich darüber, welche kalten Gerichte sie selbst anfertigen können. Vorschläge werden an der Tafel festgehalten:

Tb 1:

Frühlingsfest mit kaltem Büfett
Kräuterquark   Eiersalat
Obstsalat
Käsehappen   Wurstspieße
Apfel-Möhren-Salat

Projektplanung

Nun wird überlegt, was alles zu bedenken ist. Stichpunktartig werden die Fragen festgehalten:

– Welche *Zutaten* brauchen wir?

– Wieviel brauchen wir? Wie teuer ist das?

– Wie ist das *Rezept*? Für wie viele Personen reicht das? Für wie viele Personen wollen wir das Fest vorbereiten?

– Welche *Geräte* brauchen wir? Woher bekommen wir diese?

Für die Auswahl der Rezepte könnte

a) die Lehrerin bereits Rezepte vorbereitet haben

b) die Lehrerin Kinderkochbücher mitbringen

c) der Nachmittag genutzt werden, um in der Bibliothek nachzuforschen, die Mutter oder die Oma zu fragen.

Hat die Lehrerin entsprechende Kochbücher mitgebracht, könnten die Kinder in Gruppen jeweils ein Gericht auswählen.

Jede Gruppe stellt ihr Gericht vor. Entsprechend der Fragen wird bei der Planung auf die Zutaten, deren Mengen und die benötigten Haushaltsgeräte geachtet. Aus den Rezepten sind die Zutaten und die Arbeitsschritte herauszusuchen. Diese können übersichtlich in ein Arbeitsblatt (vgl. Anlage I, linke Seite) eingetragen werden. Das Ausfüllen der rechten Seite dieses Arbeitsblattes nehmen die Gruppen später selbständig vor. Doch halt: Was sind das überhaupt für Angaben in den Rezepten? Dort findet man die Maßeinheit Gramm ebenso wie Eßlöffel oder Prise.

Im Gespräch kann geklärt werden, daß bisher nur die Einheit Kilogramm im Unterricht verwendet wurde. Für die Rezepte braucht man eine neue Einheit: das Gramm. Die Lehrerin verweist darauf, daß auf den meisten Lebensmitteln das Gewicht in Gramm steht. Es kann hier bereits darauf eingegangen werden, daß 1 kg = 1000 g sind. Wie schwer ein Päckchen Quark oder eine Packung Puderzucker, ein Becher Margarine oder eine Packung mit Salz sind, sollen die Kinder im Zusammenhang mit dem weiteren Vorbereiten des Büfetts erkunden.

1. Erkunde, in welchem Gewicht die benötigten Zutaten abgepackt sind (vgl. Anlage II)

wir brauchen	das gibt es in	wir brauchen
Zucker	1000 g	.... Packungen
Mehl	1000 g	

Als nächstes könnte auf die Angaben eingegangen werden, die nicht in Gramm erfolgen. Auch dazu erhalten die Schüler einen Erkundungsauftrag (vgl. Anlage III). Sie sollen zunächst aus den Rezepten alle Maßangaben heraussuchen, die nicht in Gramm gegeben sind. Diese werden zu Hause durch weitere ergänzt, die in den verschiedenen Koch- und Backbüchern verwendet werden. Die Schüler füllen zunächst nur die linke Seite der Tabelle (Anlage III) aus. Das Ermitteln des jeweiligen Gewichts bzw. des Volumens sollte möglichst im Unterricht erfolgen, damit alle Kinder lernen, Angaben in Gramm zu schätzen, miteinander zu vergleichen und auf einer Briefwaage zu wiegen oder mit einem Meßbecher bzw. Meßlöffel zu messen. Auf die Gestaltung dieses Unterrichtsabschnitts wird noch gesondert eingegangen.

Nun müssen die Schüler noch überlegen, welche Haushaltsgeräte sie für ihr Rezept jeweils benötigen. Dazu kann versucht werden, den Arbeitsschritten, die aus den Rezepten herausgeschrieben werden (vgl. Anlage I), Haushaltsgeräte wie Schüssel oder Holzlöffel zuzuordnen. Wenn das Beschäftigen mit Rezepten und das Zubereiten von Speisen immer wieder aufgegriffen werden soll, könnte eine Sammlung von Oberbegriffen vorgegeben werden, zu denen die Kinder jeweils Geräte zuordnen, die sie beschreiben und/oder zeichnen können (vgl. Anlage V). Diese Sammlung wird bei jedem neuen Rezept ergänzt, bis eine Übersicht über die wichtigsten "Helfer im Haushalt" in ansprechender Form präsentiert werden kann (vgl. Anlage VI). Die damit verbundenen Übungsmöglichkeiten zum Beschreiben von Gegenständen wird der Deutschlehrer sicher gern nutzen.

Das letzte Problemfeld, das zu bearbeiten ist, umfaßt das Berechnen der Rezepte für die Personenzahl. Soll beispielsweise das Frühlingsfest nur innerhalb der Klasse stattfinden, so wären die Zutaten für 20 Personen zu berechnen. In den meisten Kochbüchern steht neben dem Rezept, für wie viele Personen es ausreicht. Teilweise findet man auch allgemeine Angaben, die als Berechnungsgrundlage genutzt werden können.

Je Person rechnet man:

Teigwaren (Nudeln)	80 g bis 100 g
Reis, Erbsen, Bohnen	60 g bis 100 g
Kartoffeln	250 g bis 400 g
Gemüse	200 g bis 250 g
Fleisch (ohne Knochen)	100 g bis 125 g
Quark	50 g bis 150 g
Süßspeise	1/8 l

Da die Kinder kaum Vorstellungen haben, wieviel Reis, Kartoffeln oder Nudeln das sind, sollten diese Lebensmittel abgepackt werden. Jeder hebt die Tüten selbst hoch und vergleicht sie miteinander.

Strategien für das Umrechnen der Rezepte auf die entsprechende Personenzahl sollten zunächst in Gruppen gesucht und besprochen werden. War ein Rezept für 4 Personen, so könnten die Kinder erkennen, daß man alle Angaben mal 5 nehmen muß, damit es für 20 Personen reicht. Aber auch dann, wenn die Kinder scheinbar umständlichere Wege anwenden, sollte nicht eingegriffen werden.

Während dieses Erarbeitungsprozesses werden an der Tafel die jeweiligen Stichpunkte festgehalten. Die Überschrift „Erkundungsaufträge" wird ergänzt.

Tb 2:

Erkundungsaufträge
Lebensmittelverpackungen
Maßangaben in Rezepten
Haushaltsgeräte
Zutaten (für 20 Personen)

Erkundungen

Das weitere Vorgehen könnte in verschiedener Weise erfolgen:

(A) Wenn jeweils eine Gruppe ein Gericht für das Frühlingsfest herstellen will, so könnte in der Gruppe überlegt werden, wer jeweils welchen Auftrag übernimmt. Es wird arbeitsteilig vorgegangen und dabei jeweils Interessen und Fähigkeiten berücksichtigt. Der talentierte Zeichner beschäftigt sich mit den Haushaltsgeräten, der beste Rechner rechnet die Zutaten aus. Am Ausbilden von Größenvorstellungen arbeiten dann alle im folgenden Unterricht.

(B) Wenn diese Aktivitäten als Sicherung der Voraussetzungen für das Projekt „Frühlingsfest" gesehen werden und noch nicht an Rezepte für jede Gruppe gebunden sind, kann jeweils eine Gruppe einen Auftrag übernehmen. Die eine Gruppe erkundet dann in der Bibliothek in Kochbüchern, welche Maßangaben verwendet werden, die andere in verschiedenen Lebensmittelmärkten in welchen Mengen die Lebensmittel abgepackt sind.

Auswertung der Erkundungsaufträge

In einer Auswertungsstunde werden einzelne Erkundungsfelder aufgegriffen:

(1) *Wie schwer sind die Lebensmittel?*

Die Kinder sollen bei der Auswertung Vorstellungen über Gewichte erwerben. Dazu müssen sie diese erfassen, schätzen und vergleichen. Da auf den Verpackungen das jeweilige Gewicht steht, wird in dieser Phase noch keine Waage eingesetzt. Die Kinder, die sich mit abgepackten Lebensmitteln beschäftigt haben, wählen je drei aus und stecken sie in eine Tüte. Außen auf der Tüte steht, was darin ist, aber nicht wieviel. Die Schüler stehen um einen Tisch, auf dem die Tüten mit Lebensmitteln liegen. Sie nehmen immer zwei Tüten und vergleichen miteinander. Sie stellen fest: Der Quark ist schwerer als das Mehl.

Einer der Schüler, die die Gewichte auf ihrem Zettel stehen haben, entscheidet, ob das richtig oder falsch ist. Evtl. gibt er für richtige Antworten Punkte in Form von Chips aus.

Als nächstes sollen die Schüler schätzen, wie schwer die jeweilige Tüte ist. Man kann dies ohne Hilfe versuchen. Da die Schüler bisher kaum Vorstellungen über Gewichte haben, kann eine Tüte, die 100 g schwer ist oder ein Gewichtsstück zum Vergleichen bereitgestellt werden. Die Schätzungen erfolgen geheim oder werden an der Tafel festgehalten:

Tb 3:

		1500 g
300 g		
	Mehl	250 g
420 g		
	80 g	

Wer dem Gewicht am nächsten kommt, erhält einen Punkt. Auf diese Weise wird der Schätzmeister ermittelt.

(2) *Wie schwer ist eine Tasse Mehl?*

Als Auswertung der Erkundungen zum „ABC der Küche" werden zunächst die Maßangaben genannt (Tb 4 links).

Tb 4:

Maßangaben	Angaben in Rezepten	Meßgerät
Eßlöffel	Eßlöffel Mehl	Briefwaage
	Eßlöffel Zucker	
	Eßlöffel Milch	
Teelöffel	...	
Tasse	Tasse Mehl	Küchenwaage

Dabei haben vielleicht einige Kinder schon eine Unterscheidung nach Eßlöffel Mehl und Eßlöffel Zucker vorgenommen (Tb 4 Mitte). Die Frage, ob diese gleich schwer sind, wird zunächst durch direkten Vergleich überprüft. Die Entscheidung ist sicher nicht eindeutig, deshalb soll gewogen werden. Aus der Erfahrung kennen die Schüler schon verschiedene Waagen. Die mitgebrachten werden vorgestellt und eine kurze Einführung in die Funktionsweise gegeben. Es wird entschieden, was mit welcher Waage zu wiegen ist und am Tafelbild ergänzt (Tb 4 rechts).

Gruppenweise wiegen jetzt die Schüler die Lebensmittel ab und füllen die rechte Seite der entsprechenden Übersicht aus (Anlage III). Als Gesamtauswertung könnte eine Maßtabelle (Anlage IV) erstellt werden, die in das Schulkochbuch aufzunehmen ist.

Haben Kinder bei ihren Erkundungen in den Kochbüchern bereits ähnliche Maßtabellen gefunden, können sie zum Vergleichen der eigenen Meßergebnisse genutzt werden. Abweichungen sind Anlaß, darüber zu reden, daß die Tassen und Löffel unterschiedlich groß sind und deshalb auch Unterschiede im Gewicht entstehen müssen. Da man aber beim Kochen oder Backen dieselbe Tasse zum Messen benutzt, hat dies meist keinen Einfluß auf das Gelingen des Rezeptes.

Anhand der Maßtabelle wird auch deutlich, daß ein Eßlöffel Salz schwerer als ein Eßlöffel Mehl ist. Die Schüler machen die Erfahrung, daß der Rauminhalt und das Gewicht verschiedene Größen sind. Durch Betrachten von Meßbechern, an denen der Eichstrich für 500 g Mehl nicht identisch mit dem Strich für 500 g Zucker ist, wird diese Erfahrung bestätigt. Nun verstehen die Schüler evtl. die Scherzaufgabe: Was ist schwerer, 500 g Federn oder 500 g Eisen?

Interessante Variationen sind: Was ist mehr, 100 g Popcorn oder 100 g Scholokalde? Sie bilden selbst weitere solche Aufgaben und versuchen, ...ist schwerer als... und ...ist mehr als... richtig als Relation zu verwenden.

Die anderen Erkundungsaufträge werden individuell ausgewertet. Die Lehrerin verschafft sich einen Überblick, ob das Arbeitsblatt I selbständig und richtig ausgefüllt wurde. Abschließend sollen in dieser Stunde Vereinbarungen für das Zubereiten der Speisen getroffen werden:

– Wer kauft ein?

– Wer bringt die Haushaltsgeräte mit?

– Wer gestaltet den Tisch zur Präsentation?

Zubereitung der Speisen

Der Klassenraum sollte so eingeräumt sein, daß die Kinder an Gruppentischen gemeinsam arbeiten können. Die Zutaten und benötigten Materialien werden bereitgestellt. Günstig ist es,

wenn die Lehrerin die Lebensmittel, von denen nur geringe Mengen gebraucht werden, mitbringt, so z. B. Salz oder Öl, weil diese nur in größeren Abpackungen erhältlich sind.

Für das Frühlingsfest können u. a. folgende Speisen zubereitet werden:

> *Frühlingsquark*
> 250 g Quark
> 2 Prisen Salz
> 1 Prise Zucker
> 1 Prise Kümmel
> 1 kleine Zwiebel
> Schnittlauch
> Petersilie
> 50 g Butter oder Öl

> *Fruchtquark*
> 250 g Quark
> 50 g Zucker
> ½ Päckchen Vanillezucker
> 2 Eßlöffel gehackte Nüsse oder Mandeln
> 2 - 3 Eßlöffel Milch
> 100 g frische Erdbeeren oder
> 2 Eßlöffel Marmelade oder
> 2 Eßlöffel Fruchtsaft

> *Gefüllte Eier*
>
> 4 gekochte Eier (8 bis 10 Minuten) schälen und längs halbieren
> Füllungen (verschiedene Möglichkeiten)
> (I) 1 Eßlöffel Öl
>   1 Eßlöffel frische Kräuter
>   (klein gehackt)
>   1 Prise Salz
>   4 zerdrückte Eigelb
> (II) 50 g mageren Schinken
>   (klein gehackt)
>   1 Eßlöffel Margarine
>   1 Prise Salz
>   4 zerdrückte Eigelb
> (III) 1 Eßl. Anschovis
>   1 Eßl. Mayonnaise
>   4 zerdrückte Eigelb
> Die Füllung gut verrühren und in die Eihälften spritzen.

> *Wurstspieße*
>
> 4 Wiener Würstchen
> 2 mittlere Gewürzgurken oder eine frische Gurke
> 200 g Schnittkäse (am Stück)
> Würstchen und Gurke in 1 cm dicke Scheiben schneiden.
> Käsewürfel schneiden.
> Abwechselnd Stücke von Wiener Würstchen, Gurke und Käse auf die Spieße stecken. Als Spieße können Zahnstocher oder auch längere Holzspieße benutzt werden.

Weitere Salatrezepte können Kochbüchern entnommen werden, z. B. für *Obstsalat, Käsesalat, Eiersalat*.

Die Speisen sind so ausgewählt, daß die Hauptarbeit im Schneiden, Anrühren und Garnieren besteht. Das Kochen der Eier kann zu Hause erfolgen. Nach Möglichkeit sollten frische Kräuter, Obst und Gemüse einbezogen werden.

Vor dem Beginn des Frühlingsfestes sollte gemeinsam aufgeräumt werden. Jeder hat seinen Auftrag zu erfüllen. Dazu werden die Tische schön dekoriert und Servietten, Teller und Besteck bereitgelegt. Natürlich sollte das Fest nicht nur im Essen bestehen: Lieder und Spiele sind ausgewählt. Evtl. werden Gäste eingeladen. Alles ist vorbereitet. Das Fest kann beginnen.

Plätzchen und Kuchen

Insbesondere in der Weihnachtszeit ist das Plätzchenbacken eine beliebte Beschäftigung der Kinder. Auch im Unterricht kann dieses Thema aufgegriffen werden, um die Sicherheit im Umgang mit Gewichten, im Messen und Wiegen zu verbessern.

Wenn die Kinder Plätzchen ausstechen, können sie Entdeckungen über die Beziehung zwischen den Flächen machen und erkennen, welche Formen sich mit möglichst wenig „Abfall" anordnen lassen.

Interessant sind auch Einsichten über die Kuchenrolle (umgangssprachlich Nudelholz genannt).

Projektinitiative

Die Klassen bereiten eine Weihnachtsfeier vor, zu der die Eltern eingeladen sind. Die Schüler wollen ihre Eltern mit Selbgebackenem überraschen. In Abhängigkeit von den konkreten Bedingungen nimmt man sich vor:

- Waffeln mit Waffeleisen zu backen (vgl. Anlage VIII)

- Weihnachtskonfekt herzustellen (dies ist aus Schokolade, Marzipan u.ä. auch ohne Backofen möglich)

- Weihnachtsplätzchen zu backen (vgl. Tb 5).

Projektplanung

Die Kinder unterhalten sich über ihr Lieblingsrezept. Einige haben schon Erfahrung im Backen. Sie bringen Rezepte von zu Hause mit. Andere Kinder hatten in Vorbereitung auf das Vorhaben den Auftrag, sich über Preise von Backzutaten zu informieren. Evtl. erhalten sie von der Lehrerin eine Einkaufsliste (vgl. Anlage VII), in die sie das Gewicht und den Preis eintragen.

Nachdem zu Beginn der Stunde einige Schüler ihre Rezeptvorschläge vorgestellt hatten, wurde eine Auswahl getroffen. Es ist sinnvoll, sich auf 3 bis 5 verschiedene Rezepte zu einigen, so daß in Gruppen jeweils nach einem Rezept gearbeitet werden kann. Legt man Rezepte für jeweils 500 g Mehl zugrunde, erscheint die Menge für eine Klasse mit 20 bis 25 Kindern und deren Eltern ausreichend, wenn in vier Gruppen gebacken wird.

Nun werden die Rezepte näher untersucht. Treten Maßangaben auf, die man nicht mit der Waage wiegen kann (ein Eßlöffel und eine Tasse) können diese mit Hilfe der Tabelle (vgl. Anlage IV) umgerechnet werden. Evtl. müssen die Kinder zunächst mit diesen Angaben vertraut gemacht werden. Das Vorgehen wurde bereits beim "Frühlingsbüfett" beschrieben. Eine entsprechende Aufgabenstellung für ein Waffelrezept enthält Anlage VIII. Häufig treten in Rezepten auch Brüche auf. Anhand der konkreten Angabe wird den Kindern gezeigt, daß man ½ erhält, wenn man 1 in zwei gleiche Teile einteilt u.ä. Treten Brüche in Verbindung mit Flüssigkeiten auf, können diese anhand eines Meßbechers bewußt gemacht werden.

Als nächster Schritt wird das Einkaufen vorbereitet. Dazu gibt jede Gruppe an, wieviel Mehl, Zucker,... sie benötigt. Die Angaben werden addiert. Mit Hilfe der Übersicht zu den Verpackungsgrößen und den Preisen wird die endgültige Einkaufsliste erstellt. Oft muß dabei mit Näherungswerten gearbeitet werden. Die Schüler erkennen, daß man nie weniger kaufen darf als die Summe der Backzutaten, teilweise muß man aber mehr kaufen, weil es nur bestimmte Verpackungsgrößen gibt. Das Berechnen kann ggf. in Gruppen erfolgen, nachdem alle Angaben an der Tafel stehen. So berechnen die einen, wieviel Mehl gebraucht wird und wie teuer es ist, die anderen ermitteln die Menge und den Preis für Zucker.

Zum Abschluß könnte aus den Gesamtkosten berechnet werden, wieviel jeder Schüler bezahlen muß.

Wiederum werden die Aufgaben verteilt:

- Einkaufen

- Haushaltsgeräte mitbringen

- Waagen und Meßbecher bereitstellen

- Plätzchenformen auswählen.

Projektdurchführung

In der nächsten Stunde werden auf einem Tisch alle Zutaten bereitgestellt. Der Backofen wird vorgeheizt. Die Zutaten werden abgewogen. Jede Gruppe richtet ihren Backtisch ein. Die erfahrenen Kinder werden als Bäckermeister eingesetzt. Sie verteilen die Aufgaben: Teig anrühren bzw. kneten kann nur jeweils einer. Ein anderer fettet die Bleche ein. Es wird festgelegt, wer den Teig ausrollen darf. Am Formen und Ausstechen der Plätzchen können sich alle beteiligen.
Die Lehrerin weist noch einmal darauf hin, daß beim Ausstechen so zu arbeiten ist, das wenig Teig übrig bleibt. Evtl. diskutieren die Kinder optimale Varianten:

Tb 5:

	Ausstecherplätzchen	Vanillekipferl	Heidesandplätzchen	Summe	Preis
Mehl	400 g	360 g	300 g		
Zucker	200 g	100 g	200 g		
Eier	2	2		4 Stück	
Mandeln		140 g			
Butter	200 g	250 g	200 g		
Vanillezucker	1 Pck.	2 Pck..	1 Pck.	4 Pck.	0,49 DM
Salz	1 Prise		1 Prise		

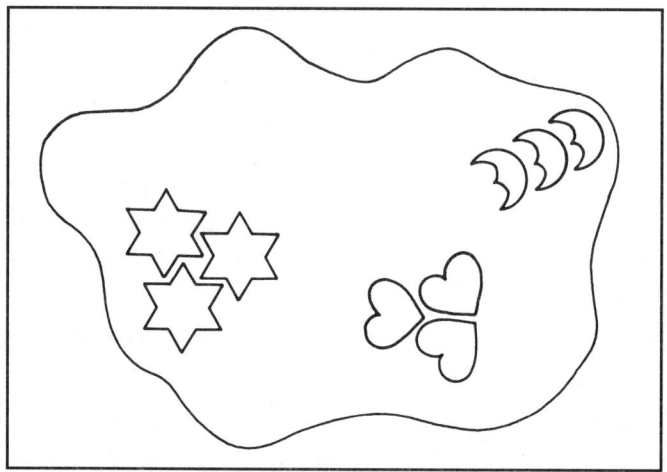

So können die Kinder feststellen, daß sich am besten quadratische Plätzchen anordnen lassen. Das Argument, daß diese nicht so schön aussehen, wird entkräftet, wenn man zwei als Stern übereinander legt. Dazwischen können Rosinen oder Mandeln gelegt werden. Auch für Herzen wird eine günstige Anordnung gesucht.

Wenn es in der Schule ein Kochbuch gibt, werden weitere Rezepte herausgeschrieben. Dazu kann ein im Handel erhältlicher Motiv-Block benutzt werden, vorn stehen die Zutaten, auf der Rückseite die Zubereitung.

Präsentation

Stolz werden die Kinder ihre Plätzchen zur Weihnachtsfeier den Eltern anbieten.

Hauptgerichte schnell zubereitet

Was esse ich heute? Vor dieser Frage stehen viele Schulkinder nach dem Unterricht, deren Mütter berufstätig sind. Jeden Tag Pommes oder Hamburger - das hält auf die Dauer keiner aus.

Mit diesem Projekt sollen Kinder ab 10 Jahren angeregt werden, selbst kleine Gerichte zuzubereiten. Dazu können kleine Tips gegeben werden zum Aufwärmen und "Veredeln" von Resten, zum Umgang mit Herd und Mikrowelle, zu Schnell- und Fertiggerichten.

Die Kinder lernen, Zubereitungszeiten zu planen und Arbeitsschritte zu koordinieren.

Den Hauptteil des Projekts bilden Rezepte. Sie reichen von einfachen Eiergerichten (Rührei, Spiegelei, Eierkuchen), beliebten Nudelgerichten, Kartoffelrezepten über Salate und Süßspeisen bis hin zu köstlichen Kuchen und Törtchen.

Zu jedem Rezept werden die Zutaten für eine Person berechnet. Die Zubereitung wird ausführlich beschrieben. Zusätzlich werden Anregungen gegeben, wie das Grundrezept variiert und verfeinert werden kann.
Dabei werden die Kenntnisse über das ABC der Küche und Maßangaben, die nicht in Gramm erfolgen, aufgegriffen und angewendet.

Wird das Projekt am Ende der 4. Klasse durchgeführt, können insbesondere die Rechenfertigkeiten zum Dividieren verbessert werden, um Rezepte aus Kochbüchern, die für 2 oder 4 Personen berechnet sind, auf eine Person umzurechnen.

Zur Gestaltung könnten

a) Schüler Rezepte vorstellen, die in Gruppen zubereitet werden,

b) Rezepte besprochen werden, die die Kinder zu Hause ausprobieren,

c) aus Kochbüchern Anregungen herausgesucht und ausprobiert werden.

Anlage VIII ist als Beispiel für die Gestaltung eines individuellen oder Klassenkochbuches zu sehen.

Es wird deutlich, daß in den Rezepten die Zutaten nicht nur als Gewichte, sondern auch als Volumen angegeben sind. Die dabei verwendete Einheit 1 l ist den Kindern aus dem täglichen Umgang bekannt. ½ l bzw. ¼ l kann man dann durch gleichmäßiges Aufteilen bewußt machen.

Interessant sind Schätzungen zum Volumen. So könnte der Lehrer unterschiedliche Gefäße bereitstellen (Gläser, Flaschen), in die die Schüler beispielsweise etwa ¼ l Milch gießen sollen. Die Flüssigkeit wird in einen Meßbecher gegossen und festgestellt, in welchem Gefäß die geschätzte Flüssigkeit am dichtesten bei ¼ l war. So erkennen die Schüler die Beziehung zwischen Breite des Gefäßes und Höhe des Flüssigkeitsstandes.

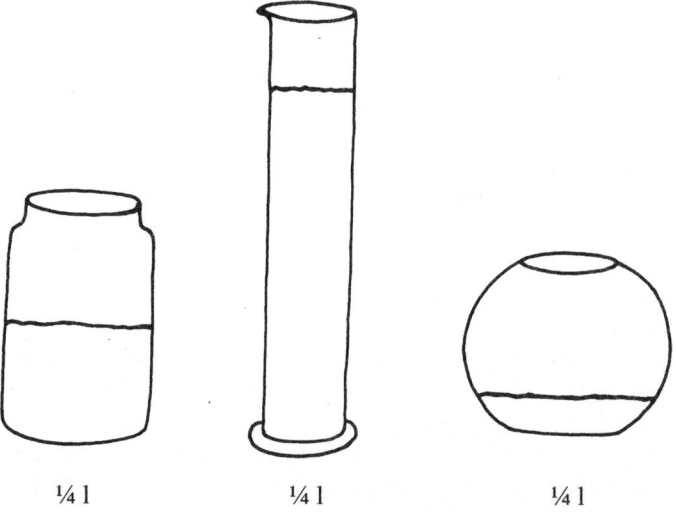

¼ l   ¼ l   ¼ l

Die Kinder suchen Beispiele, die sie sich als Repräsentant für 1 l und Teilen davon einprägen können, z.B. eine große Flasche Milch ist 1 l, eine große Flasche Fanta ist 1,5 l, eine große Flasche Bier ist ½ l. Sie stellen auch zu kleinen Flaschen das Fassungsvermögen fest. Treten auf diesen Gefäßen die Bezeichnungen in ml auf, sollten die Kinder über diese Einheit informiert werden. Um beispielsweise zu erfassen, wieviel ein Eßlöffel Milch ist, kann ml verwendet werden.

Dieses Projekt kann in Ergänzung analog den Projekten „Frühlingsbüfett" und „Weihnachtsplätzchen" gestaltet werden.

Wir bereiten _____ zu

Zutaten für 4 Personen

_____

_____

_____

_____

_____

_____

_____

Zutaten für 20 Personen

_____

_____

_____

_____

_____

_____

_____

Arbeitsschritte

_____

_____

_____

_____

Haushaltsgeräte

_____

_____

_____

_____

Lebensmittel sind abgepackt

wir brauchen	das gibt es in Packungen mit	wir brauchen
Quark	250 g	**........ Packungen**
	500 g	
Salz	500 g	
Pfeffer	50 g	
	20 g	
Puderzucker		

ABC der Küche

Angaben in Rezepten	Angabe in Gramm oder Liter
eine Prise Salz (soviel wie man mit Daumen, Zeigefinger und Mittelfinger nehmen kann)	
ein Teelöffel Fett (kleiner Löffel)	
ein Eßlöffel Zucker (großer Löffel)	
Suche weitere solche Angaben	**Ermittle, wieviel das ist. Wähle dazu eine geeignete Waage aus.**

Maßtabelle

	Teelöffel	Eßlöffel	kleine Tasse	größere Tasse			
Fett (Margarine, Butter, Öl)	4 g	16 g	-	-			
Mehl	2 g	10 g	120 g	150 g			
Zucker	4 g	12 g	150 g	180 g			
Salz	5 g	20 g	-	-			
Grieß	4 g	12 g	110 g	140 g			
Flüssigkeit (Milch oder Wasser)		15 Eßlöffel sind 1/4 l	2 Tassen sind 1/4 l	3 Tassen sind 1/2 l			

Haushaltsgeräte

Löffel   **Messer**

Gefäße   **Rührgeräte**

Kuchenformen   **Reibeisen**

Die wichtigsten Helfer in der Küche

Löffel				
	Eßlöffel	Teelöffel	Soßenlöffel	Schöpfkelle
Messer		großes Küchenmesser		
		großes Küchenmesser	Schnitzer	Schälmesser
Töpfe				
	Milchtopf	Kochtöpfe	Bratpfanne	
Siebe				
	Salatsieb (löchrig)	Mehlsieb (fein)	Siebkelle	Teesieb
Reiben				
	Rohkostreibe	Kartoffelreibe	Apfelreibe	
Rührgeräte				
	Schneebesen	Quirl	Holzlöffel	elektrisches Rührgerät
Kuchenformen				
	Napfkuchen-form	Springform	Kastenform	Obstform
	Blech	Gitterrost		
Meßgeräte				
	Meßbecher	Küchenwaage	Meßlöffel	
Teig				
	Kuchenrolle	Ausstech-förmchen	Spritzbeutel	

Backzutaten

	Gewicht	Preis
Mehl		
Zucker		
Eier		
Butter		
Sanella		
Mandeln		
Rosinen		
Nüsse (gehackt)		
Blockschokolade		
Milch		
Vanillinzucker		
Backpulver		

Schreibe das Rezept so um, daß die Zutaten in Gramm angegeben werden. (Benutze die Maßtabelle). Dann arbeite nach der Anleitung.

1 Ei

2 Teelöffel Zucker

1 Prise Salz

2 Prisen Vanillezucker

1/2 Tasse Milch

1 Tasse Mehl

1 Messerspitze Backpulver

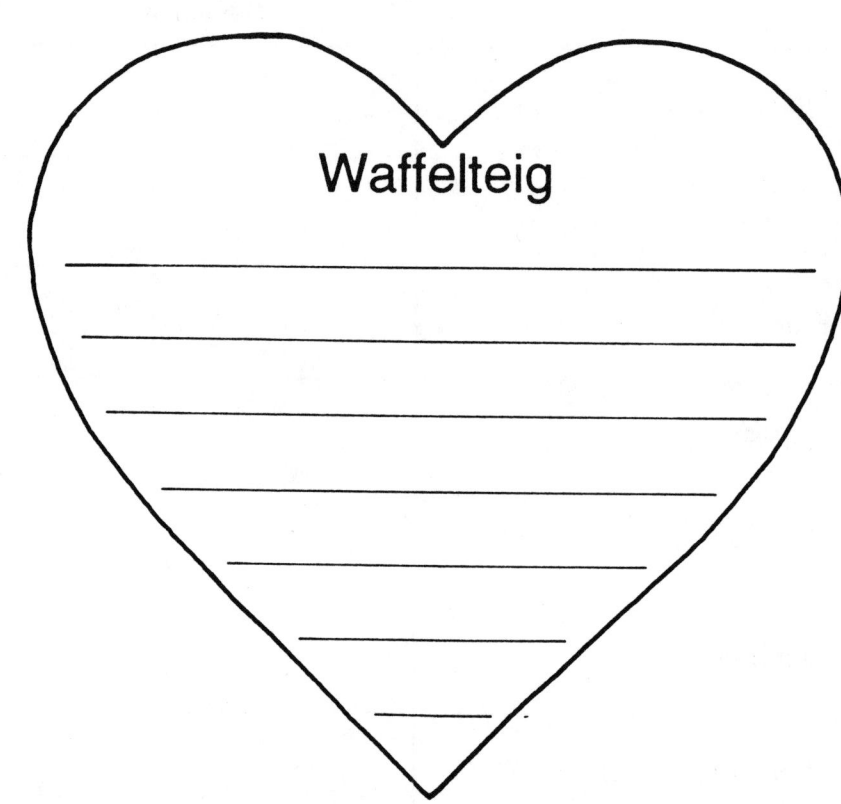

Anleitung:

1. Verrühre das Ei, den Zucker, Salz und Vanillezucker.

2. Mische das Backpulver mit dem Mehl und rühre es mit der Milch unter die Masse.

3. Fette das Waffeleisen ein.

4. Erhitze es.

5. Gib den Teig löffelweise auf das Waffeleisen und backe Waffeln.

P 20: Osterbastelei

Ziele

Die Kinder stimmen sich durch vielfältige Aktivitäten auf Ostern ein. Beim Gestalten von Ostereiern entwerfen sie Muster, erkennen Bildungsprinzipien für Schmuckkanten und setzen Muster und Schmuckkanten fort. Die Muster bestehen häufig aus geometrischen Grundformen, wie Kreis, Quadrat und Rechteck, die in einer bestimmten Weise angeordnet werden. Dabei erkennen die Kinder Beziehungen zwischen den Längen der Seiten (paßt - paßt nicht). Beim Bemühen um Gleichmäßigkeit entdecken sie Eigenschaften der Symmetrie.

Beim Gestalten von Glückwunschkarten und Fensterbildern werden meist symmetrische Figuren verwendet. Als Verfahren wird das Falten und Schneiden eingesetzt. Zum Anfertigen der Karte und des Bilderrahmens sind Fähigkeiten und Fertigkeiten im Zeichnen und Messen erforderlich. Eigenschaften wie „deckungsgleich" werden bei der praktischen Arbeit entdeckt. Desweiteren erkennen die Kinder Beziehungen zwischen dem Inhalt verschiedener Flächen, indem sie unterschiedliches Papier übereinander legen und so die Größe vergleichen. Der Umfang kann als Länge der Seiten beispielsweise beim Gestalten von Schmuckkanten um die Karte oder beim Ausschneiden von Rahmen entdeckt werden.

Körpernetze, insbesondere zu Würfel, Quader und Zylinder, stehen im Mittelpunkt beim Anfertigen von Osterkörbchen.

Bei allen Aktivitäten werden die Zeichenfertigkeiten der Kinder weiterentwickelt.

Problemfelder

Gestalten von Ostereiern
Herstellen von Osterkörbchen
Anfertigen von Fensterbildern
Entwerfen von Osterkarten
Schmücken eines Osterstraußes
Kleine Überraschungen zu Ostern:
- das magische Ei und andere Legespiele
- Suchbilder
- Tischkarten, Serviettenständer
- Ostergras und Osterblumen - selbst gezogen

Einordnung

Klasse 3 und 4

Zeitplanung

2-3 Stunden je Klassenstufe

Spezifik des Projektes

Die Fülle der Problemfelder können im Rahmen des Unterrichts nicht alle bearbeitet werden. Der Lehrer wird nach den spezifischen Bedingungen seiner Klasse bzw. des Territoriums eine Auswahl treffen. Für die Organisation sind folgende Varianten möglich:

- Im Klassenraum werden Stationen mit entsprechenden Arbeitsmaterialien aufgebaut. Die Kinder entscheiden sich zunächst für eine Station, können aber im Verlauf des Unterrichts die Stationen wechseln.

- Bestehen bereits Gruppen, so entscheiden die Gruppen, was sie tun wollen. Dabei sollte möglichst an einem Gruppentisch dieselbe Aktivität ausgewählt werden, weil die Materialbereitstellung sonst kaum realisierbar ist.

Literaturhinweis

Behnke, K.: Singen und Musizieren zu Ostern. In: Grundschulunterricht, Berlin 41 (1994) 3, S. 67 - 68.

Brandt, M.: Osterbräuche. In: Grundschulunterricht, Berlin 40 (1993) 3, S. 20 - 22.

Bruk, G.: Osterzeit. In: Grundschulunterricht, Berlin 40 (1993) 3, S. 18 - 20.

Cuno, S. / Kirsch & Korn: Bald ist Ostern. Viele Überraschungen selbst gemacht. Ravensburg: Maier, 1984.

Ettelt, V.: Ostereier. Niedernhausen: Falken, 1992.

Kratzer, H./Zoder, S.: Ostermotive zum Anmalen, Basteln, Gestalten. In: Praxis Grundschule 17 (1993) 2.

Litten, H. (Hrsg.): Leselöwen Osterbuch. Geschichten, Gedichte, Berichte, Vorschläge für Bastelarbeiten. Bindlach: Loewes, 1989.

Michel, B. / Scheidtmann, G.: Bastelspaß für Ostern kinderleicht. Niedernhausen: Falken, 1991.

Rolf Kauka's Bussi Bär. Kinderbibliothek. Bastelideen von Bussi-Bär für jede Jahreszeit. Rastatt: Pabel-Moeweig, 1993.

Täubner; A. / Walz, I.: Das große Osterbuch. Stuttgart: Frech, 1992.

Uffelmann, I. (Hrsg.): Basteln rund ums Jahr. Köln: Buch und Zeit, 1993.

Wolter-Pfingsten, T.: Mit Kindern den Frühling erleben. In: Praxis Grundschule, Braunschweig 17 (1993) 2, S. 4 - 20.

Lösung zum Legespiel „Das magische Ei"
(vgl. Anlage VIIa)

Lösung zum Legespiel „Eiersalat"
(vgl. Anlage VIIb)

Projektbeschreibung

Projektidee und Auswahl von Problemfeldern

In der Weihnachtszeit wird in den Schulen viel gesungen, gebastelt und über das Fest gesprochen.

Fällt Ihnen ein Lied zu Ostern ein?

Auch das Osterfest ist für die Kinder ein Höhepunkt, den der Unterricht nicht einfach übergehen sollte.

Als Einstimmung auf das Projekt "Ostern" könnte eine Geschichte über Osterbräuche oder ein Ostergedicht vorgelesen werden.

Kinderreim

Osterhäschen, groß und klein
tummeln sich am Wiesenrain,
müssen tanzen, hopsen, lachen
und mitunter Männchen machen.
Heute wollen wir mal springen
und den Kindern Eier bringen:
rote, gelbe, braune, graue,
bunte, grüne, himmelblaue.
Keiner kriegt was, der uns sieht:
Das ist unser Hasenlied.

Dabei steht je nach Alter der Kinder der Osterhase, das Eierfärben, die Veränderungen in der Natur oder die biblische Geschichte im Vordergrund. Sicher ist, daß sich alle Kinder auf Ostern freuen. An dieser Freude sollen andere teilhaben. Dazu könnte einer der folgenden Vorschläge aufgegriffen werden:

– Wir bereiten einen Ostermarkt in der Schule, im Wohngebiet, für Eltern oder für alte Menschen vor. Dort verkaufen wir alles (Gebasteltes, Gebackenes, ...) rund um's Osterfest. Den Erlös spenden wir für die Kinder in ...(Kroatien).

– Wir bereiten ein Schulfest zur Einstimmung auf Ostern vor. Dazu gestalten wir Tische zum Basteln, zum Knobeln, zum Naschen und zum Spielen.

– Wir fertigen Osterkörbchen und Ostersträuße für den Kindergarten oder das Altenheim, für Behinderte oder Kranke an.

– Wir fertigen Osterschmuck zur Ausgestaltung des Klassenraumes, des Schulgebäudes oder für zu Hause an.

Nachdem der Lehrer die Idee geäußert hat, überlegen die Schüler, was sie dazu tun wollen. Im Mittelpunkt steht das Bemalen von Ostereiern. Doch es gibt noch andere interessante Möglichkeiten zum Gestalten von Eiern und zum Anfertigen von Osterschmuck. Nach einem ersten Gespräch sollte den Schülern Zeit zum Erkunden gelassen werden. Sie könnten Eltern und Großeltern fragen, in Bastelbüchern nachschlagen oder sich umschauen, was Geschäfte und Büros zur Dekoration benutzen.

Die nächste Mathematikstunde wird genutzt, um abzugrenzen, was sich die Klasse, bestimmte Gruppen oder der einzelne vornimmt. Weiterhin wird überlegt, welche Materialien gebraucht werden und wer diese besorgt.

Ostereier	*Strauß mit Osterschmuck*	*Fensterbilder*
ausgeblasene Eier	Schere, Farben	Tonpapier
Pinsel	Buntpapier	Transparent-
Farbe	Karton	papier
Velourpapier, Leim	Farbstifte	Schere, Leim
Fleischspieß oder	(Schablone)	(Schablone)
Stricknadel		

Osterkörbchen	*Osterkarten*
Karton	Karton
Stifte, Buntpapier	Farbstifte
Schere, Leim	Schere
(Schablone; Netze	Schablone
von Körpern)	

Projektvorbereitung außerhalb der Mathematikstunden

Zur Vorbereitung auf den Ostermarkt oder was sich die Klasse auch immer vorgenommen hat, ist abzusichern:

– Birken-, Kirsch- und Forsythienzweige rechtzeitig in Wasser stellen, damit sie zum Fest aufgeblüht sind (etwa 2 - 3 Wochen vorher);

– Grassamen in kleine Töpfchen aussäen und regelmäßig gießen;

– Einladungen verschicken;

– Räume, Tische und Materialien besorgen.

Vorbereitung und Planung im Mathematikunterricht

Zeichnen von Mustern und symmetrischen Figuren

Das Osterei spielt bei allen Aktivitäten eine besondere Rolle. Um es als Schmuck zu verwenden, könnte man Eier auf Papier zeichnen, bemalen und ausschneiden. Damit sie von beiden Seiten schön aussehen, werden immer zwei Eier zusammengeklebt.

Der Lehrer hat Kopien vorbereitet (vgl. Anlage I), so daß sofort mit dem Bemalen begonnen werden kann. Dabei kann der Schüler zunächst selbst wählen zwischen leeren Eiern und Eiern mit Hilfslinien oder Mustern. Es ist auch möglich, daß die Schüler die Papiereier nach ihrer Phantasie frei gestalten. Die Zeichnungen werden gemeinsam betrachtet. Dabei können die Schüler Regelmäßigkeiten entdecken, verwendete Figuren benennen und Lagebeziehungen beschreiben.

Man kann anstreben, daß dann stets zwei Eier zueinander symmetrisch sein sollen, damit sie nach dem Zusammenkleben auf beiden Seiten gleich aussehen.

An einem Beispiel kann gezeigt werden, wo sich ein gegebener Punkt, ein Quadrat oder Dreieck in der symmetrischen Figur befinden muß (vgl. Abb. 1).

Das Gestalten der Eier kann auch mit Hilfe von vorgestanzten fertigen Grundformen aus Papier (Dreiecke, Kreise, ...) erfolgen. Damit ist gesichert, daß die verwendeten Elemente deckungsgleich sind.

Genutzt werden könnte auch die Technik des Durchstechens, um auf der Rückseite dieselbe Figur zu erhalten wie vorn.

Mancher Schüler ist mit seinen Ergebnissen nicht zufrieden. Das Zeichnen gelingt ihm nicht so recht. Es wird darauf hingewiesen, daß auch Schablonen und Geodreieck zum Gestalten genutzt werden können. Dabei wird gleichzeitig die Handhabung der Zeichengeräte geübt (vgl. Abb. 2).

Um auch den letzten Schüler zu erreichen, der bisher wenig Freude am Gestalten der Eier hatte, werden einige vorgegeben, die nur noch auszumalen sind. (Vgl. Anlage I)

Auch diese Eier sind zu Entdeckungen geeignet: Mit Hilfe eines Spiegels können die Kinder prüfen, ob das Ei längs eine Spiegelachse hat.

Aus den gezeichneten Papiereiern kann zum einen Schmuck für den Osterstrauß hergestellt werden. Man muß beim Zusammenkleben nur einen Faden doppelt mit der Schlinge nach oben einlegen. Zum anderen ist damit das Bemalen ausgeblasener Eier vorbereitet.

Wenn man richtige Eier bemalen will, so sind von zu Hause ausgeblasene Eier mitzubringen, die gesäubert sind. Das Muster kann mit Bleistift vorgemalt werden. Evtl. färbt man die Eier vor dem Malen. Will man im Handel übliche Eierfarbe benutzen, sollten die ausgeblasenen Eier vor dem Färben mit Wasser gefüllt werden, damit sie untergehen. Färben wäre auch mit Naturmaterial wie Zwiebelschalen, rote Beete, Spinat, Tee o. ä. möglich (vgl. Abb. 3).

Schneiden symmetrischer Figuren

Ein weiteres Verfahren, daß beim Anfertigen verschiedener Osterbastelei zum Einsatz kommt, ist das Falten und Schneiden symmetrischer Figuren. Zuerst werden einfache Faltschnitte hergestellt. Dazu wird das Papier geknickt und an der Faltachse geschnitten. Die Kinder können selbst erproben, welche Figuren entstehen. Es können aber auch Motive vorgegeben werden, die nachzuschneiden sind. Wählen die Kinder schwere Motive aus, so können diese vorgezeichnet oder von der Vorlage kopiert werden (Anlage II). Dabei ist stets zu sichern, daß sich die Kinder an der Faltachse orientieren. Die Arbeit wird genutzt, um das Vorstellungsvermögen der Kinder zu schulen:

– Was entsteht, wenn ich an der Faltkante folgende Figuren schneide?

Abb. 4

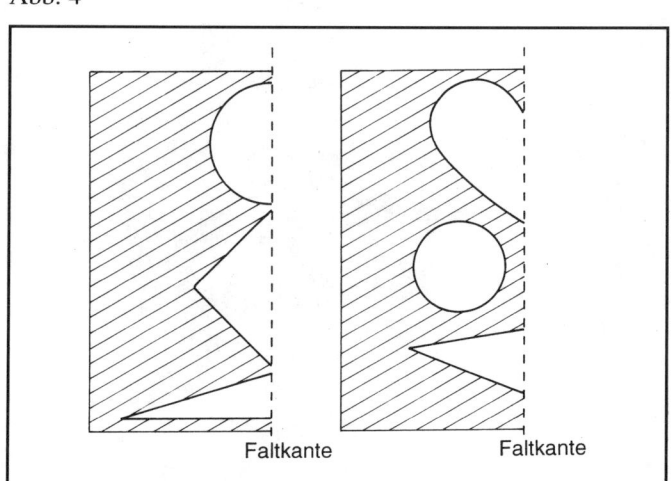
Faltkante   Faltkante

– Was entsteht, wenn du ein Dreieck an der Faltkante schneidest? Probiere es aus. (Ein Viereck, im Idealfall ein Quadrat, oder ein großes Dreieck)

- Was entsteht aus diesen Faltschnitten?

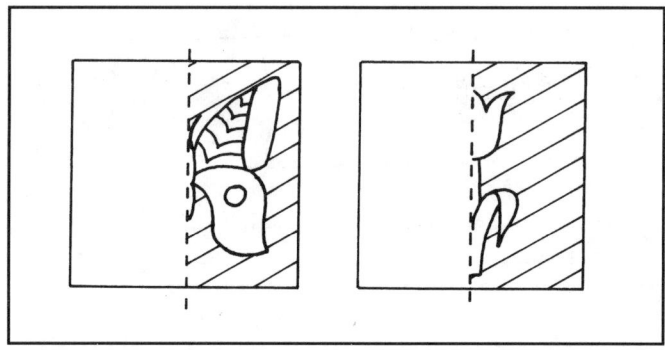

Abb. 5

- Wie mußt du schneiden, wenn nach dem Aufklappen folgende Figuren entstehen sollen? Probiere es aus. Zeichne es auf (freihand).

a) ein Schneemann   b) ein Haus   c) eine Blume

Lösungen:

Abb. 6

Die Kinder schneiden Ostermotive aus, die sie dann auf Karton, Fensterbildern, Osterkörbchen verwenden können.

Als nächstes können die Kinder Deckchen herstellen. Dieses Verfahren ist ihnen sicher bekannt.

Die Deckchen werden hinsichtlich der Symmetrie untersucht:

– Zeige mir alle Faltachsen.

– Welche Figuren wurden gleichzeitig geschnitten?

– Wo muß ich schneiden, wenn die Figur auf dem Rand/nicht auf dem Rand erscheinen soll? (Orientierungsübungen)

– Wie erhalte ich ein rundes Deckchen?

Weitere Motive können gefunden werden, wenn man auf Bilder einen Spiegel aufsetzt und überlegt, ob sich die gespiegelte Hälfte schneiden läßt. Beim Schneiden von Deckchen kann von folgenden Grundformen ausgegangen werden (vgl. Abb. 7).

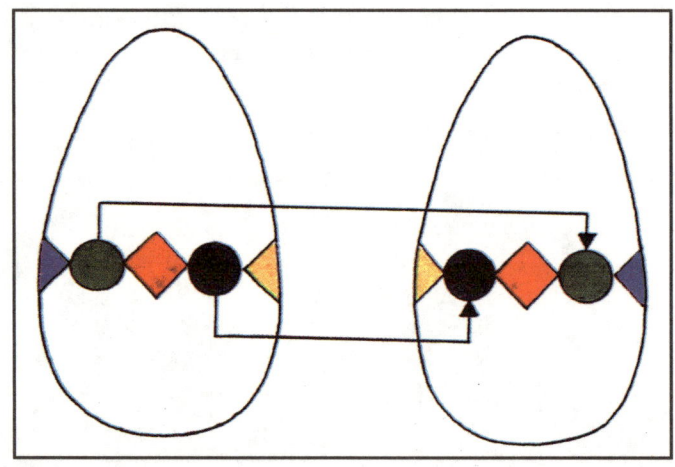

Abb. 1

Abb. 2

Abb. 3

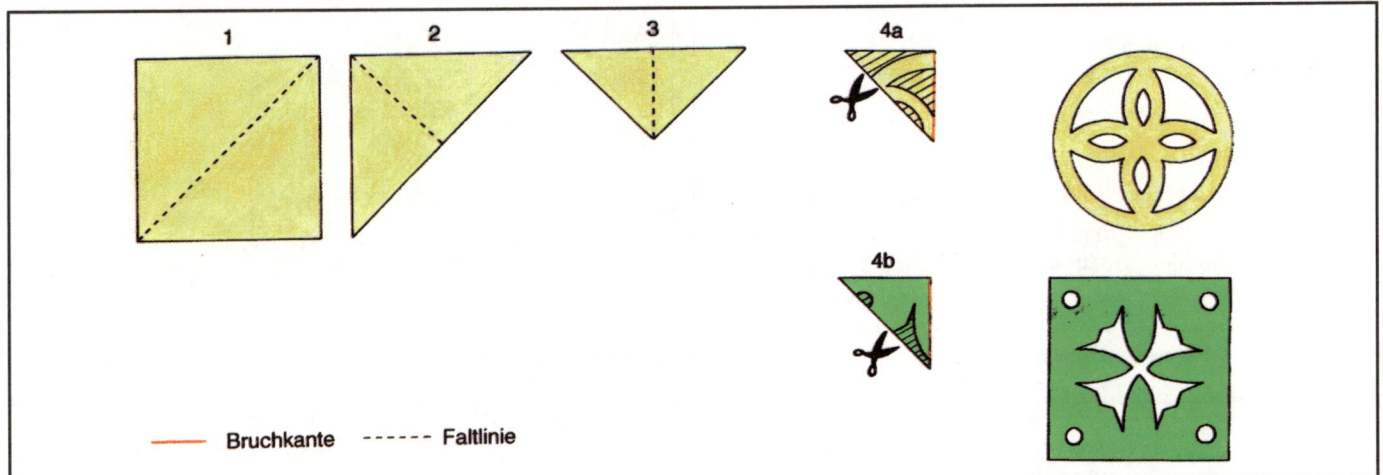

Abb. 7

Wollen die Kinder bestimmte Motive in die Deckchen schneiden, benötigen sie Hilfe, an welcher Kante sie schneiden müssen. Dazu können zunächst einfache Vorstellungsübungen
durchgeführt werden.

Die Kinder falten das Quadrat wie oben abgebildet dreimal.

Dann überlegen sie:

Was entsteht, wenn ich die Figuren an der
Bruchkante (rote Linie) schneide?

Was meinst du, wie sehen die Figuren aus,
wenn ich an der blauen Linie schneide?

Was entsteht an der grauen Linie?

Die Kinder erkennen, daß an der roten und an der blauen Linie
dieselben Figuren entstehen, nämlich Kreise und Vierecke. An
der grauen Kante gibt es keine Faltachsen - alle Blätter sind
einzeln. Die Figuren sehen genauso aus wie abgebildet. Man
findet sie am Rand des Deckchens wieder.

Können sich einzelne Kinder nicht vorstellen, was beim
Schneiden passiert, probieren sie es aus.

Nun kann man zu schwierigeren Motiven übergehen. Anlage
III gibt einige Anregungen, die evtl. auf ein Deckchen mit einem Radius von 12 cm kopiert werden können.

Die auf diese Weise entstandenen Deckchen sehen mit farbigem Transparentpapier hinterklebt auch als Fensterbilder wir-
kungsvoll aus.

Abschließend kann den Schülern gezeigt werden, wie man
Fensterbilder auch mit Hilfe der bereits ausgeschnittenen Figuren gestalten kann. Man schneidet nur einen runden Rahmen, klebt farbiges Papier dahinter und setzt Figuren hinein.

Als Anregung können die Figuren in Anlage II dienen.

Der Rahmen kann auch als Osterei angefertigt werden. Dazu
werden entsprechende Kopien bereitgestellt. Diese werden
ausgeschnitten (Anlage IV), mit farbigen Papier beklebt und
mit Ostermotiven gestaltet.

Neben den mit Hilfe von Faltschnitten hergestellten Figuren können die Kinder auch Frühlingsblumen als Motive für Fensterdekoration wählen (vgl. Anlage Va), Überträgt man diese auf Pappe, sind sie als Schablone nutzbar.

Entdecken von Körpernetzen

Eine weitere Voraussetzung für das Projekt ist das Herstellen von Netzen, aus denen man Osterkörbchen anfertigen kann. Zunächst beschreiben Kinder anhand mitgebrachter Körbchen oder aufgrund ihrer Vorstellung die Form von Osterkörbchen. Da ihnen nur Quader und Würfel als Bezeichnung für Körper bekannt sind, wählen sie Umschreibungen.

Interessant ist eine Einteilung nach der Grundfläche:

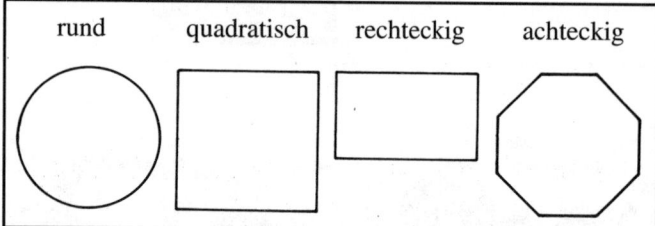

| rund | quadratisch | rechteckig | achteckig |

Abb. 8

Osterkörbchen als Quader oder Würfel

Nun kann versucht werden, anhand vorhandener Körbchen die Form von Seitenflächen zu den bereits gezeichneten Grundflächen zu erkennen. Wurde bereits vorher mit Quader- oder Würfelnetzen gearbeitet, so finden die Kinder schnell heraus, daß noch 4 Seitenflächen benötigt werden. Die Grundfläche ist vorhanden, eine Deckfläche wird nicht gebraucht.

Wenn bisher keine Körpermodelle aus Netzen hergestellt worden sind, können die Kinder *Netze selbst entdecken.*

(1) Ermitteln der Grundfläche

Dazu betrachten sie mitgebrachte Osterkörbchen* und zeichnen die entsprechende Fläche auf Kästchenpapier oder sie umfahren die Grundfläche mit Bleistift und bilden sie so auf Papier ab.

(2) Zeichnen der Seitenflächen

Die Seitenflächen können zunächst hinsichtlich der Form beschrieben und dann zu den vier Seiten der Grundfläche gezeichnet werden. Damit die Zeichnung maßgerecht wird, können die Kinder die Höhe des Körbchens messen und damit die Breite der Seitenflächen ermitteln.

Es ist auch möglich, daß die Seitenflächen durch Kippen und Umfahren gefunden werden.

Die Anordnung der Seitenflächen bereitet erfahrungsgemäß keine Schwierigkeiten, da sich an jeder Kante der Grundfläche eine Seitenfläche befindet.

(3) Vorbereitung zum Zusammenkleben

a) In Vorbereitung auf das Zusammenkleben müssen die Kinder erkennen, welche Seiten aneinander stoßen. Will man sie verbinden, kann man Klebefalze anbringen. Diese werden eingezeichnet.

---

* Wenn keine Osterkörbchen in der gewünschten Form vorhanden sind, kann auch ein Karton – z. B. von Kinderschuhen – verwendet werden.

126

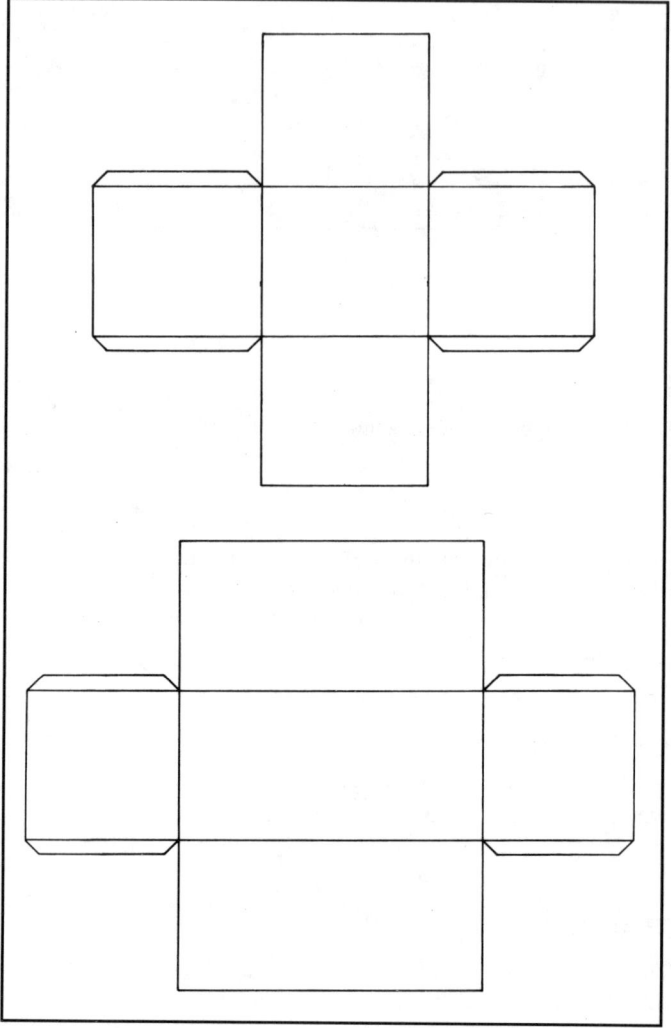

Abb. 9

b) Das Netz kann auch ohne Klebefalze ausgeschnitten werden. Die Seiten sind dann mit Klebeecken oder Tesafilm zu verbinden.

(4) Reflektieren über Netze

Das Netz eines Quaders oder Würfels besteht nicht wie das Osterkörbchen aus 5 Seiten, sondern aus 6. Damit die Kinder keine falschen oder unvollständigen Vorstellungen von Netzen haben, muß darüber reflektiert werden.

Was fehlt, damit ich einen Quader/Würfel basteln kann?

Wo kann ich die 6. Seitenfläche, die Deckfläche anbringen?

Wie sieht die Deckfläche aus?

Diese drei Fragen können gemeinsam beantwortet werden. Dabei erkennen die Schüler:

- Zum Würfel-/Quadernetz gehören 6 Flächen.

- Die Deckfläche sieht genauso aus wie die Grundfläche (beide sind deckungsgleich).

- Die Deckfläche bildet mit jeder Seitenfläche eine Kante, also kann ich sie an jede beliebige Seitenfläche zeichnen.

(Beispiele Abb. 10)

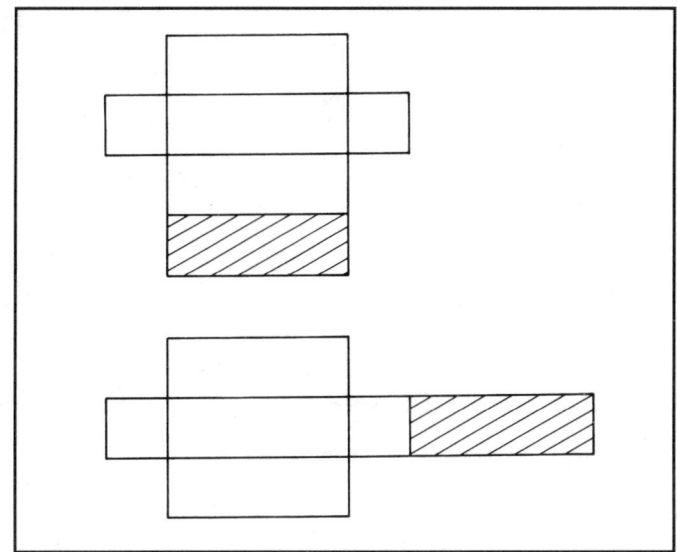

Abb. 10

Die Netze können auch durch Aufschneiden eines Kartons gefunden werden. Dazu ist ein Schuhkarton geeignet: Zunächst kann man den Deckel abnehmen. Deutlich wird auf Deckel als Deckfläche verwiesen. Dann schneidet man die Längskanten auseinander und klappt den Karton auf. Nun zeigt man, daß der Deckel an jede Seitenfläche paßt, also für das Netz eines Würfel- oder Quadermodells dort angeordnet werden kann.

Abb. 11

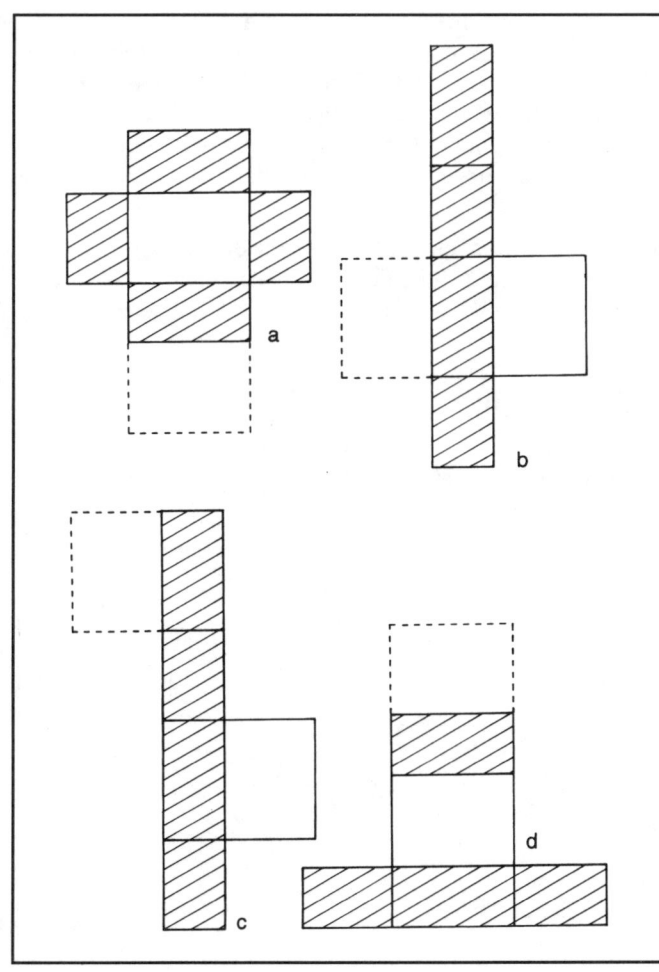

Sinnvoll ist es, auch bei dieser Variante zu reflektieren, wie man den Karton noch anders aufschneiden könnte und entsprechende Netze an die Tafel zu zeichnen.

Hat man genügend gleichgroße Kartons zur Verfügung, könnte der Vorschlag gemacht werden, die Kartons zu bekleben und schön als Osterkörbchen zu gestalten. Dabei ist nur das Bekleben der Seitenflächen erforderlich. Dies sind zunächst in den Netzen an der Tafel zu erkennen. Mit Farbe kann man die gesuchten Flächen hervorheben. Nun wird deutlich, daß man wie bei Netz b und c (Abb. 11) nur einen Streifen in entsprechender Länge und Breite schneiden muß, um alle Seitenflächen zu bedecken. Die Breite des Streifens kann man am Karton (oder am bereits gezeichneten Netz) messen. Die Länge könnte ebenfalls durch Messen und Addieren ermittelt werden. Einfacher ist es, einen Faden zum Messen zu benutzen, der um den Karton gespannt wird. Auf diese Weise bereitet man den Begriff „Umfang" vor, wie er in der Grundschule zu benutzen ist.

Sind die Streifen ausgeschnitten, können sie noch osterlich dekoriert werden. Dazu sind die Grundelemente (Anlage II) zu nutzen. Es könnte aber auch gezeichnet werden. Damit sich die Dekoration an den Seiten auf dem gewünschten Platz befindet, wird der Streifen mit dünnen Linien, die den Kanten entsprechen, unterteilt. Diese Linien können vor dem Aufkleben geknickt werden, um die Kanten gut bekleben zu können.

Abb. 12

Eine andere Form der Dekoration erreicht man durch Osterfiguren, die an den Seiten der Körbchen befestigt werden. Anlage V gibt einige Anregungen: Dazu wird das Papier mit der entsprechenden Farbe nach außen gefaltet. Die Figuren werden von der Vorlage übertragen - evtl. mit Kohlepapier oder indem aus der Vorlage eine Pappschablone angefertigt wird. Dann wird so ausgeschnitten, daß zwei symmetrische Figuren entstehen. Vor dem Einkleben sind einzelne Elemente mit Faserstift oder Buntpapier (Augen, Schnabel, Ohren) zu gestalten.

An den Kanten muß eine Markierung angebracht werden, so daß sich die beiden Figuren genau gegenüberstehen. Die Körbchen können auch mit Figur als Schablone gegeben werden.

Osterkörbchen in vielfältigen Formen

Bisher wurden Empfehlungen gegeben, Osterkörbchen herzustellen, die an Quader und Würfel erinnern. Die dabei verwendeten Techniken wie Kippen und Umfahren, Aufschneiden oder Zusammensetzen können auch hilfreich sein, wenn Körbchen in anderen Formen hergestellt werden sollen.

Körbchen mit sechs- oder achteckiger Grundfläche sind geeignet, daß die Kinder ihre Einsichten mit viereckigen Grundflächen übertragen:

(1) Durch Umfahren eines Körbchens oder einer Schablone finden sie die Grundfläche (vgl. Anlage VI).

(2) Sie ermitteln, wie viele Seitenflächen das Körbchen hat und wo diese mit der Grundfläche eine Kante bilden.

   a) Die Seitenflächen können ebenfalls als Schablone gegeben sein, so daß die Kinder das Netz durch Zusammensetzen finden. (Anlage VI)

   b) Die Seitenflächen könnten auch selbst gefunden werden. Eine Möglichkeit besteht im Zeichnen des Umkreises und Ausschneiden von Keilen: Vom Mittelpunkt der Grundfläche aus einen Kreis mit einem Radius zeichnen, der 5 bis 8 cm größer ist als die Verbindung des Mittelpunkts mit der Ecke. Die Diagonalen (Verbindung der Ecken durch den Mittelpunkt) bis zur Kreislinie verlängern. Abbildung 13 entsprechend rechts und links von diesen Hilfslinien 1 cm abmessen und Keile einzeichnen. Dabei ist unbedingt der Hinweis zu geben, daß die Keilspitze auf den Eckpunkt der Grundfläche trifft.

(3) Das Netz ausschneiden

(4) Das Körbchen könnte in der beschriebenen Weise zusammengeklebt werden. Da das Anbringen von Klebefalzen schwierig ist, hier einige Vorschläge als Ersatz:

   - der Keil wird nur an einer Seite eingeschnitten. Nach dem Umknicken kann er als Klebefalz benutzt werden.

   - zum Verkleben wird Tesafilm benutzt.

   - die Seitenflächen werden an den markierten Stellen mit einem Bürolocher gelocht. Nach dem Knicken der Grundkanten und dem Dekorieren werden die Seitenflächen mit einem Band, das man durch die Löcher zieht, verbunden. Bindet man aus den Enden eine Schleife, hat man bereits ein Schmuckelement.

Körbchen mit kreisförmiger oder ovaler Grundfläche lassen sich einfach herstellen, wenn die Kinder entdeckt haben, daß die Seitenfläche als Rechteck abzurollen geht. Dazu kann der Deckel einer Spraydose benutzt werden oder ein flacher Becher mit runder Grundfläche. Um diesen zu bekleben, werden die Kinder verschiedene Einfälle haben. Egal, ob sie die Grundform abwickeln (abrollen) oder einwickeln, die meisten Ideen kann man nutzen, um zu zeigen, daß die Seitenfläche eines Zylinders ein Rechteck ist (vgl. Abb. 14).

Nun können auch größere Körbchen hergestellt werden. Es ist günstig, zuerst ein Rechteck zu zeichnen und zu dekorieren. Daraus klebt man einen Ring, der auf eine feste Pappe gesetzt

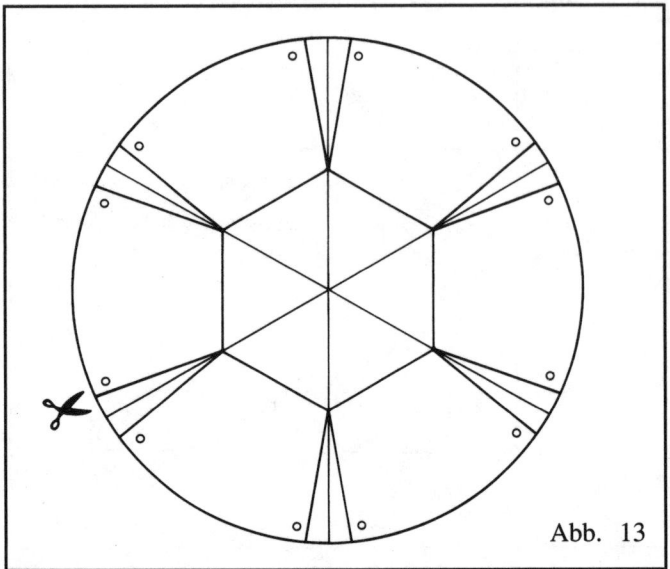

Abb. 13

wird. Evtl. kann man bereits runde Pappe - wie Bierdeckel - benutzen.

Praktische Durchführung

Eine Menge Anregungen haben die Kinder schon erhalten. An einem Nachmittag treffen sich die Kinder in der Schule, um ihre vielen Ideen zu verwirklichen und dabei Erkenntnisse aus dem Mathematikunterricht anzuwenden. Lehrer und Eltern können helfend zur Seite stehen. Die Vorbereitung war so, daß jeder ausführen kann, was er möchte und auf welchem Niveau er dies tun möchte. Von einfach bis schwer, von schablonenhaft bis schöpferisch. Dazu können einige weitere Anregungen zum Gestalten von Osterschmuck gegeben werden, in denen die Grundfiguren einzusetzen sind. Als Begleitung zum Osterprojekt kann der Lehrer Knobelaufgaben einbeziehen (vgl. Anlage VII).

Die Präsentation ist ein Höhepunkt für die Kinder. Das Verschenken, Verkaufen oder Schmücken des Raumes sollte auch als solcher gestaltet werden. Dabei zeigt sich jeder für alle Produkte mit verantwortlich.

Quellennachweis:

(1) Dieses Projekt wurde an der Martini Grundschule Mühlhausen von Frau *Hagedorn*, Frau *Schmidt* und Frau *Zabel* durchgeführt.

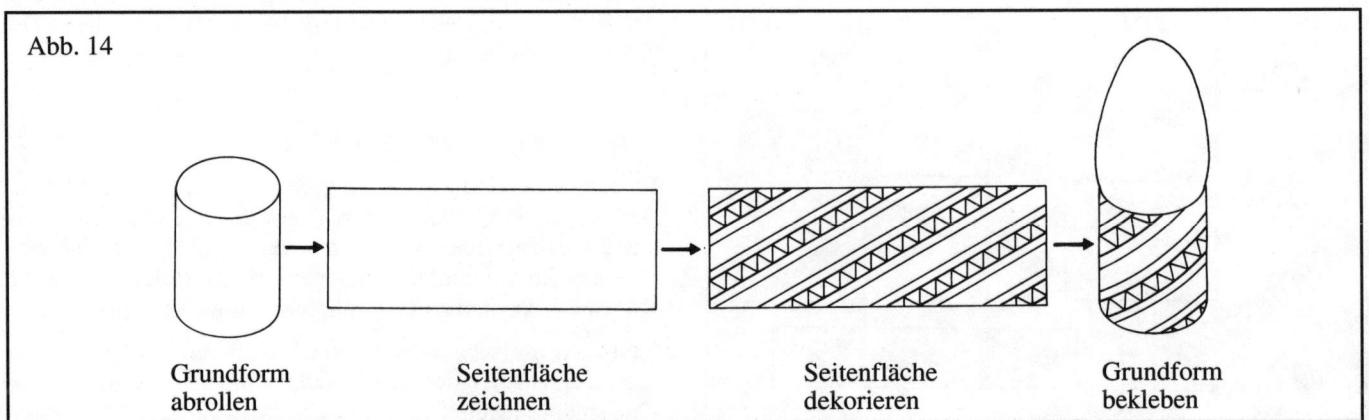

Abb. 14

| Grundform abrollen | Seitenfläche zeichnen | Seitenfläche dekorieren | Grundform bekleben |

Wir gestalten Ostereier aus Papier

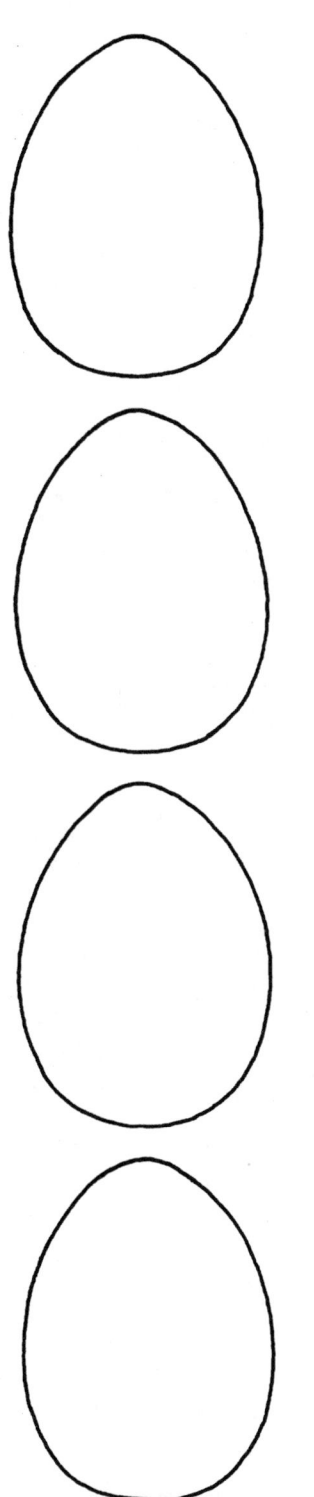

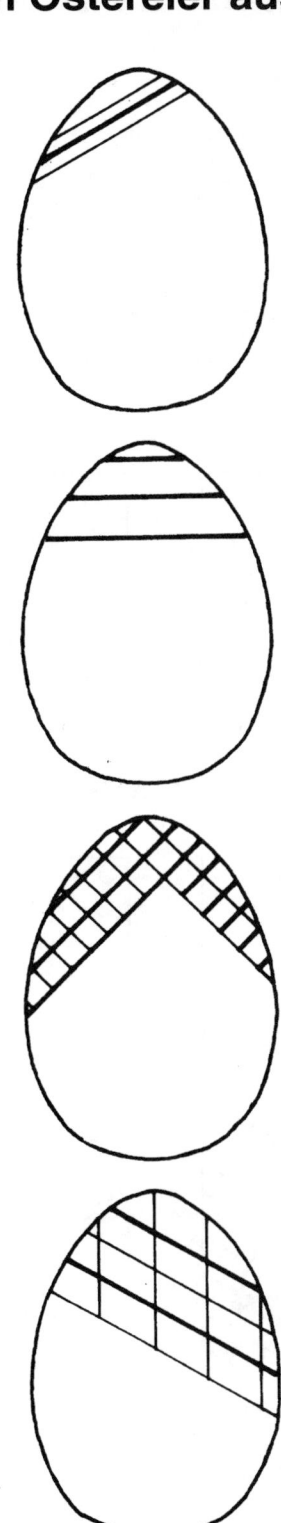

Zeichne schöne Muster. Gestalte sie farbig.

Zeichne mit dem Geodreieck weiter. Gestalte die Eier farbig.

Gestalte die Muster farbig.

Faltschnitte als Osterdekoration

Motive für Faltdeckchen

* **Schneide einen Kreis mit einem Radius von 12 cm aus.**

* **Falte ihn 3 mal. Kopiere eines der Motive auf deinen Kreis.**

* **Schneide die schraffierten Teile weg.**

Fensterbild

Dekoration für Osterkörbchen

Falte braunes Papier. Kopiere das Häschen.

Schneide den Hasen aus. Auf Augen, Schwanz und Nase kannst du weißes Papier aufkleben.

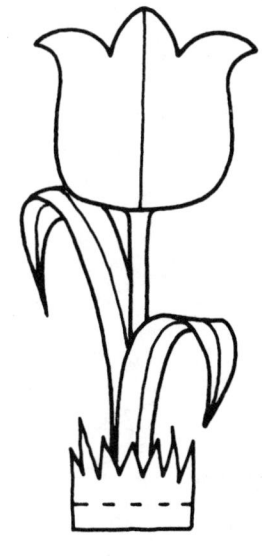

Schneide die Tulpe 2x aus.

Male sie farbig aus.

Du kannst auch die Teile einzeln aus farbiger Pappe ausschneiden.

Dekoration für Osterkörbchen

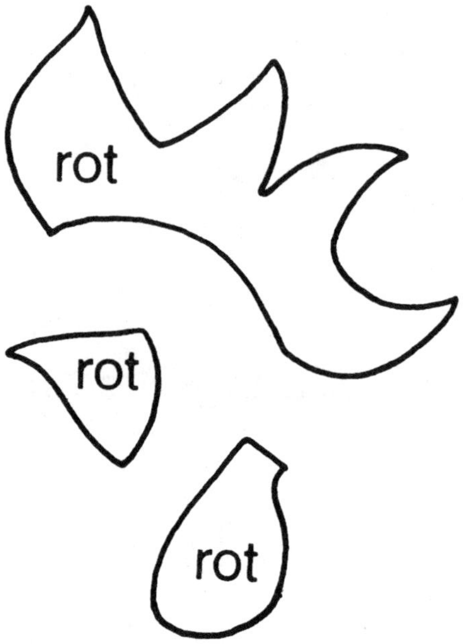

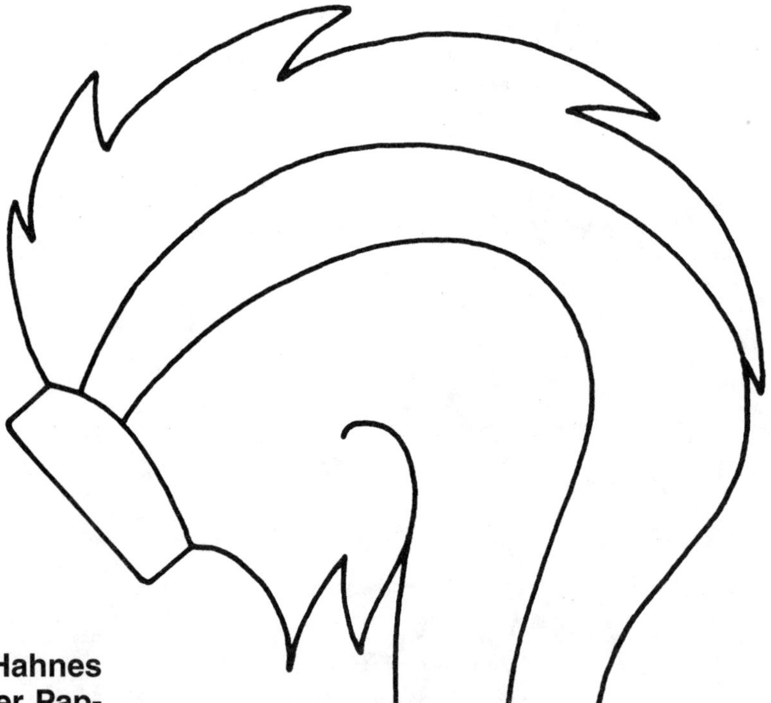

rot

rot

rot

weiß

*   Schneide den Kopf des Hahnes und den Schwanz aus weißer Pappe aus, jedes Teil 2 mal.
*   Male den Hahn schön bunt.
*   Einige Teile kannst du auch aus roter Pappe ausschneiden und aufkleben.

Schablone für Osterkörbchen

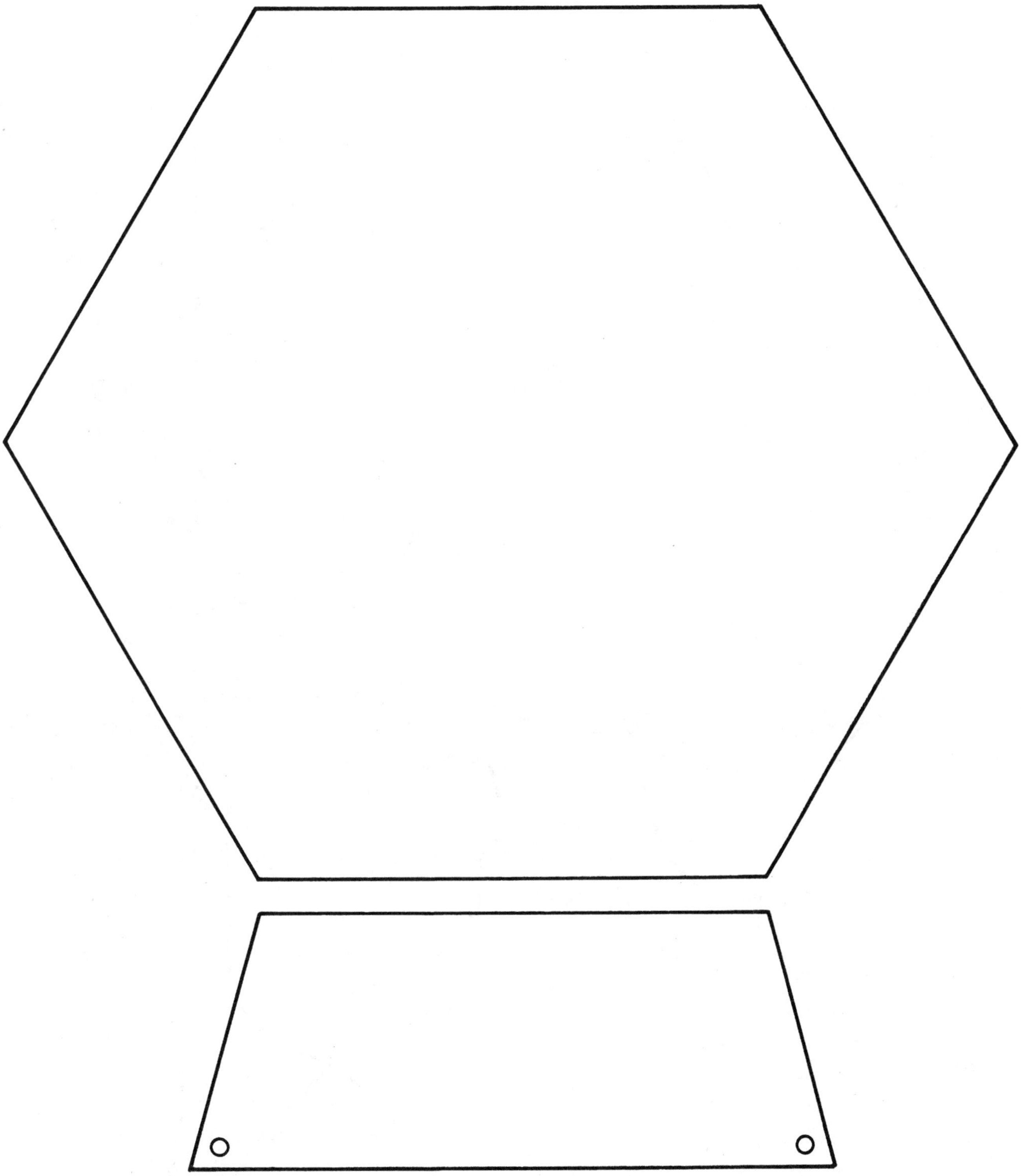

Das magische Ei

40 Vögel lassen sich aus dem Ei ausbrüten.

Schneide das Ei aus und versuche, aus den Teilen die abgebildeten Vögel zu legen. Du mußt stets *alle* Teile verwenden.

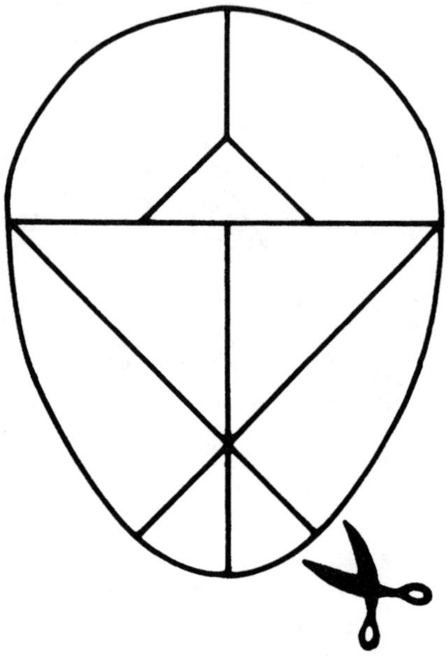

Eiersalat

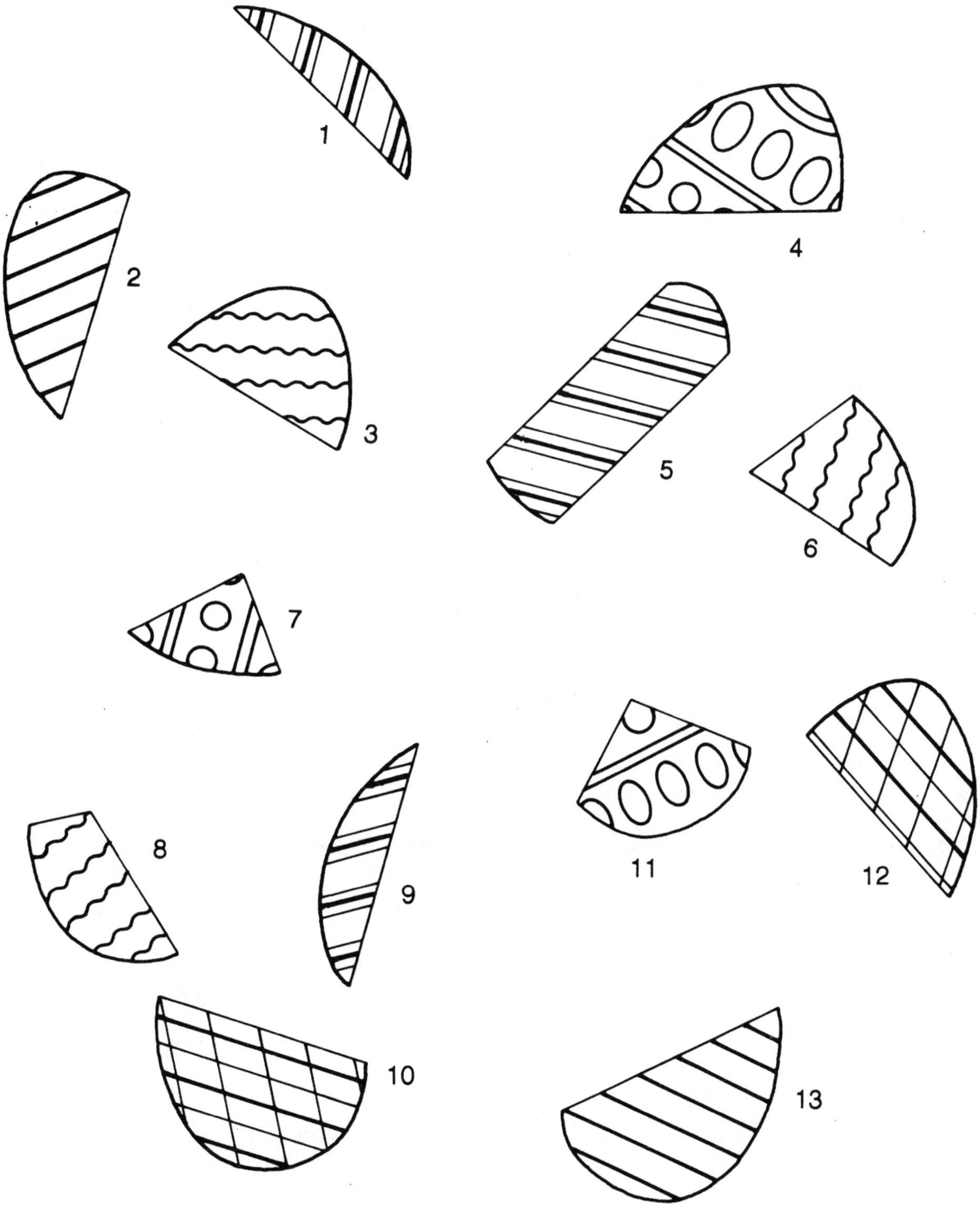

1

2

3

4

5

6

7

8

9

10

11

12

13

Wie viele Eier sind das?

Welche Teile gehören zusammen?

P 21: Die Zukunft unserer Schule

Ziele

Die Schüler erleben, daß sie mithelfen dürfen, praktische Veränderungen an ihrer Schule zu planen und durchzuführen. Sie erfahren Anerkennung und werden in ihrem Selbstwertgefühl bestärkt.

Sie wenden ihre bereits erworbenen Fertigkeiten im Messen und Zeichnen an. Dazu wählen sie geeignete Meßgeräte aus oder suchen nach unkonventionellen Wegen, die Maße von Objekten zu ermitteln.

Sie suchen nach Möglichkeiten, die gemessenen Objekte verkleinert darzustellen. Dazu fertigen sie Skizzen an, basteln Modelle und/oder zeichnen maßstabgetreue Grundrisse.

Sie unterbreiten Vorschläge zur zweckmäßigen, umweltfreundlichen und ästhetischen Gestaltung von Klassenräumen, Fluren und Außengelände.

Problemfelder

Schulhof/Außengelände

Klassenräume

Schulgebäude (Flure, Fassade)

Einordnung

Klasse 4

Zeitplanung

3 Stunden
einen Nachmittag für Erkundungen

Spezifik des Projektes

Die Problemfelder sind deutlich voneinander abgegrenzt.

Die Kooperation zwischen den Schülern einer Gruppe und der Lehrerin wird in einem
Vertrag festgeschrieben.

Benötigte mathematische Mittel sind vorher nur zum Teil gesichert. Die Schüler müssen deshalb versuchen, im Prozeß der Bearbeitung ihres Problemfeldes mathematische Zusammenhänge zu entdecken und eigene Strategien zu entwickeln.

Literaturhinweis

Zenker-Schweinstetter, E. S.: Der Maßstab, ein Thema für den Sach- und Mathematikunterricht. In: Sachunterricht und Mathematik in der Primarstufe, Köln 21 (1993) 7, S. 303 - 318.

Projektbeschreibung

Einstimmung

In zahlreichen Gemeinden und Städten steht die Renovierung der Schule an. Die Gelder sind - wie immer - knapp. Manches kann mit geringen Kosten und mit Hilfe der Eltern realisiert werden. Deshalb sollten die Schulleitung und die Kommune auf die Vorschläge der Eltern und Kindern nicht verzichten. Das Umfeld der Schule, der Schulhof, die Außenanlagen und auch das Schulgebäude selbst können ansprechend gestaltet werden.

Was erwarten Schulanfänger von der Schule?

Diese Frage können am besten die beantworten, die die Grundschule am längsten besucht haben, die Viertkläßler. Ihre Meinung ist gefragt, sie können ihre Ideen einbringen.

Das Projekt kann nur durchgeführt werden, wenn die reale Situation dem entspricht. Die Kinder werden erwarten, daß die örtlichen Organe ihre Vorschläge ernst nehmen. Bevor dieses Projekt in Angriff genommen wird, sollte unbedingt mit dem Schulleiter und dem Bürgermeister gesprochen werden. Die Kinder werden mit viel Engagement, aber auch mit Realitätssinn an die Bearbeitung herangehen. Sie können erleben, daß nicht alle Träume wahr werden, aber sie müssen erleben, daß ein Teil ihrer Ideen verwirklicht wird.

Planen des Vorgehens

Nachdem den Schülern die Situation geschildert wurde, können sie angeregt werden, zu überlegen, wo man überhaupt etwas verändern kann und muß, ohne daß zu hohe Kosten entstehen. Die Vorschläge werden zu folgenden Problemfeldern zusammengefaßt:

Tb.:

> **Umgestaltung unserer Schule**
>
> der Schulhof
>
> das Schulgebäude
>
> die Klassenräume

Eine Spezifik dieses Projektes liegt darin, daß die Problemfelder unabhängig voneinander sind. Die Schüler erkennen keine Verbindung zwischen dem, womit sie sich beschäftigen und den Inhalten der anderen Gruppen. Trotzdem ist es sinnvoll, die Pläne und Ideen nicht nur in der jeweiligen Gruppe zu besprechen. Die anderen Kinder der Klassen können in der Planungsphase jeweils als Kritiker einbezogen werden.

Um zielgerichtet zu planen, könnte die Lehrerin zu einem methodischen Mittel greifen, das in der englischen Grundschule häufig genutzt wird. Sie schließt mit jeder Gruppe einen Vertrag ab, in dem sich die Schüler zum Bearbeiten eines Problemfeldes verpflichten und die Lehrerin durch ihre Unterschrift ihre Unterstützung garantiert (vgl. Anlage I). Dieser Vertrag könnte auch mit anderen Partnern als der Lehrerin vereinbart werden.

Ein solcher Vertrag läßt die Selbstverantwortung der Schüler deutlich werden. Im Vertrag schreiben sie ihren Plan auf, die Fakten, die sie bereits kennen und was sie erkunden wollen. Sie legen auch fest, welche Materialien sie dazu benötigen. Da die Lehrerin als Vertragspartner auftritt, ist sie für die Erfüllung der Projektaufgaben mit verantwortlich. Sie unterstützt die Schüler beim Planen und steht auch bei der Realisierung zur Verfügung, wenn es Fragen gibt.

Wurde die Handhabung eines Vertrages bereits praktiziert, könnten sich die Kinder auch selbst Vertragspartner auswählen.

Natürlich wird in dieser Planungsphase für die Schüler noch nicht alles überschaubar sein. Manche Hürde tritt erst bei der praktischen Umsetzung auf. Deshalb ist es sinnvoll, den Vertrag zu präzisieren, zu erweitern und zu ergänzen. Er ist eine Hilfe, damit die Schüler den Überblick behalten.

Vertrag zum Projekt

Ich bearbeite: der Schulhof

Was ich schon weiß: Ich weiß schon, zu einer Grundschule gehört ein Sportplatz, eine Spielecke, eine Sitzecke und Bänke und Bäume. Und ein Schulgarten muß auch da sein.

Was ich erkunden möchte: Die Länge und die Breite vom Schulhof. Die Maße vom Schulgarten. Die Maße vom Spielplatz. Ich überlege mir wohin Bäume, Bänke eine Spielecke und eine Sitzecke zum Hausaufgaben machen, ein Nistkasten anbauen und Vogelhäuser.

Welche Geräte und Materialien ich benötige: Maßband, Kreide, Stifte, Zeichenblatt für den Plan und Buntstifte.

Wie ich meine Ergebnisse vorstellen will: Als Zeichnung auf einem Blatt, mit Maßen

Felix Kimm
Unterschrift

M. Franke
Unterschrift

Unabhängig von den einzelnen Problemfeldern gibt es hinsichtlich des allgemeinen Vorgehens und hinsichtlich der mathematischen Mittel, die die einzelnen Gruppen benötigen, Gemeinsamkeiten. So ist es für jede Gruppe sinnvoll, eine Zeichnung oder ein Modell anzufertigen. Dazu sollten sie möglichst die genauen Maße kennen und ihr Objekt maßstabgerecht darstellen. Damit schaffen sie die Voraussetzungen, um den Behörden möglichst konkrete Vorschläge vorzulegen, z.B. wie viele Bäume auf dem Schulgelände gepflanzt werden sollten, wie viele neue Tische und Stühle in welcher Größe benötigt werden u.a.

Das Vorgehen der Schüler zum Bearbeiten ihres Problemfeldes kann in drei Etappen erfolgen:

- Erfassen des Standes.
- Überlegen, was zu verändern ist.
- Vorschlagen, wie dies verändert werden kann.

Diese drei Etappen werden an der Tafel festgehalten.

Erfassen des Standes

Um den Stand zu erfassen, reicht Betrachten nicht aus: Es ist zu zählen, zu messen und zu schätzen. Um den Schulhof, das Schulgebäude und die Klassenräume zu messen, ist es günstig, einen Nachmittag zu nutzen. Mit dem Messen sind die Viertkläßler bereits vertraut. Sie müssen lediglich geeignete Meßgeräte auswählen. Bandmaß und Zollstock (Gliedermaßstab) können sie von zu Hause mitbringen.

Während der Schulhof relativ schnell mit einem Bandmaß zu messen ist, treten beim Schulgebäude Probleme auf. Wie kann man die Höhe des Gebäudes ermitteln? Wie geht man vor, wenn das Bandmaß an einer Stelle nicht angelegt werden kann, weil dort ein Anbau ist? Die Ideen der Kinder werden sicher vielfältig sein. Die Höhe könnte z.B. mit Hilfe einer Schnur gemessen werden, an der man einen kleinen Stein befestigt. Um das Dach zu ermitteln, wird auf dem Dachboden die Höhe und Breite gemessen. Andere Kinder überlegen viel-

leicht, daß alle Klassenräume gleich hoch sind. Sie schlagen vor, die Höhe eines Raumes zu messen und diese mit der Anzahl der Etagen zu multiplizieren.

Ebenso einfallsreich können die Schüler an das Ermitteln der Länge des Schulgebäudes herangehen, wenn diese nicht direkt gemessen werden kann. Sie schätzen die Länge, sie suchen sich Vergleichsgrößen, deren genaues Maß sie kennen, sie schließen von der Breite der Fenster und den Abständen zwischen den Fenstern auf die Gesamtbreite, weil sie erkannt haben, daß die Fenster gleichmäßig angeordnet sind. Das Ausmessen aller Klassenräume ist sehr aufwendig, es kann rationeller gestaltet werden, wenn die Kinder zunächst überlegen, welche Räume gleich groß sind. Dies betrifft meist die übereinanderliegenden Räume.

Vorteilhaft kann es auch sein, wenn die Kinder entdecken, daß die Grundfläche der Räume rechteckig ist, dann brauchen sie nur zwei Seiten zu messen, denn die gegenüberliegenden Seiten sind gleichlang.

Nach dem Messen erkennen die Kinder, daß die Vielfalt der Daten unübersichtlich ist. Sie suchen nach einer geeigneten Form zum Aufschreiben. Aus Erfahrung wissen sie, daß man zur Darstellung von Flächen Zeichnungen verwendet.

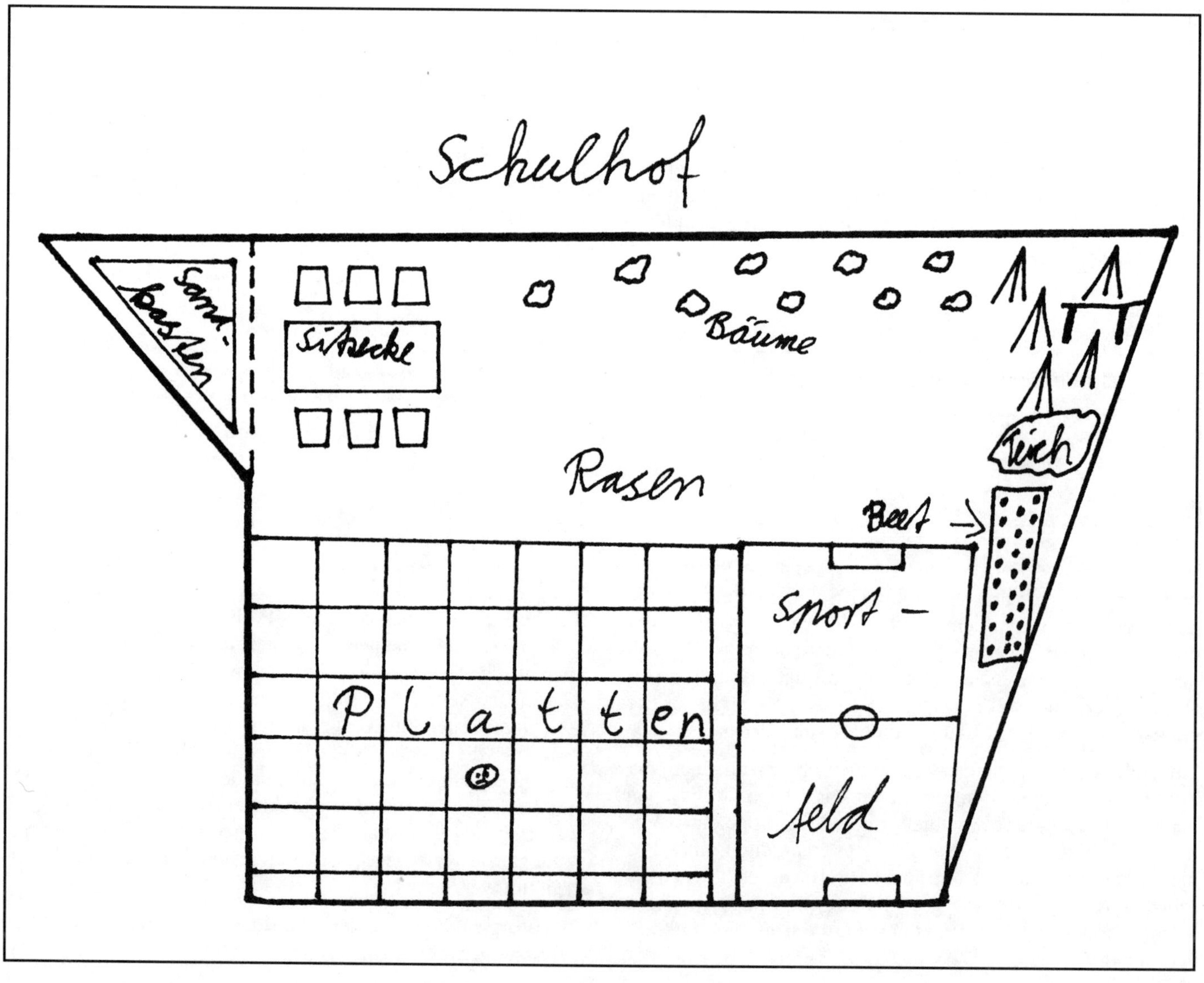

Sie beginnen den Schulhof zu skizzieren und beschriften mit den genauen Maßen. Andere versuchen, eine maßstabgerechte Zeichnung anzufertigen.

Eigentlich müßte es irgendwo eine Zeichnung der Schule geben, in der die genauen Maße enthalten sind. Wenn Schüler vorschlagen, diese Zeichnung zu besorgen, haben sie das Problem ebenfalls gelöst.

Das Arbeiten mit dem Maßstab kann ein mathematischer Inhalt sein, den die Schüler bei diesem Projekt in der Gruppe selbst entdecken können. Dies gelingt besonders dort, wo für 1 m im Original 1 cm als Bild gezeichnet werden kann. Die Gruppe, die das Schulgelände gemessen hat, muß allerdings nach einer anderen Lösung suchen, weil die Zeichenblätter nicht groß genug sind, um diesen Maßstab zu benutzen. Sie können die Maße durch 2 oder durch 5 teilen, damit das Bild kleiner wird. Beim Zeichnen der Klassenräume könnte nach dem Umrechnen von Meter in Zentimeter mit 2 oder 5 multipliziert werden, damit das Bild größer wird. Damit haben die Schüler wichtige mathematische Zusammenhänge entdeckt, über die in der Abschlußphase mit allen Kindern gesprochen werden sollte. Sie erkennen auch, daß dieselbe Verkleinerung zu wählen ist, wenn man in den Klassenräumen Möbel (Tische und Stühle) einzeichnen will oder wenn man auf das Schulgelände Grünflächen, Sandkiste u.ä. einzeichnet. Modelle von Möbeln könnten auch vorgegeben werden, so daß die Kinder diese nur sinnvoll in ihren Grundriß einordnen müssen.

Treten beim Zeichnen Schwierigkeiten auf, steht der Lehrer als Partner zur Seite und hilft den Kindern.

Vorschläge für Veränderungen

Mit den Grundrissen des Schulhofes, der Klassenräume und des Schulgebäudes sind Grenzen für die Vorschläge zum Umgestalten festgelegt, denn es können keine Wände versetzt oder Zäune verrückt werden.

Sicher werden die Kinder vor Ort nicht nur messen. Sie betrachten ihren Bereich kritisch, sie untersuchen Tische und Stühle, sie gehen durch die Flure und überlegen, was verändert werden kann. Auch dazu haben sie sich Notizen gemacht. Je nach den örtlichen Gegebenheiten werden die Kinder vorschlagen, Bäume zu pflanzen, Bänke aufzustellen, Spielgeräte zu erneuern. So entstand an einer Erfurter Schule folgender Plan für die Umgestaltung des Schulhofes (1)

Für die Klassenräume könnte teilweise eine neue Möblierung erforderlich sein. Die Räume sind so umzugestalten, daß eine Leseecke ebenso Platz findet wie Regale zum Aufbewahren von Material für die Freiarbeit. Mit Hilfe von Modellen (maßstabgerechte Zeichnungen einzelner Möbel) suchen die Kinder nach optimalen Varianten zum Einrichten der Räume. Diese Modelle können dann in den Grundriß des Raumes eingeklebt werden, wenn alle damit zufrieden sind.

Sollte noch Freiraum sein, könnten auch Fachräume geplant werden. So sind ein Musikzimmer und Räume für den Sachunterricht ebenso erforderlich wie Räume zum Spielen für die Kinder, die nach dem Unterricht in der Schule betreut werden.

Die Gruppe, die sich mit dem Schulgebäude beschäftigt, könnte Vorschläge zum Gestalten der Fassade einbringen. Dazu könnte ein Modell der Schule angefertigt werden. Die Kinder müssen sich mit Körpernetzen auseinandersetzen, meist hat das Schulgebäude die Form eines Quaders, der durch Dach und Anbau zu ergänzen ist. Solche Netze könnten die Schüler durch „Abwickeln" von Bausteinen finden. Beim maßstabgerechten Zeichnen, Anbringen der Klebefalze und Einzeichnen von Fenstern ist die Hilfe der Lehrerin erforderlich.

Vorschläge für die Gestaltung der Flure lassen sich nur schwer in Zeichnungen erfassen. Die Kinder schreiben diese auf.

Realisierung der Pläne

Die Kinder haben festgestellt, daß sie Hilfe zum maßstabgerechten Zeichnen, beim Anfertigen von Modellen oder beim Darstellen von Gestaltungsvarianten für Flure und Klassenräume brauchen.

Zunächst wird in den Gruppen versucht, diese Probleme zu bewältigen. Sinnvoll ist es, wenn im Klassenverband Lösungsvorschläge beraten werden. Dabei müssen die Kinder ihr Vorgehen vorstellen und begründen. Die anderen versuchen, zu werten und gleichzeitig die mathematischen Bestandteile - wie Umgang mit Maßstab, Anfertigen von Körpernetzen - für sich zu erschließen. Übungsteile für „reine" Mathematikstunden können abgeleitet werden. Nach solchen Phasen in der Projektarbeit fühlen sich alle sicherer, und in allen Gruppen wird mit der Realisierung der Pläne begonnen.

Präsentation der Vorschläge

In einer anschließenden Unterrichtsstunde stellt jede Gruppe ihre Produkte vor. Wurde mit Verträgen gearbeitet, so sind diese abzurechnen. Dabei gibt jeder Vertragspartner eine Einschätzung: die Lehrerin zur Erfüllung des Projektes, die Schüler zur Zusammenarbeit in der Gruppe und mit dem Partner.

Sinnvoll ist es, wenn in dieser Stunde nicht nur die Ergebnisse dargestellt werden, sondern auch über Wege reflektiert wird. In diesem Zusammenhang ist es möglich, auf die notwendigen Handlungen einzugehen, die auszuführen waren. So können alle Schüler beispielsweise das Arbeiten mit einem Maßstab nachvollziehen, ohne daß jeder die konkreten Handlungsschritte ausgeführt hat.

Um die Vorschläge zum Umgestalten der Schule weiterzuleiten, ist noch ein entsprechendes Anschreiben an die örtliche Behörde erforderlich. Dieses könnte gemeinsam erarbeitet werden. Darin begründen die Kinder, warum eine Umgestaltung erforderlich ist, verweisen auf ihre Vorschläge und bieten Möglichkeiten an, wo sie und/oder ihre Eltern helfen wollen.

Damit die Kinder die Präsentation als Abschluß ihrer Arbeit erleben, könnte der Direktor oder ein Vertreter des Schulamts eingeladen werden. Die Kinder übergeben ihm Modelle, Zeichnungen und Beschreibungen und sprechen mit den Gästen über Realisierungsmöglichkeiten.

Quellennachweis:

(1) Dieses Projekt wurde in einer Erfurter Grundschule von der Autorin dieses Buches durchgeführt.

Vertrag zum Projekt

Ich bearbeite:

_____

_____

_____

Was ich schon weiß:

_____

_____

_____

_____

Was ich erkunden möchte:

_____

_____

_____

_____

_____

_____

Welche Geräte und Materialien ich benötige:

_____

_____

_____

_____

_____

Wie ich meine Ergebnisse vorstellen will:

_____

_____

_____

_____

_____

_____　　_____
　　Unterschrift　　　　　　　　　**Unterschrift**

Literaturverzeichnis

Abele,A./Kalmbach,H.(Hrsg): Handbuch zur Grundschulmathematik.(2 Bände). Stuttgart: Klett, 1994.

*Andresen, U.:*Das 2. Schuljahr. Basel und Weinheim: Beltz, 1993 (1983 - 1. Aufl.).

Anselm, H.: Mathematikunterricht in der Grundschule. München: Oldenbourg, 1979.

Bailey, A./Townsend, L./Wilkinson, M.: Practical guides maths. Teaching within the National Curriculum. Warwickshire: Scholastic Publications, 1992.

Baker, D./Semple, Ch./Stead, T.: How big is the moon? Melbourne: Oxford University Press, 1990.

Bartl, A. und M.: Umweltspiele noch und noch. Freiburg: Herder, 1994.

Bastian,J./Gudjons,H. (Hrsg.): Über die Projektwoche hinaus - Projektlernen im Fachunterricht. Hamburg: Bergmann & Helbig, 1990.

Bastian, J./Gudjons, H. (Hrsg.): Das Projektbuch. Hamburg: Bergmann + Helbig, 1986.

Bäuml-Rossnagel, M.A.: Wir haben die Erde nur geborgt. In: Die Unterstufe, Berlin 37 (1990) 12, S. 242 - 244.

Bennett, J.,'Smith, R. (Hrsg): Tolle Ideen. Sachkunde. Mülheim, Verlag an der Ruhr, 1991.

Bethge, H.: Schreib auf! Ein Merkbuch für das Sachrechnen. Osterwied/Harz: Zickfeldt, 1927.

Bobrowski, S.: Mathematik in der Grundschule. Lernen in sinnvollen Zusammenhängen. In: Grundschulunterricht, Berlin 40 (1993) 10, S. 2 - 4.

Bobrowski, S.: Sachrechnen. Klett-Kartei: Größenbereich Geld. Stuttgart: Klett, 1989.

Bobrowski, S.: Sachrechnen. Klett-Kartei: Größenbereich GewichtlVolumen. Stuttgart: Klett, 1993.

Bobrowski, S.: Sachrechnen. Klett-Kartei: Größenbereich Länge. Stuttgart: Klett, 1988.

Bobrowski, S.: Sachrechnen. Klett-Kartei: Größenbereich Zeit. Stuttgart: Klett, o.J.

Brandt, P./Thiesen, P.: Umwelt spielend entdecken. Weinheim: Beltz, 1992.

Brewer. T./Cranmer, M.: Maths Games. Bright Ideas. Warwickshire: Scholastic Publications, 1988.

Bücken, H.: Das Große Spielbuch. Freiburg: Herder, 1994.

Bunk, H.-D.: Zehn Projekte zum Sachunterricht. Frankfurt a.M.: Scriptor,1990.

Burgess, L.: Maths Games. Bright Ideas. Sheffield: Scholastic Publications, 1992.

Burow, O.-A./Neumann-Schönwetter (Hrsg):Zukunftswerkstatt in Schule und Unterricht. Hamburg: Bergmann & Helbig, 1995.

Dewey, J./Kilpatrick, W.H.: Der Projekt-Plan. Grundlegung und Praxis. Weimar: Böhlau, 1935.

Duncker, L./ Götz, B.: Projekt-Unterricht als Beitrag zur inneren Schulreform. Langenau-Ulm: Vaas, 1988.

Erichson, C : Von Lichtjahren, Pyramiden und einem regen Wurm. Hamburg: Pädagogische Medien, o.J.

Fauser, P. (Hrsg.): Lernen mit Kopf und Hand. Weinheim, Basel: Beltz, 1991.

Foster, J.: Entdeckendes Lernen in der Grundschule. München: Ehrenwirth, 1993.

Frey, K: Die Projektmethode. Weinheim, Basel: Beltz, 1982.

Fried-Booth, D.L.: Projectwork. Oxford: University Press, 1986.

Gerlach, A.: Von schönen Rechenstunden. Leipzig: Quelle und Meyer, 1914.

Griffith, T.: Tolle Ideen. Sachkunde-Spaß. Mülheim: Verlag an der Ruhr, 1993.

Gudjons, H.: Projektunterricht - was ist das? In: Die Unterstufe, Berlin 38 (1991) 11, S. 309 - 312.

Haan, G. de: Ökologie-Haan, G. de: Ökologie-Handbuch Grundschule. Weinheim: Beltz, 1991.

Hackl, B.: Projektunterricht in der Praxis. Innsbruck: Österreichischer Studienverlag, 1994.

Hameyer, U.: Pädagogische Ideenkiste. Primarbereich. Kronshagen: Körner Verlag, 1994.

Hänsel, D. (Hrsg.): Das Projektbuch Grundschule. Weinheim Basel: Beltz, 1991.

Hänsel, D./Müller, H.: Das Projektbuch Sekundarstufe. Weinheim, Basel: Beltz, 1988.

Hegele, I. (Hrsg.):Lernziel: Offener Unterricht. Weinheim Basel: Beltz, 1994.

Heller, A./Semmerling, R. (Hrsg.): Das Pro-Wo-Buch. Leben, Lernen, Arbeiten in Projekten und Projektwochen. Frankfurt a.M., 1984.

Hoefs, H.: Durchblick. Freies Lernen in Projekten. Mülheim: Verlag an der Ruhr, 1995.

Hoefs, H.: Offenheit macht Schule. Bausteine für freies Lernen in Projekten. Mülheim: Verlag an der Ruhr, 1996.

Hopf; A.: Grundschularbeit heute. Didaktische Antworten auf neue Lebensverhältnisse. München: Ehrenwirth, 1993.

Hume, B./Barrs, K: Maths on display. Creative activities for the teaching of maths to children aged five to eight. Twickenham: Belair, 1988.

Hutchings; M./Ross, A.: Tolle Ideen. Ich und meine Umwelt. Mülheim: Verlag an der Ruhr, 1995.

Irmler, A./Kasper, H.: Lebendiges Lernen in der Grundschule. Bühl (Baden): Konkordia, 1990.

Israhel, M.: Religiöses Brauchtum. In: Praxis Grundschule Braunschweig 17 (1993) 2, S. 24 - 26.

Jenchen, H.-J.: Ökologie im Schulalltag. Grundlagen, Aktivitäten und Unterrichtshinweise. Münster: Ökologia, 1992.

Jenchen, H.-J.: Wege zum projektorientierten Unterricht. In: Grundschulmagazin, München, 9 (1994) 4, S. 38 - 45, 9(1994)5,S.61 -64.

Jürgens, E.: Warum eigentlich Projektunterricht? Oldenburg: Uni-Zentrum für Pädagogische Berufspraxis, 1991.

Kaiser, A./Kaiser, F.-J. (Hrsg.): Projektstudium und Projektarbeit in der Schule. Bad Heilbrunn: Klinkhardt, 1977.

Kaiser, A.: Das Konzept „Freie Arbeit" im Spannungsfeld zwischen Materialdifferenzierung und Projektlernen. In: Die Deutsche Schule, Weinheim, 84 (1992) 1, S. 42 - 49.

Kempinsky, H.: Ein frohes Rechenjahr. Leipzig: Dürr'sche Buchhandlung, 1922.

Kempinsky, H.: Lebensvolle Raumlehre. Bonn: Dürr'sche Buchhandlung, 1952.

Klippert; H.: Projektwochen. Arbeitshilfen für Lehrer und Schulkollegien. Weinheim, Basel: Beltz, 1989.

Knisch, R.: Kommt mit, wir machen was! Das Umweltbuch für alle, die mit Kindern leben. Münster: Ökologia, 1990.

Köppen, D.: 70 Zwiebeln sind ein Beet. Mathematikmaterialien im offenen Anfangsunterricht. Weinheim, Basel: Beltz, 1988.

Kühnel, J.: Lebensvoller Rechenunterricht. Leipzig: Klinkhardt, 1927 (1942).

Kühnel, J.: Neubau des Rechenunterrichts. Leipzig: Klinkhardt, 1930.

Laubis, J.: Vorhaben + Projekte im Unterricht. Ravensburg: Maier, 1976.

Lehrkamp, G./Simon, R.: Projektwoche der Klasse 3 a: Tiere und Pflanzen in ihrem natürlichen Lebensraum. In: Arbeit und Technik in der Schule, Berlin 4 (1993) 4, S. 122 - 126.

Mathematik ist überall. Themenheft. In: Grundschulzeitschrift, Seelze 10 (1996) 92.

Mathematics Attainment Tests. National Curriculum. London: Strafford Burndred, 1993.

Mühlhausen, U./Schlattmann, M.: Die Projektwoche. Ein Kooperationsanlaß für das Lehrerkollegium. In: Grundschule, Braunschweig, 25 (1993) 4, S. 54 -57.

Münzinger, W./Liebau, E. (Hrsg.): Proben aufs Exempel. Weinheim: Beltz, 1987.

Nalepa, Ch. (Hrsg.): Projekte für die Grundschule. Stuttgart: Klett, 1995.

Neuland, M. (Hrsg): Schüler wollen lernen. Eichenzell: Neuland-Verlag, 1995.

Oberdorfer, G.: Phänomenale Mathe-Magie. Bern: Zytglogge, 1994.

Petersen, P.: Der Kleine Jena-Plan. Bad Langensalza: Beltz, 1927.

Projekte. Themenheft. In: Grundschule, Braunschweig 27 (1995) 7-8.

Radatz, H./Rickmeyer, K: Handbuch für den Geometrieunterricht an Grundschulen. Hannover: Schroedel, 1991.

Radatz, H./Schipper, W.: Handbuch für den Mathematikunterricht an Grundschulen. Hannover: Schroedel, 1983.

Rahmenplan Grundschule. Hessisches Kultusministerium,. Wiesbaden, 1995.

Reichel, H.-Ch. (Hrsg.): Fachbereichsarbeiten und Projekte im Mathematikunterricht. Mathematik für Schule und Praxis. Bd. 2. Wien: Hölder-Pichler-Tempsky, 1991.

Richtlinien und Lehrpläne für die Grundschule in Nordrhein-Westfalen. Mathematik. Köln, 1985.

*Ritz-Fröhlich, G.:*Kinderfragen im Unterricht. Bad Heilbrunn: Klinkhardt, 1992.

Rolf Kauka's Fix und Foxi. Total verrückte Rekorde. Rastatt: Pabel-Moewig, 1992.

Rude, A.: Methodik des gesamten Volksschulunterrichts. Osterwieck, Leipzig 1911.

Semmerling, R.: Mit Projektlernen zum pädagogischen Programm. In: Grundschule, Braunschweig 23 (1991) 6, S. 15-19.

Sika, H.-E.: Projektorientierter Unterricht. In: Pädagogik und Schulalltag, Neuwied, 46 (1991) 3, S. 328 - 338.

Simon, E.: Bei der Sache bleiben. Projektunterricht in der Grundschule. In: Grundschulmagazin, München 10 (1995) 3, S. 4-7.

Spiegel, H.: 'Intercity-Tempo' beim Tunnelbau - Sachmathematik mit dem TR in Klasse 4. In: mathematik lehren, Seelze (1988) 30, S. 20 - 22.

Struck, P.: Projektunterricht. Stuttgart: Kohlhammer, 1980.

Thiesen, P.: Das Montagsbuch. Weinheim: Beltz, 1993.

Tolle Ideen. Arbeitsergebnisse präsentieren und ausstellen. Mülheim: Verlag an der Ruhr, 1996.

TREFF. Schülermagazin. Seelze: Velper.

Uffelmann, I. (Hrsg.): Basteln rund ums Jahr. Köln: Buch und Zeit, 1993.

Vorläufige Lehrplanhinweise für die Grundschule. Mathematik. Hrsg. vom Thüringer Kultusministerium, 1991.

Vorläufiger Lehrplan für die Grundschule. Mathematik. Hrsg. vom Thüringer Kultusministerium, 1993.

Vorläufiger Rahmenplan für Unterricht und Erziehung in der Berliner Schule. Fach Mathematik. Hrsg. von der Senatsverwaltung für Schule, Berufsbildung und Sport, Berlin, 1986.

Winter, H.: Mathematik entdecken. Frankfurt a.M.: Cornelsen-Scriptor, 1987.

Winter, H.: Sachrechnen in der Grundschule. Frankfurt a.M.: Cornelsen-Scriptor, 1992.

Wittmann, E./Müller, G.: Handbuch produktiver Rechenübungen. Bd. 1. Stuttgart: Klett, 1990.

Wittmann, E./Müller, G.: Handbuch produktiver Rechenübungen. Bd. 2: Stuttgart: Klett, 1992.

Zitzlsperger, H.: Ganzheitliches Lernen. Weinheim: Beltz, 1993.